公共圏の歴史的創造

江湖の思想へ

東島　誠

東京大学出版会

The Historical Creation of the Public Sphere
Towards the Concept of the *Heterosphere*

Makoto HIGASHIJIMA

University of Tokyo Press, 2000
ISBN978-4-13-026602-4

はしがき

本書は、一九八九年を事実上の起点として書き起こされた私の研究に、一往の区切りを付けるものである。そして中東欧革命、昭和天皇の死去の年を起点としたことが、本書を貫く主調を確定したと言ってよい。この区切りは、一九九九年三月に博士論文甲種の提出期限を迎えたことによってもたらされたが、内容的にはもっと早くに出せたはずのものである。思考の現在から見て、もしも本書の議論がなお古びていないとするならば、それは〈公〉という問題が依然として喫緊の課題である、ということを意味していよう。

本書の視角設定から問題の分節にいたる詳細は、別に序章を分けて詳述したので、ここでは本書を繙かれる読者のために、予め了解を得たい本書の性格について述べておきたい。

(1)本書は一貫して歴史上の素材を扱うが、通常の歴史学とは違って、ある時代の歴史像やその変遷を描くことを目標とするものではない。本書はあくまでも近代性、あるいは近代思潮に関する研究書であって、歴史上の素材はこの、社会哲学的なプロブレマティクの要請によって考察されるにすぎない。とは言え、そこで用いられた歴史学的な技法は、通常の歴史家よりも価値自由である分だけ、かえって厳密かつ批判的に運用されているはずである。

(2)本書が右に述べたようなスタイルを採用するのは、明治以前に遡る歴史的概念と明治以降の翻訳概念とが、現在、生活世界や政治の領域で交わされている日常語をどのように規定＝拘束しているのかを、何よりもまず問題にしているからである。翻訳のポリティクスを意識的に問題化することによって、〈公〉というカテゴリーをめぐる言説の、流布された自明性を解体すること。そしてそのことによって、社会関係の結び目（ソシアビリテ）をより生存しやすい交通様式へと開いていくこと。本書の目指すところはここにある。

(3)本書はまた、どの歴史書にも見られるような常套句を省略することから出発する。それは研究史への賛辞である。一つには、私にとって研究史自体が研究の対象だからであるが、理由はそれだけではない。その時々の課題と対決しながら営々と築かれてきた過去の学問的達成——なるものへの敬意を顕すことは、畢竟、「年少の友人達」に対し、私あるいは私の世代の学問への敬意を要求することにほかならない、と考えるからである。

さて、こう述べてきただけで、本書が既存の歴史学への挑戦の書であることは明らかである。だが、こうした立場に立つことが可能なのも、すべては一九八九年という年を、学問的にまだ可塑的でありうる二十代のはじめに経験することとなった、歴史の巡り合わせでしかない。一九八〇年代に支配的となった知の世界の無調化や、それと共犯関係にある、歴史学の甘美な調性への退行現象を繰り返さずに済むのも、所詮は世代的な特権であるに過ぎない。それでもこういう言い方は許されるだろう。歴史学を批判の学として再生するプロジェクトは、いま始められたばかりである、と。本書の成否について、江湖諸賢の忌憚のないご批判をお寄せいただきたいと思う。

目次

第三部　江湖の思想

【凡例】

(1)註釈は、各章ごとの末尾に一括して掲出した。

(2)本文中で用いる括弧類については、「　」は引用を、〈　〉は分析概念または強調を、《　》は特に重要な分析概念を表すものとする。

(3)引用史料文中の〔　〕は原文細字双行、（　）は引用者による校訂を表す。

(4)引用史料は原則として新漢字を用い、返り点を付した。また、底本において判読不能の文字は☒、欠損は□、墨抹は▨で示し、抹消符にはミ、挿入符にはｏを用いた。

(5)傍点・傍線は、断りのないかぎり筆者が付したものである。

(6)人名への敬称は、成稿経緯に関わる謝辞を除き、これを省略した。

公共圏の歴史的創造——江湖の思想へ——

序　章　歴史的創造という視角

1　価値自由と歴史学――石母田正

「理論」という名の隠語《ジャルゴン》がある。歴史家の間でしか通用しない、文字どおりの隠語である。それは「理論」と「実証」の対立として、いまなお多くの歴史家の思考を呪縛している。現に、こう書き出した途端、この一文は、実証主義歴史学に対し、「理論」の必要性を説くものであろう、などと誤読されかねない。従って本書を書き起こすに当たっては、この隠語から歴史学を解き放つことから始めなければならない。

そこでまず、気鋭の中世史家桜井英治の主張を、石母田正の立場と読み較べてみることにしよう。

〔桜井英治〕

理論とは現象をうまく説明できてはじめて理論たりうるのであるから、それは本来[a]現象そのものの観察から導かれるべきものである。[b]別の場所から理論を借りてくる体質はそろそろ卒業してもよいころであろう。(1)

〔石母田正〕

国家についての[b]なんらかの哲学的規定からではなく、[a]経験科学的、歴史的分析から国家の属性や諸機能を総括しようとする立場に立つということは、この問題に[c]無概念、無前提に接近するということではない。そのようなことが可能だと思いこみ、それが通用しているのは、歴史家たちの住むせまい世界の特殊性のためである。(2)

石母田のみならず、桜井自身もまたある種の「理論」家であることは、衆目の一致するところであろうが、にも拘らず、ここに見る両者の立場の差は、歴然としている。その分岐点が、「現象そのものの観察」というものが近代知の制約下にあることを自覚しているか、していないか、という点にあることは言うまでもない。

解りやすい例を挙げよう。たとえばどんな中世史家でも「支配」という語を使うだろう。だがそれは、中世の語義〈配分、配布、割あて〉[3]に基づいて「支配」と言っているわけではない。実証史家といえども西欧近代知の枠組みのなかで思考しているのであり、「概念」や「前提」なしに経験科学的な分析が可能であるわけではない[4]。石母田にあって桜井にはないcとは、要するに、マックス・ヴェーバーが二十世紀初頭に社会科学に突き付けた〈価値自由《ヴェルトフライハイト》〉と〈理念《イデアルテ》型《イプス》〉の問題であって、歴史学以外の諸学では自明の問題であった[5]。それゆえ石母田は、「歴史家たちの住むせまい世界」という、辛辣なる表現を選ばなければならなかったのである。

それにしても石母田の姿勢を、「理論」という名の隠語に押し込めてきた歴史学の貧しさはどうであろう。この「理論」という隠語が、中堅世代を代表する桜井の思考にまで及んでいるとするならば、事態は深刻であると言わねばならず、それゆえ筆者は、次のように述べたのである。

> 研究者が設定し、すなわち縛られているところの概念や前提を、自覚的に省察し、認識の限界を知る、ということなしに書かれた歴史叙述が、もはや通用する時代ではあるまい。その意味でさきの石母田の指摘は、近代知の限界を見据えた、あまりにも重い〈諦念〉の表明として受けとめられるべきであると思う[6]。
> 歴史学が「理論」という名の隠語から解放されたとき、初めて他の諸学と同じ地平に立ちうるであろう[7]。

2　『過ぎ去ろうとしない過去』と歴史家の責務

一九八六年に端を発するドイツ歴史家論争[8]について、日本の歴史家はなぜか語ろうとしない。歴史修正主義は何も歴史学の対岸にあるわけではないのに、である。事実、歴史学もまた修正主義を生む。むしろドイツ歴史家論争では、歴史家たちの修正主義こそが問われたのであった。しかしながらこのことを、ただエルンスト・ノルテやミヒャエル・シュテュルマー、アンドレアス・ヒルグルーバーといった、当の歴史家の政治的立場や、歴史家としての資質の問題と考えるのは、妥当ではないだろう。「私は彼らとは違う」「現に日本の歴史家は修正主義の対岸においてこれと戦っている」――これらの反論は、実は必ずしも本質的ではない。むしろ反・修正主義に立つ大多数の歴史家が死守しようとする、学問のあり方そのものに、修正主義を克服できない桎梏が潜んでいるのではないだろうか。

この点で、上野千鶴子による一連の歴史学批判には、いちいち同意すべきところが多い[9]。だが、歴史家の反応は概して鈍い。上野は周到にも、言語論的転回以後の認識論を楯に、〈客観的事実〉を措定する思考の破産という論点から出発するのだが、当の歴史家はこれを相対主義や一種の不可知論と見て、議論が噛み合っていない。上野の指摘は正しいと思うが、反面、議論の捻れもまた上野に起因する。上野の主張が「歴史家たちの住むせまい世界」に共有されるためにはまず、〈客観的事実〉を措定する従来の歴史学では見えなかった問題を、可視のものとするような、すぐれた業績が蓄積される必要があろう。しかし当面の問題として、対抗言説の形成は急務であって、そのような緩慢な変化に期待していたのでは追いつかない。そこで上野は言う。

他の社会科学の分野同様、歴史学もまたカテゴリーの政治性をめぐる言説の闘争の場である。わたしの目的はこの言説の権力闘争に参入することであって、ただひとつの「真実」を定位することではない。

上野のこの発言の背景には、ドイツ歴史家論争の苦い経験がある。修正主義者たちを批判するユルゲン・ハーバーマスらの論陣は、論理の上では圧勝であったにも拘らず、実際には歴史修正主義者の旗色優勢に終わったからである。論争とはまさにこうした「言説の闘争の場」なのであって、その点に無自覚な対抗言説は、場合によっては修正主義者の勝利に花を添えるだけに終わりかねない。本書の立脚点もまたここにある。すなわち〈公〉というカテゴリーをめぐる言説の闘争こそが主題である。

そこでまず、そうした歴史家の〈責任倫理〉を自己点検する意味から、この間の日本の歴史学を取り巻く動静を批判的に回顧しておこう。

一九八〇年代を彩ったのは社会史である。社会史の流行に懐疑的な学派《シューレ》にあっても、およそ社会史的な発想の影響を被らなかった研究はないと言っても過言ではない。社会史のアド・ホック性は歴史家の思考を柔軟にすることに、確実に貢献したと言えるだろう。だが昨今におけるその退潮は誰の眼にも明らかである。社会史がもたらしたものは問題関心の私小説化であり、中東欧革命以後の世界の激動は、単にマルクス主義の失墜ばかりでなく、その〈責任倫理〉の欠如においても社会史の無力さをも証明してしまった。

しかし一方、九〇年代の不確実性への処方箋として登場した『岩波講座日本通史』の〈形式〉は、社会史以上に大きな問題を孕むものと言わざるを得ない。この「通史」という〈形式〉は、「通史」の残余を埋め、あるいはこれを書き替える学問へと歴史学を矮小化してしまうという問題を持つばかりでなく、何よりも一本に撚り上げられた「通史」なるものを実体化し、暗黙《インプリシット》裡にその存在を認め、前提することに繋がる。従ってその一翼を担う行為が不可避的に随伴する政治性について、我々はもっと敏感であるべきであろう。一本の「通史」を措定することは、その意図の有無に拘らず、それ自体ナショナル・アイデンティティの構築に寄与するものであることが、間違っても忘却されてはなるまい。我々は、必ずしもドイツ歴史家の一群からそう遠い立場にいるわけではないのである。真に求められるのは一本に撚り上げられた「通史」の構築では決してない。歴史家は古代史家、中世史家、……として「通史」に荷担する以前に、過去のあらゆる時代、あらゆる問題を研究対象とする、弛まぬ努力が必要であろう。「私は中世史家だから近代を論じられない」のだとすれば、それは「通史」の権力性を予め容認するものと言わざるを得ないのではないか。

実際、こうして「通史」を実体化している最中にも、日本国内において歴史修正主義が台頭してきているのである。これらが本来同根のものであることを自省すべきであろう。そしてこの修正主義に対する日本の歴史家の反駁は、その学問的誠実さと努力の傾注とは裏腹に、必ずしも旗色がよいとは言えない。なぜなら、修正主義者たちの構え自体が、「大虐殺や従軍慰安婦の事実を実証せよ」という、経験科学のアキレス腱への攻撃である以上、実証が成立しなければ修正主義に軍配を挙げざるを得ないからである。実証の成立を最終的に判定するのは学者集団ではない。多数のオーディエンスであり、生活世界《レーベンスヴェルト》の論理である。上野の言うリアリティとはほかでもない、そういうことなのである。従ってこの問題に関しては、実証主義という科学認識そのものの政治性を認め、実証とは一つの恣意的な操作である、という前提に立つほかないのではないか。そうでない限り、修正主義がいかに荒唐無稽な論調で挑んできたとしても、これに有効に反駁することはできないであろう。もちろん必要な実証的反論は無限に行なうべきである。[10] だがそれも、実証主義の恣意性をも引き受けた上でのことでなければ、真に責任ある反駁とはなりえないはずである。

もう一点強調したいのは、日本の歴史家はただ日本の修正主義のみを批判していればよいのではない、ということである。日本史家もまた、ではなく、むしろ日本史家は、アウシュヴィッツを考察対象としなければならない。[11] このささやかな研究に対し、敢えて「日本史」の語を冠さない所以でもある。

3　本書の分析視角

(1)《モデルネ》、あるいは不在なるもの

本書は「公共圏の歴史的創造」を主題とし、素材を「日本」史に求めたものである。《公共圏 Öffentlichkeit》とは万人に開かれた領域であり、批判的討議の広場《フォールム》である。[12] 表題に「日本」の語を冠さない理由についてはすでに述べた。「日本」という枠組みを自明視しないためであり、また《公共圏《エッフェントリヒカイト》》をグローバル次元で構想する必要を感じるからである。[13]

さてこの《公共圏》であるが、たしかにそれは西欧産の概念という色彩が濃い。実際一九六〇年代の初頭、ユルゲン・ハーバーマスが《市民社会 bürgerliche Gesellschaft》の一カテゴリーとして、十八世紀西欧世界に浮上した《市民的公共圏 bürgerliche Öffentlichkeit》を取り上げ、その構造変動について批判的な分析を加えた際にも、《市民的公共圏》の〈理念型的 idealtypisch〉な一般化に対しては、注意を促してもいた。[14] しかし、しばしば誤解されているように、ハーバーマスの《公共圏》の議論は、「西欧近代を離れて普遍性を持つ」ことを拒んでいるわけではない。[15] 実際、《ギリシャ的公共圏 hellenische Öffentlichkeit》[16] という語一つ取っても明らかなように、ハーバーマスの《公共圏》概念は、極めて〈理念型的〉に使用されているのである。もちろん十七世紀後半のイングランドや十八世紀のフランスを論じる際にも、〈理念型〉なしに《公共圏》を索出することなど不可能である。ハーバーマスが〈理念型的〉な一般化に抑止をかけたのは、『公共圏の構造変動』という書物を成り立たせているダブル・スタンダード——歴史学と社会学——のうち、歴史学的手法を明らかにした文脈においてであることを忘れてはならない。つまりそこで抑止されたのは《公共圏》概念そのものではなく、《市民的公共圏》の一般化に対してであって、それは〈特殊時代類型的

epochaltypisch〉な規制だったのである。

そして《公共圏》の〈理念型的〉な使用という点で言えば、中東欧革命を経験した同書の一九九〇年版序文においては、再定義された《市民社会 Zivilgesellschaft》の現代的カテゴリーへと、更新されるにいたっている。[17] ここに、必ずしも「西欧近代」＝《市民社会 bürgerliche Gesellschaft》に限定されない、「公共圏の可能な形態」についての飽くなき模索を認めないとするなら、それは短絡的な誤読の誹りを免れまい。

加えて重要だと思われるのは、《公共圏》とは、西欧世界にあってもいわば不在《ウトーピッシュ》の概念だということである。ハーバーマスが十八世紀に見出した《市民的公共圏》は、早くも十九世紀には変質を始めるのである。[18] この束の間幻影として現れた《公共圏》を特権化し、さらにはそこにギリシャ世界からの精神史的な連続《コンティヌイテート》を語ってしまう点には別して批判も必要だが、歴史的近代を擁護するのではなく、あくまでも《近代思潮 Die Moderne》を「未完のプロジェクト」と位置づけるハーバーマスの姿勢[19]は、批判者たちの考えるほど甘いものではない。

そして本書の題として採用された《歴史的創造》という視角もまた、自ずからこの《公共圏》の不在性に由来するのである。西欧においてすでにそうであったように、《公共圏》というものは歴史上コンスタントに実在するものではない。それは創造しようと努めなければ存立しえない、〈可能なるもの〉でしかなかった。この創造のポテンシャルを摘出すること、そしてそのことを通じて現代における社会関係の〈可能なる変化の兆し〉を模索し、その理念構築に寄与すること、この姿勢を《歴史的創造》と呼ぶことにしたい。従って、本書が取り扱うのは《近代性《モデルニテート》》であり、より端的には《近代思潮《モデルネ》》の問題であって、必ずしも《近代《ノイツァイト》》の歴史ではない。《歴史的創造》とは、近代社会の歴史的形成過程を問うことではないのである。

さて、この《歴史的創造》の構えにおいて経験科学的分析へと進む場合、実際に対象化可能な概念は《交通 Verkehr》であり、《結社 Assoziation》であると考えられる。

《交通《フェアケーア》》概念の新たな可能性については、一九八〇年代のマルクス再読の試み[20]のなかで論じ尽された感もあるが、《交通》という問題が、《公共圏》を考えていく上での基礎範疇となりうることは、ここで改めて確認されるべきであろう。現に、ハーバーマスが史的唯物論の再構成にあたって力点を置いたのが、マルクスの《交通形態》に相当する〈規範諸構造 normative Strukturen〉の進展であり、この〈規範諸構造〉を構築するものこそが、〈相互行為 Interaktion〉として交わされるコミュニケーション行為であった[21]。あらたな真の合意形成、〈規範諸構造〉の構築という課題は、《公共圏》の創造へと繋がっているのである。

一方、《結社《アソツィアツィオーン》》の概念が新たな可能性を帯びたのは、一九八九年の中東欧革命によってである。この〈遅ればせの革命〉[22]に対し用意された、ハーバーマス『公共圏の構造変動』の新版序文（一九九〇年三月）において、《公共圏》の可能性が、革命の原動力となった《結社》のなかに見出されていることは、やはり注目されてよい。

さて、翻って日本史学において、この《交通》と《結社》についての明確な問題領域を開拓してきたのは、ここでもやはり石母田正であった。とりわけ《交通》の概念は、その主著『日本の古代国家』の基礎範疇をなすものであるから、ここではまず石母田《交通》論の可能性を探り、ついで《結社》論に及ぶことにしよう。そしてそれを踏まえたところに、本書の構成を示すことにしたい。

(2)　《交通》概念と他者性

網野善彦は論文「境界領域と国家」において、『日本の古代国家』における石母田の《交通》概念について、次のように位置づけている。

石母田のこの指摘は、「国際関係を国家成立のための独立の契機または要因」としてとらえることを通して、「日本の（または東洋の）」国家、さらには国家そのものの本質にかかわる問題として、境界領域、交通の支配があるこ

とに注目した点で、研究史に時期を画する意義を持つ、といっても決して過言ではなかろう。(23)
ここで網野は、確信犯的な読み替えを行なっている。網野が Verkehr の問題を Transport に一面化して叙述しているのは、もちろん、日本史家の〈常識〉に配慮しているからである。しかし、言うまでもないことだが、石母田は Transport に一面化して《交通》概念を用いたわけではない。

ここにいう「交通」とは、経済的側面では、商品交換や流通や商業および生産技術の交流であり、政治的領域では戦争や外交をふくむ対外諸関係であり、精神的領域においては文字の使用から法の継受にいたる多様な交流である。(24)

実際、石母田の《交通》理解は厳密である。例えば、石母田が古代における「帝国主義」について論じた際、「戦争および用兵に関するカール・フォン・クラウゼヴィッツ将軍の遺稿」に見られる「政治的交通」の語に対して、次のような註が施されてもいる。

この「交通」Verkehr は前掲広島訳本では「関係」と訳しているが、これは不正確である。クラウゼヴィッツは「政治的関係」に別の用語をあてている。篠田英雄訳、岩波文庫本、クラウゼヴィッツ『戦争論』では「交渉」の訳語を用いているが適訳ではない。馬込健之助訳、旧岩波文庫本では、「政治的交通」と訳していた。マルクスの『ドイツ・イデオロギー』における「交通」の用語との関連もあるので、ここでは「政治的交通」の訳語をとった。この場合、「交渉」では外交上の「交渉」と誤解されるおそれがある。(25)

右に見るとおり、石母田は Verhältnis と Verkehr の差異をも察知していた。実際この《関係 Verhältnis》を「間柄」と改訳することによって、(26)〈他者〉を共同体の内部に曖昧化し、いわば〈他者性〉を抑圧してしまったのが和辻倫理学であったことを考えると、(27)石母田がもっぱら Verkehr の関係づける〈他者性〉という問題に注目して、戦争に見られる『「内』と『外』との関係」、「両者の媒介体」たることを強調した点は重要である。

それでは、Verhältnis と Verkehr とではどう違うのか。Verhältnis ではなく、あくまでも Verkehr にこだわらなければならない理由の説明としては、次の事例が解りやすいかと思う。

> 夏四月戊寅朔壬辰、天皇寝疾不予、皇太子向レ外不レ在、駅馬召到、引ニ入臥内一執ニ其手一詔曰「朕疾甚、以ニ後事一属レ汝、汝須下打ニ新羅一封中建任那上更造ニ夫婦一惟如ニ旧日一死無レ恨レ之」[28]

ここでは新羅に滅ぼされた任那を再建すること（=戦争・外交）が、「造ニ夫婦一」と表現されている。夫婦を造するとは、要するに〈他者〉と交通《きょうつう》することであるから、文字通りに、(geschlechtlicher) Verkehr と翻訳することも可能であろう。夫－婦の〈他者性〉とは、どこまでもハードである。しかしながら、このハードな〈他者性〉が、飼い馴らされた《関係》——和辻の言う「間柄」——となるならばどうであろうか。「夫婦」とは、和合という名の馴致、同化の論理へと、容易に転化しうるであろう。

そして、石母田に後れること十一年、この Verhältnis と Verkehr の差にこだわり、そこに共同体と《結社》の明確な分岐点を看破したのが、若き日の浅田彰であった。

> ◇……そのことがあるんで、「ベッタリ型共同体」から「交通の束」へと言ったけれども、「交通」というのを「関係」と言いたくないんです。「関係」というと再び《ゼロ記号》に包摂された場のなかで安定しちゃって……。
>
> ◇ノマディックな個、複数性をはらんだ「一」としての個、多数多様な「交通」と生成変化の束としての個が、「交通事故」を繰り返しながら絡み合っていく。それが、マルクスの言う「個のアソツィアツィオン」の現代的可能性だと思う。[29]

(3)《結社》概念の位相

ここにようやく《結社》の問題に逢着した。石母田正が「東洋的専制国家と宗教的結社」の問題について論じたのは論文「国家と行基と人民」(30)においてであるが、石母田がこれを『日本の古代国家』の一部と考えていることは、《結社》の問題が《交通》の議論に欠くべからざるものであることを認識していたからにほかならない。マルクスにおける《交通》と《結社》の問題が、すでに石母田正のなかで像を結んでいたことは、改めて驚嘆するほかない。

〈国家―行基―人民〉のタイトル構成から明らかなように、石母田が行基―知識結を国家と個の中間団体と捉えていることは明らかであるが、この《結社》という中間団体がいわゆる共同体や身分的社団から区別されるのは、その交通網への参入が個の自由意志《フライヴィリヒカイト》に基づく、という点においてである。この点で、《ヴォランタリー・アソシエーション》を、ゲマインシャフト的な伝統的中間団体から区別し、本質的にはこれと対立する概念と捉える佐藤慶幸の整理(31)は、その限りで明快である。

従来、こうした中間団体としての《結社》がアクチュアリティを持ってきたのは、アメリカ的自由、すなわちトゥクヴィル的な意味での多元主義世界においてであった(32)。

これに対して樋口陽一が、あらゆる種類の中間団体を否定してまで力ずくで「個人」を析出させたことを強調する、ルソー＝ジャコバン型国家(33)とは、いわば国家それ自体を《アソシアシオン》的なものとして仮構するものと言えるだろう。《結社》とは、中間団体というこれを担う実体に本質があるのではなく、個と個の《交通》のかたちを形容する関係概念であることが、ここに明らかとなろう(34)。いわゆる国家と自由に関する二つの理念型モデル――〈démocrate〉と〈républicain〉――は、《結社》の問題に限って言えば、その実体概念を中間団体に措定するか国家に措定するかに決定的な相違があるものの、関係概念として目指すところは必ずしも対立するものではない。

しかしながら、歴史的に見て、国家が《結社》的に機能することはありえなかった。このことは、マルクスが本来ルソー・モデルに基づき構想していたはずの《アソツィアツィオーン》が、現実の社会主義国家においては「事実上抹消されつづけてきた」経緯を見ても明らかである。田畑稔が、マルクスの《アソツィアツィオーン》について初めて包括的な議論を提出したのも、中東欧革命、ソ連崩壊後におけるマルクス再読の試み、その可能性の救出のためである。[35] 集権国家を相対化しうる概念として《結社》が浮上したのだと解すれば、それは構図として極めて見やすいものとなる。田畑が、マルクスの《アソツィアツィオーン》を、その概念の原型であるルソーの《アソシアシオン》にまで遡って再構成したのは、当然の理路と言うべきであろう。

ただ田畑が、国家集権的な社会主義・共産主義の破産を、ルソー=マルクス的な《アソツィアツィオーン》の再定位によって乗り越えようとする以前に、そもそも中東欧革命の推進力となったのが、いわば自由主義的中間団体としての《アソツィアツィオーン》であった。もちろん、この問題を取り上げたハーバーマス自身が指摘しているように、中東欧革命で浮上したこの《公共圏》のポテンシャルもまた、必ずしも手放しで祝福しうる帰結を得られたわけではないが、それでも《結社》という《交通》関係の不断の構築によってしか《公共圏》が創造されえないことは、確認されたと言えるだろう。

翻って石母田正がこの《結社》の可能性を見たのは、行基－知識結においてであった。もちろん石母田は、日本古代における「個人の共同体からの自立」の不可能性、「個人の自立性を保障する条件である都市」の不在性を一方で認識しているのであって、それをマルクス的な意味での「東洋的専制国家」の属性と位置づけ、行基が結局は「国家の体制のなかに組織され」てしまったことを、決して見逃さない。しかしながら他方で石母田は、

行基問題が、いかなる形で、またどのような新しい条件のもとで歴史に登場するかは、中世史の問題である。

とも言っており、〈国家－行基－人民〉に代わる《結社》的中間団体の可能性をも予見しているのである。そしてこの「中世史の問題」こそ、実は中世的勧進の問題である、としたのが、研究史整理を得意とする赤坂憲雄であった。[36] ただ赤坂にあっては、いわゆる「勧進の体制化」論の研究史を〈行基の挫折〉の変奏と位置づけるにとどまっている。ここに、中世的勧進の《アソツィアツィオーン》としての可能性を再検討することが必要となるのである。

従って本書では、まず第一部において、他者との《交通空間》を切り拓いていく《結社》の可能態＝勧進が、歴史的にどう挫折し、どう更新されてきたかを扱う。ついで第二部においては、その他者性を抑圧する機制としての閉域を、《結界》の構造として捉え、古代＝中世国家の自己像が解体する過程と、不可視の閉域としての天皇制が生成される過程とを扱う。そして第三部では、いよいよこの二つの意味空間の、機能的なせめぎあいを踏まえることによって、《公共圏》と《近代思潮《モデルネ》》の問題へと向かうことになる。

4　本書の構成

それでは以下に、本書の構成と成稿経緯とを示す。

＊

第一部「勧進と社会的交通――結社の可能態」には、中世的勧進とその近世化に関する論考二篇と付論一篇とを収めた。

第Ⅰ章「公共負担構造の転換――解体と再組織化」は、一九九一年十二月、東京大学大学院に提出した修士論文を圧縮した上で、『歴史学研究』六四九号（一九九三年九月）に「前近代京都における公共負担構造の転換」の題で発表したものである。今回、序跋を書き改めたほか、圧縮された文体に手を入れて読みやすくした。

本章では、石母田正の《結社》論に導かれながら、国家と都市住人の中間団体として両者を媒介した、中世的勧進の構造変動を論じた。いわゆる中世的勧進の租税化＝体制化とは、他面では、国家が中間団体としての勧進＝《結社》の活動に依存せざるを得ない、ということを意味するから、中世後期に公共負担構造を媒介するメディアとして勧進が機能していたことに注目すれば、その近世への継承、あるいは構造転換が問えるのではないか、という見通しのもとに分析を進めた。そして桟敷という開かれた集財空間が設営されることにこだわった結果、勧進から出版物への展開という構図が、その陰影とともに浮彫りとなった。本章に関して、「コミュニケーションの内容物」よりも「伝達の集団的プロセスとその社会組織、そこに内在し展開する闘争」を重視する姿勢に注目して下さったのは、花田達朗先生（東京大学社会情報研究所）であるが[37]、この《結社》という社会的《交通》の可能態と公権力の関係史こそが、本書の出発点に位置することもあって、巻頭に配することとした。

第Ⅱ章「租税公共観の前提——勧進の脱呪術化」は新稿である。

ここで明らかにしたことは、中世的勧進が〈脱呪術化〉する契機であり、それを可能にした間隙という〈都市形式〉=商業交通圏である。中世的勧進が《結社》として個と個の《交通》を繋ぎ留めうるのは、それが神仏の論理に起源するからであるが、しかし中世後期には、宗教的動機だけでは説明できない世俗的利欲が、この集財システムに絡んでくる。すなわち、神仏という〈意味性〉が相対的に剥奪されたところに、これらの集財を可能にする〈租税公共〉の論理、社会の合理化への端緒を見出したのが、本章である。同時にここに、十六世紀における勧進の変質、という第Ⅰ章で得られた見通しが、京都にとどまらないものであることが、明らかとなった。

付論1「メディエーションと権力——近世都市災害史断章」の原型は、本書のうち最も古く、第1節と3節は一九八八年度、東京大学文学部における吉田伸之先生の演習での報告と年度末レポートに、第2節は一九九〇年一月、同学部に提出した卒業論文の序章に、それぞれ遡る。いずれも未熟なものだが、今回、それらのうち現在なお使えると判断した部分のみを再構成して、断章の形で寄せ集めたものである。本章を付論とした所以であるが、内容的には各節補いあっており、第Ⅰ章の主題を別の素材で叙述した感もある。

中世的勧進の近世化に見出される〈脱呪術化〉という問題は、契機としては確かに社会に潜在しており、その端緒を炙り出すことに意味があるとは考えるものの、なおヴェーバー的な意味で „Entzauberung der Welt" とは呼びえない要素が残存していて、(38)いわば新旧二つの思考様式が混在しているところに、中世後期〜近世という時代の面白さがあると思う。この付論はまさに、中世後期の問題の反復・変奏を近世史に見たものと言えるだろう。

なお、ここで設定した〈媒介形式《メディエーション》〉という視角に関して付言すれば、吉田先生が修士論文を批判して下さった際、「君の関心は関係そのものにあるのではないか」と指摘されたことは、いまもって鮮明な記憶である。

＊

第二部「王権表象としての結界」には、国家あるいは王権の自己認識の構造に関する論考二篇と、付論として書評一篇を収めた。内と外を分割する〈病〉、より厳密に言えば自己同一性を保証するためだけに他者像を構成する機制こそが〈天皇制〉の本質である、(39)とする見通しのもとに執筆したものばかりであるが、率直に言ってその分だけ比喩的となっている。戦時下に書かれた石母田正『中世的世界の形成』(40)も、一九六八年闘争を不可避の前提とする佐藤進一『日本の中世国家』(41)も、同様にして比喩的である。〈天皇制〉を批判的に対象化する構えは、必然的に〈天皇制〉なるものを実体化してしまう罠をも伴うが、この罠に敏感であればあるほど議論は比喩的になる。しかし比喩することは隠蔽することにも繋がる。この二つの罠に塡まりつつ、それでもこれを潜り抜けながら議論していかなければならない。第二部は、そのための拙い習作である。

第Ⅲ章「都市王権と中世国家――畿外と自己像」は、鈴木正幸編『王と公――天皇の日本史』（柏書房、一九九八年十月）に寄稿したものである。今回副題を付して意図をより鮮明にするとともに、必要な加筆を行なった。

本章は、寿永二年十月宣旨の新解釈の提示に基づき、平安末期の王権の実勢が、中国－四方国という、畿内政権的な自己認識の構造になお強く掣肘された「都市王権」であったことをまず明らかにし、ひいては、列島内における国家の複数性、内なる華－夷秩序の成立までを浮彫りにしたものである。すなわち、畿外の東国に出現した鎌倉幕府が、国家の単一性を記述する「謀反《むへん》」に依拠して都市王権を補完していた段階から、国家の複数性を記述する「謀叛《むほん》」を標榜するにいたる〈概念転換〉によって、文字通り別なる自己像を析出させたことを明らかにした。その際、この転回の鍵を握るのが、飢饉時に都市王権の死命を制した伊勢国問題であり、この境界線の〈両義性〉を一身に背負ったがゆえに、源義経はやがて頼朝権力から排除されなければならなかったのである。

さて、都市王権の自己同一性の要請によって〈他者〉として構成される「東国」問題とは、まさに内なるオリエンタリズムというほかないが、この問題は古くは大化改新と東国国司の問題にまで行き着くであろうし、やや新しいところでは、第一部第Ⅱ章に見た「徳川家康における東方の概念」にまで繋がっている。重い課題である。

第Ⅳ章「隔壁の誕生――中世神泉苑と不可視のシステム」の原型は、一九九二年十二月に成稿し、圧縮して『年報中世史研究』二一号（一九九六年五月）に、「中世神泉苑と律宗長福寺――都城の《結界》性とそれを掘り崩すもの」の題で発表したものである。諸事情から博士論文執筆に使用できる日数が五〇日しかなかったため、本章に限って学位取得後の改訂となったが、改稿への意志は一九九六年の晩秋にまで遡り、ある博物館で京都の近世絵図を見たことが、〈天皇制〉とは中世後期の所産である、との確信を抱かせるきっかけとなった。つまり本章は、〈天皇制〉を古代から〈実在した〉ものと見る旧い常識と、近代知によって〈構成された〉ものと見る新しい常識の、いずれの常識からも訣別する道を択ぶものとなった。その大意はこうである。

――神泉苑の築地を修復するとはどういうことなのか。神泉苑が荒廃していることなど誰でも知っている。誰もが自由に出入りし、中世後期には田地として利用されている。それでも建前上は《結界》地でなければならず、律宗長福寺はその維持システムとして創出された。だが人々の利欲を統御し神泉苑の清浄を保つことなど、初めから無理である。だから取り敢えず左京の市街地からは見えないようにしておこう。それゆえ室町幕府は、神泉苑の東面だけに築地を復旧し、〈見るべからざるもの〉のモニュメントとしたのである。

付論2「存在被拘束性としての洛中洛外――瀬田勝哉『洛中洛外の群像』によせて」は、『史学雑誌』一〇五編七号

（一九九六年七月）に掲載した書評である。著者の名を初めて識ったのは、まだ大学受験生だった一九八五年に遡り、爾来、研究上の一つの目標となった。書評依頼を受け、身の引き締まる思いで執筆したものである。

書評としての性格上、筆者独自の史料分析を示したものではないが、〈存在被拘束性と対象化〉、〈自己同一性と他者〉という問題意識を、最も直截に叙述した一文なので、第二部の付論として収録することにした。

＊

第三部「江湖の思想」には、《公共圏》と《近代思潮》の問題に正面から切り込んだ論考三篇を収録した。

第Ⅴ章「公共性問題の輻輳構造」は、一九九四年十一月、日本史研究会大会シンポジウムで口頭報告し、『日本史研究』三九一号（一九九五年三月）に掲載された「《公共性》問題の構図と《無縁》論」を、加筆・再編成したものである。初めて経験した学会発表であり、これが筆者の研究の転機となったことは間違いない。

本章の特色は、問題論的構制《プロブレマティク》そのものを取り扱ったことである。歴史学の研究課題は決して所与のものとしてあるのではなく、「いかなる事実も、いかなる対象も、一瞬たりとも即自的には与えられていない[42]」。ここでは「公共性」という問題構制の輻輳関係を説き明かすことを通じて、従来の共同体〈自治〉論が、オフィシャルな権威・権力を相対化しようとして、かえってこれを強化する言説を産出してしまっていることを批判し、《公共圏の歴史的創造》へ向けての根源的なパラダイム・シフトを提起したものである。

第Ⅵ章「明治における江湖の浮上」は事実上の新稿である。原型は、『歴史と方法』1、日本史における公と私（青木書店、一九九六年十一月）に掲載した「交通・結界・公共性――《江湖》論のためのトリプティク」の、同題の一節にあるが、決定稿にいたるまでの過程で、方法的に一見近寄りやすい近代史研究の〈怖さ〉を、何度も味わうこととなった。決定稿は、質量ともに更新されてはいるものの、いまなお一つの参照点でしかない。

とは言え本章が、この書物のハイライトであることもまた間違いない。前章で提起したパラダイム・シフトを自ら引き受けることによって見出すことができたのが、《読書する公衆 Lesepublikum》としての「江湖諸賢」、《公共圏》としての「江湖」の概念である。ただここでは、「江湖」概念を提示した思想的営為、それ自体をも批判的に見つめ直せるように、今後の議論の基礎となるようなあらゆる史料の発掘に努めたつもりである。

さて本章で取り扱うことになった〈翻訳〉の問題、なかんずく訳語選択における逡巡の問題こそは、《歴史的創造》という姿勢の根幹に関わっている。現在一見自明な事柄も、こうした訳語選択の如何によっては、自明ではなかったかもしれないのである。だとすれば、別の概念が別の社会関係を創出しうる可能性を模索することは、自己－他者像を同時的に〈成形 configure[43]〉せずにはおかない、〈翻訳という行為そのもの〉の政治性をずらし、これを相対化することに繋がるはずである。

第Ⅶ章「中世禅林と未完のモデルネ」は、一九九七年十一月、史学会大会における口頭報告、「中世禅林の「公」と《公》」(『史学雑誌』一〇七編一二号に要旨掲載)を、初めて文章化したものである。

前章とは一転、この「江湖」を中世に探ったのが本章である。ただここでも、中国起源の叢林の法としての「公」と、日本的「オホヤケ」との緊張関係を扱っており、第Ⅴ・Ⅵ章の問題意識や分析視角と基本的に異なるものでない。ここに、既往の〈公〉をめぐる錯綜した議論に最終的な決着が与えられたもの、と考えている。

本章の議論で決定的に重要なのは、本章が、「明治における江湖の浮上」の原型を中世に求めようとする姿勢とは一線を画しえたことである。すなわち「江湖」とは、中世においてすでに日本社会に不在のものと認識されていたのであり[44]、ここに、日本社会独自のパブリックなるものの存在を見出そうとする既往の議論は、破産したと言わなければならない。もしも本書が、「無縁」論より一歩なりともさきに踏み出した点があるとするなら、それは、〈かつてあったもの〉を本来的《アイゲントリヒ》なものとして掘り起こすことによって、結局は自己像を正当化してしまう営みから訣別して、〈かつてにおいても不在と認識されたもの〉を抉り出したことであろう。自己像を正当化せず、不断に《歴史的創造》を思索すること——これが本書の辿り着いた、ささやかな展望である。

註

（1）桜井英治『日本中世の経済構造』（岩波書店、一九九六年）はしがき。

（2）石母田正『日本の古代国家』（岩波書店、一九七一年）はしがき。

（3）佐藤進一「歴史認識の方法についての覚え書」（『日本中世史論集』岩波書店、一九九〇年、初出一九五八年）二五九頁。

（4）同様のことを、本書が問題にしようとする〈公〉に即しても例示しておこう。例えば京都の惣町‐町を分析してきた仁木宏が、中世末期の都市共同体を「都市民に「公」と認識される存在であった」（「都市における公権と都市民」、『歴史評論』五九七号、二〇〇〇年）と論じることができるのも、〈公〉を分析概念として使用しているからである。まして、「公」と呼んだ史料それ自体が見当らない京都の惣町‐町を「公」と呼ぶからには、よりいっそう、〈公〉の概念規定を開示することが求められる。そしてどのような分析概念を提示するかで、研究者の立場や資質が示されることになるのである。仁木の場合はどうか。

……都市共同体は、（中略）絶対侵すことのできないもの、その決定には従わざるをえないもの、すなわち「公」となった。

つまり仁木が擁護する〈公〉とは、仁木自身が批判するところの「天皇をシンボルとする公共性」とそっくりのものなのである。こうした奇妙な事態がなぜ生じるのか、一度じっくりと考えていただきたい。

（5）〈価値自由〉と〈理念型〉に関するヴェーバーの著作には、知られるとおり誤訳が多いため、ここでは主要な論文を一書に纏めた簡便な書として、次のレクラム文庫版を挙げておく。Max Weber, *Schriften zur Wissenschaftslehre*, Reclam, 1991.

（6）東島誠「交通・結界・公共性——《江湖》論のためのトリプティク」（『歴史と方法』1、日本史における公と私、青木書店、一九九六年）はじめに。

（7）なお、以上に見た近代知の限界という問題は、石母田の現状認識である以前に、すでにヴェーバー自身の立脚点でもあった。ヴェーバーの反・近代主義的位置を平明に指摘したものとして、山之内靖『マックス・ヴェーバー入門』（岩波新書、一九九七年）を挙げておく。

(8)　ユルゲン・ハーバーマス／エルンスト・ノルテ他（三島憲一他抄訳）『過ぎ去ろうとしない過去――ナチズムとドイツ歴史家論争』（人文書院、一九九五年、原書一九八七年）。

(9)　上野千鶴子『ナショナリズムとジェンダー』（青土社、一九九八年）。

(10)　筆者が教科書検定に関する永原慶二の著述を引用しながら、実証主義という立場の恣意性＝政治性の問題に初めて論及したのは、高校時代に書いた「歴史研究への出発」（『群声』二〇号、一九八五年、一一三～一一四頁）に遡る。そこで学んだのは、実証主義が「体制的見解」にもなりうるということであった。だがそこでは、戦後実証主義を戦前実証主義への反省に立つものと位置づけ、いささか楽観的な診断を下してしまっていた。この点、自己批判したいと思う。

さらにもう一点、つけ加えておきたいことがある。「日本の良心ある知識人は、このような捻じ曲げられた議論に拘泥する間に、良心ある中国人と対面する媒介を喪失してしまい、中国人とこの間の歴史を共有する契機をも失ってしまったのだ」――孫歌「日中戦争――感情と記憶の構図」（『世界』六七三号、二〇〇〇年）のこの指摘は、〈他者〉との対話を目指しながら、かえって〈他者〉との対話の契機を自ら断ってしまうこと、つまり〈他者性〉というものの本当の難しさが語られたものとして、筆者にとってもたいへん重い指摘である。歴史学研究者の「良心」が空回りし、最も重要な問題構造が隠蔽されてしまうことさえあること――このことが見失われてはなるまい。

(11)　本書はアウシュヴィッツそのものを考察したものではなく、従ってこの批判は、真っ先に本書に向けられるべきものである。しかしながらハナー・アーレントの《公共領域 Der öffentliche Raum》（Vgl. Hannah Arendt, *Vita activa oder Vom tätigen Leben*, Piper, Der deutschsprachigen Ausg. 1967, S. 33–97）を問題にするということは、アウシュヴィッツを考察することに繋がっている、と信じる。

(12)　Öffentlichkeit とは、別にハーバーマスの造語ではない。それは十八世紀に名詞形を得た歴史的概念であると同時に、今日普通に用いられる日常語である。ただこの語に特別の生命を吹き込んだのがハーバーマスだという言い方はできる。Öffentlichkeit を《公共圏》と訳すか《公共性》と訳すかは、趣味の問題（より誠実に言えば問題関心の所在の問題）であって、このことがよくわかっていないと、例えば新田一郎「『中世の公共性』論をめぐって」（『歴史評論』五九六号、一九九九年）四七頁（下段）のように、問題を取り違えかねない。なお、Öffentlichkeit を含む「公共性という問題系」を見透しよく整理し、かつ「複数性」の確保を軸に創造的に再生産した書物として、齋藤純一『公共性』（岩波書店、二〇〇〇年）が公刊されたことを喜びたい。齋藤の言う「論者各様の好み」という点から言えば、本書では《公共性》を共通善＝共同体的なイメージの付着した語と見る立場から、これと区別する意味で《公共圏》の訳語を採用している、と言えようか。

さらにここで、本書の英文タイトルにおいて heterosphere という語を用いたことについて、説明しておきたい。従来用いられてきた public sphere の語が、(1)Öffentlichkeit als Sphäre ではなく öffentliche Sphäre の英訳であること。(2)英語というよりは米語であって、学者内にしか通用しない隠語に過ぎないこと。これらのことから、public sphere という隠語は、端的に amerikanische Ideologie である、と考えられる。よって本書では、public sphere 概念への批判、そこから差異化する意図を示すべく、気象学用語の〈異質圏〉を転用した heterosphere なる新語を提示することにした。

(13) 西欧中心主義、教養・財産なきマイノリティの排除など、《公共圏》に対し投げ掛けられる紋切型の批判は、öffentlich という、言葉の本来の意味からすれば的外れなものである。《公共圏》をグローバルに構想するという理念は、〈普遍性〉の概念が破産している現代において西欧的〈普遍性〉を擁護することではない。むしろハーバーマスの議論（限界）を越えて、西欧中心主義やマイノリティの排除といった、非‐公共的な現実に対する批判的指標として、《公共圏》を位置づけていかなければならない。

(14) Jürgen Habermas, *Strukturwandel der Öffentlichkeit* (1962), Suhrkamp, Neuaufl. 1990, S. 51f. 細谷貞雄・山田正行訳『公共性の構造転換』（未来社、一九七三／一九九四年）一〜二頁。

(15) 前掲註（12）新田論文、四九頁（下段）は、こうした誤読の一例である。

(16) Habermas, a.a.O., S. 57f. 細谷訳、一四〜一五頁。

(17) Ebd., S. 45ff. 山田訳、xxxvii頁以下。

(18) Ebd., S. 225ff. 細谷訳、一九七頁以下。

(19) Jürgen Habermas, *Die Moderne – ein unvollendetes Projekt* (1980), Reclam, 1992, S. 32-54. 編成は異なるが、邦訳は三島憲一編訳『近代――未完のプロジェクト』(岩波現代文庫、二〇〇〇年)四〜四五頁。

(20) 浅田彰「ぼくたちのマルクス――〝交通〟の冒険者へのオマージュ」「マルクス・貨幣・言語」(『逃走論――スキゾ・キッズの冒険』筑摩書房、一九八四年、初出一九八三年)。柄谷行人「交通について」(『批評とポスト・モダン』福武文庫、一九八九年、初出一九七九年)、「交通空間」(『探究Ⅱ』講談社、一九八九年)、「交通空間についてのノート」(『ヒューモアとしての唯物論』筑摩書房、一九九三年、初出一九九二年)など。なおこの問題を考える上で、佐藤全敏氏からは示唆的な助言をいただいた。

(21) Jürgen Habermas, *Zur Rekonstruktion des Historischen Materialismus*, Suhrkamp, 1976, u.a.

(22) Jürgen Habermas, *Die nachholende Revolution*, Suhrkamp, 1990. 三島憲一他抄訳『遅ればせの革命』岩波書店、一九九二年。なお、この問題に関しては、村上淳一「社会主義体制の崩壊と現代思想」(『仮想の近代――西洋的理性とポストモダン』東京大学出版会、一九九二年、初出一九九〇年)も参照。

(23) 網野善彦「境界領域と国家」(『日本の社会史』第2巻、境界領域と交通、岩波書店、一九八七年)はじめに。

(24) 前掲註(2)石母田著書、一四頁。なおここで指摘しておきたいのは、石母田の用いた「交通」が、決してマルクス主義的な隠語ではなかった、ということである。一八八二年に書かれた植木枝盛「集会結社幷ニ交通ノ自由ヲ論ズ」(『植木枝盛集』第四巻、岩波書店、一九九〇年、七六〜九七頁)の一読をおすすめしたい。

(25) 石母田正「古代における『帝国主義』について――レーニンのノートから」(『石母田正著作集』第四巻、古代国家論、岩波書店、一九八九年、初出一九七二年)一二六頁。

(26) 和辻哲郎「倫理学――人間の学としての倫理学の意義及び方法」(『岩波講座哲学』第一巻、概説㈠、岩波書店、一九三一年)において和辻は、

　動物にとっては他との関係は関係としては(即ち間柄としては)存しないのである。[傍点原文]

としているが、これは和辻が参照した三木清訳(リヤザノフ版)『ドイッチェ・イデオロギー』(岩波文庫、一九三〇年)では、

　動物にとってはそれの他のものに対する関係は関係として存在しない。

となっていたもので、法政大学図書館和辻哲郎文庫所蔵本では、この部分（六〇頁）に鉛筆書きでパーレンと傍線が付されており、和辻による「改訳」の瞬間を確認することができる。

(27) 米谷匡史「和辻倫理学と十五年戦争期の日本――『近代の超克』の一局面」（『情況』一九九二年九月号）、「三木哲学とマルクス」（『現代思想』二一－一号、一九九三年）参照。

(28) 『日本書紀』（新訂増補国史大系）欽明卅二年四月壬辰条。

(29) 前掲註(20)浅田著書、二〇四～二〇五頁。

(30) 石母田正「国家と行基と人民」（『日本古代国家論』第一部、官僚制と法の問題、岩波書店、一九七三年）。

(31) 佐藤慶幸『アソシエーションの社会学――行為論の展開』（早稲田大学出版部、一九八二年、新装版一九九四年）。ただし、マルクス自身は、未来社会としての《アソツィアツィオーン》を高次のゲマインシャフトと考えている。

(32) アメリカにおけるアソシエーションの伝統については、フーリエ主義の受容を論じた宇賀博『アソシエーショニズム――アメリカ社会学思想史研究』（人文書院、一九九五年）も参照。なお、フーリエら空想的社会主義における《アソシアシオン》概念については、田中清助「マルクスにおける Assoziation の概念について」（『社会学評論』七一号、一九六七年）を参照。

(33) 樋口陽一『近代国民国家の憲法構造』（東京大学出版会、一九九四年）。

(34) フランス革命以後、十九世紀フランスのソシアビリテのかたちを、《アソシアシオン》概念を軸に歴史学の立場から考察したものとして、喜安朗『近代フランス民衆の〈個と共同性〉』（平凡社、一九九四年）を挙げておく。

(35) 田畑稔『マルクスとアソシエーション――マルクス再読の試み』（新泉社、一九九四年）。

(36) 赤坂憲雄『結社と王権』（作品社、一九九三年）。

(37) 花田達朗「都市・公共圏・メディアのトリプレクス――可能態の歴史」（『メディアと公共圏のポリティクス』東京大学出版会、一九九九年、初出一九九八年）。「日本史家の東島の分析にはメディオローグ的視点の内在を認めることができる」という過分の評言はしかし、本章初出誌の英文タイトルの中に、はっきりと明示していた事柄でもあった。すなわち筆者が本章で分析したのは、public works そのものではなく、それを媒介する open forum の構造なのである。

従って、研究史上のこの転回が踏まえられていない前掲註（12）新田論文四七頁（上段）の議論は、明らかに本章（および第V章）を誤読したものと言える。新田も自認するところの「混線」に陥らないためにも、既往の public works の議論から open forum の構造へと視座転換を行なった本章の議論を、ぜひとも熟読していただきたいと願う。

（38）周知のとおり、ヴェーバーが〈脱呪術化〉の完全な達成を認めるのは、（世界中のどこにも見られる若干の小規模な合理主義的ゼクテを除けば、）禁欲的プロテスタンティズムにおいてのみである。マックス・ヴェーバー「世界宗教の経済倫理」序論（大塚久雄・生松敬三編訳『宗教社会学論選』みすず書房、一九七二年）七六頁、参照。

（39）この問題が集約的に表れるのが身分制、差別の問題であり、稿を改めての課題としたい。

（40）石母田正『中世的世界の形成』（東京大学出版会、一九五七年、初版序文一九四四年十月）。

（41）佐藤進一『日本の中世国家』（岩波書店、一九八三年）はしがき。

（42）フェルディナン=M・ドゥ・ソシュール手稿9、断章番号三二九五a（丸山圭三郎『ソシュールの思想』岩波書店、一九八一年、一五五頁）。

（43）Naoki Sakai, *Translation and Subjectivity: On "Japan" and Cultural Nationalism*, University of Minnesota Press, 1997. 酒井の言う翻訳と主体の問題、すなわち対－形象化の議論は、「日本思想」を主題化すること、それ自体のワナを指摘した点で有益である。ただ存在被拘束性から自由に議論することは不可能であるから、筆者は言説の異他性によって自明性を解体することを当面の目標としたい。

（44）この主張はすでに、本書の公刊以前に前掲註（12）新田論文四九頁（下段）に引用されているが、新田はなぜか本章とは別の論文（「交通・結界・公共性」）を挙げている。しかし筆者が「中世においてすでに不在のものと認識されていた」と主張したのは、その論文ではない。

なお合わせて付言すれば、筆者が指摘した「不在」の問題は、新田の言う「欠如（理）論」とは全く次元が異なっている。「欠如理論」とはふつう、西欧にあって日本にはない、といった組立ての議論を指すが、本章の議論はもとよりそのようなものではない。すなわち、何らかの実態分析によって「日本に不在」を言う類の議論と、中世人自身の「不在」のディスクールを分析した本章の議論とでは、天地の差があるというものである。さらに序章の第3節で明確に述べているように、筆者は「西欧にあって」ということすら自明視していない。新田の議論は、この点でも不精確である。

加えてここで、五〇頁（上段）の「ハーバーマスの議論の厳密な適用を単純に求めるのは適切でなく」という点についても、私見を述べておきたい。新田は、筆者が「ハーバーマスの議論に忠実でありつつ」議論していると考えているようであるが、実はそうではない。重要なのは読解の〈精確さ〉であり、忠実さではないのである。分析概念は、〈精確〉に使用することによって初めてそこから自由になれるのであり、テクストの再生産において、筆者はそのことを実践しているに過ぎないのである。

第一部　勧進と社会的交通——結社の可能態

第Ⅰ章　公共負担構造の転換——解体と再組織化

はじめに

本章の課題は、近世後期〜近代都市史研究の新たな一潮流をなす都市公共機能論に学びつつも、その本質的な構造変動が中世から近世にかけて生じていることを明らかにし、既往の近代化論を相対化するところにある。

そこでこの潮流の研究史を回顧すると、まず小路田泰直は、町や仲間の個別的探究を重視してきた従来の近世史研究を批判する立場から、町の公共的機能を担う専業者・雇傭人など、いわばその〈外的受皿〉に着目し、さらにそこに生ずる矛盾のなかに、合理的官僚制への揚棄＝日本型公共団体の生成する芽を見ようとしている(1)。また、近世後期の都市構造の変容について塚本明は、都市の公共機能に対する支配者側の管轄領域の拡大を、役負担を脱皮した個別住民の合意に基づく公共負担意識の成立とパラレルに論じ、このような都市政策と住民意向の反映が近代社会へ引き継がれるとしている(2)。

右の議論において継承しうる論点は、小路田が公共業務の中核として食糧＝救貧問題を考え、塚本の場合も救恤制度、さらに橋の普請について論じていることである。都市が交通関係を基盤としなければ存立しえないとするならば、橋の破損、食糧の欠乏という、交通の閉ざされた状態がいかに修復されていくかを検討することは有効であろう(3)。本章が、都市京都を例として、造橋と救恤、その《公共負担システム System der öffentlichen Lasten》(4)の構造変動の分析に費やされる所以である。

ところで従来、公共負担のあり方を通じて支配の構造や都市住人の意識形成の問題に切り込む試みは、中世史研究において立ち後れてきたと言わざるを得ない[5]。その理由の一つは、おそらく、小路田や塚本に代表されるように、公共性とは近代化論の脈絡において初めて問題化しうるとする予断にあるだろう。そしていま一つには、中世史家が、一方では何の屈託もなく「公共性」の語を口にしてきたことを挙げなければなるまい。「公共性」問題を近代化論と混同するのも疑問だが、その歴史性を捨象する態度にも警戒すべきであろう。ただ、いまここで「公共性」という問題構制、その輻輳関係にまで踏み込むのは、いささか尚早である。これについては第V章で、改めて問い直すことにしよう。

それでは本章が主題とする公共負担システムの問題にあっては、その分析視角をどのように設定しておくべきであろうか。そもそも公共性とは、共同体の閉じた共同性とは本質的に対立する概念であるが、個別共同体の能力を越えた業務分野は、必ずしも国家〈徭役国家〉であれ〈租税国家〉であれ）によって充足されるとは限らない。ここで重視したいのは、公共負担を媒介し可能にするようなメディアの問題であり[6]、とりわけ前近代社会にあっては、義江彰夫が中世社会の到達のなかに〈身分からの自由の場としての文化〉を見出したように[7]、人と人とが括弧付きの「自由」のなかで《交通》しうる、興行や文芸の空間に注目することが、一つの方法として有効であろう。本章が、分析の対象として勧進を取り上げる所以である[8]。ここでは網野善彦が提出した「無縁」論のメリットが[9]、共同体からの自由[10]、あるいはその〈外部〉という問題にあったことを想起したい。

さて、このように考えたとき、初期ハーバーマスが、ほとんど経験科学的とすら言える手法で探り当てた《文芸的公共圏 literarische Öffentlichkeit》や《代表＝表象的公共圏 repräsentative Öffentlichkeit》の概念は[11]、本章のような《公共負担システム》の問題を考える場合にも、そこに展開する公開的な世論形成のあり方を考える上で、示唆するところが大きい。ただその場合、歴史家が陥りやすいハーバーマスの誤読について、一往の注意を喚起しておく必要はあるだろう。この初期の著作の、とりわけ前段部分が、後年のものに比して歴史学的な装いが濃厚であることも手伝ってか、時に歴史家の間では、ハーバーマスが、あたかも近代化＝公共性の構造転換と主張しているかに誤解されているからである。例えばドイツ史家の藤田幸一郎は、

増田四郎氏の議論は市民的公共意識における中世都市から近代国家および市民社会への継承を強調するあまり、公共性の質的転換についての厳密な考察がなおざりにされるという結果をもたらしてしまった。

とした上で、これに対するハーバーマスの「市民的公共」論は近代化の過程での「質的な転換」を描きだした「卓見」であると位置づけている(12)。こうした理解は日本史家の場合も同様であり、一九九四年度日本史研究会大会の全体会シンポジウムでも、

市民的公共性の成立の日本的あり方、別言すれば日本における前近代から近代にかけての〝公共性の構造転換〟の問題を避けて通ることはできないであろう。

と問題設定されている(13)。しかしながら、通常「構造転換」と訳されることの多い Strukturwandel とは、実は左様なことではなかった。ここで論じられているのは、十八世紀の西欧に浮上した《公共圏》という領域が、十九世紀には早くも変質を遂げるということであって(14)、決して近代化の謂ではない。このような誤解を生んだ責任の一端は、「構造転換」という邦訳の拙さにもあろうが、不注意な誤読と言うべきであろう。

本章で問われる〈転換〉が、いわゆる近代化論に与さないのは、そのゆえであり、網野が西欧近代とは異なる意味で括弧付きの「自由」を日本中世に探究したことは、その点でも注意すべきことであろう。

1　中世的勧進の都市的構造

(1) 橋勧進－橋供養の構造

中ノ堂一信が全面的請負事業としての中世的勧進の出発点を、四条橋・五条橋の架橋に見出したのをはじめとして、平安・鎌倉期の橋勧進研究が一定の蓄積を有するのに対し、[15]中世後期の専論は乏しい。さらに既往の勧進論では、施入者（都市住人）[16]にとっての勧進の意義が、あまり検討されることがなかった。この問題を考える上で重要なのは、これら四条橋・五条橋が、都市京都を外部世界と結ぶ橋として、単なる祇園社・清水寺への参詣橋として以上の意味を有するに至っていたことである。「四条五条橋落云々、仍京都通路難儀也」[17]というような、洪水による通路の途絶を記す史料は、これらの橋の名称が祇園橋・清水寺橋から四条橋・五条橋へと脱皮する、室町時代の諸記録を通してしばしば見出され、たび重なる修築が不可欠の課題として存在していたことがわかる。中世後期に限って言えば、両橋勧進の徴証としては、①貞和五年（一三四九）＝四条河原橋、[18]②応安七年（一三七四）＝四条川原橋、[19]③応永十六年（一四〇九）＝五条橋、[20]④宝徳二年（一四五〇）＝四条橋、[21]⑤寛正二年（一四六一）以前＝五条橋、[22]⑥永正十四年（一五一七）＝四条橋、[23]⑦永禄九年（一五六六）＝五条橋、[24]⑧天正四年（一五七六）＝四条橋、[25]の八例が挙げられる。以下これらを素材として、都市住人と勧進の関係、それに公権力と勧進の関係、の二点にわたって考察することにしよう。

右のうち、唯一勧進状が残っているのが事例⑦である。そこでまずこれに注目すると、「遠近之施主」「都鄙之懇篤」という不特定多数からの喜捨を求め、「不レ論二多少一施二財産一」すことによる結縁を説くために、五条橋に纏わるエピソードが典拠構わず——それこそ「光源氏之停レ車尋二花主一夕顔之宿」にいたるまで——引かれているのが興味深い。こうして参詣橋の宗教性が世俗的な興味関心に置き換えられつつ、

先年洪水之剋、橋柱流落、往来之人浸二裙於水一、上下之輩湿二袖於浪一、依レ之催二諸人奉加一、成二造立之念一、

とも言われるように、ここでは橋の利益を享受する「諸人」の利害こそを第一に慮る必要のあったことが窺える。すなわち橋勧進を寺社造営勧進などから分かつ特色は、復興される建築物が都市住人自身の世俗的利益に帰する点にあった。このような、橋勧進に固有の特質は、中世後期の最初の事例である①に、早くも明瞭に窺える。

今日於二四条川原一為二橋勧進一有二田楽一、新本入交可レ尽二芸能一□(由)風聞之間、貴賤群集、座主宮梶井・将軍(足利尊氏)等見物給云々、而猿楽一番之後、〔桟〕敷悉令二破損一、当座死者百余人云々、（『師守記』）

勧進が興行という形式をとるのは、勧進への施入・喜捨を広く求めるための「貴賤群集」[26]の場を創出するためであった。それはまさに、芸能を通じて出資者をアソシエイトする〈支援公演 concert aid〉としての意味を有する。ここで興味深いのは、都市住人を説得するために用意された芸能興行の空間が、それ自体、宗教的動機に違背する性格を持つものである、と認識されていたことである。すなわち、右の史料に見える桟敷破損を山伏の怪異として描く『太平記』巻二十七、「田楽事付長講見物事」においては、

誠ニ今度桟敷ノ儀、神明御眸ヲ被レ廻ケルニヤ、

とさえ言われているのである。橋勧進における田楽興行、芸能への「物狂」を逸脱したものと描く『太平記』の論評は、逆に言えば、支配者も含めた都市住人が現実には何を欲していたかを、端的に示すものと言えるだろう。そしてここで言う「神明」とは、ただ単に「アラ面白ヤ難レ堪ヤ」と熱狂することにのみ向けられたのではなかった。つづく「雲景未来記事」の問答から窺えるように、この桟敷の空間構成こそが、問題とされたのである。すなわちここで老山伏は、この桟敷を設営した媒介者を「橋ノ勧進ニ桑門ノ捨人ガ興行スル処ナリ」と貶めた上で、「見物ノ者」を構成する、

〔貴〕日本一州ヲ治メ給フ貴人達　⇕　〔賤〕洛中ノ地下人・商売ノ輩共

の両者が、身分を越えてこの「桟敷」に「交リ雑居」することが問題だった、と言うのである。従って、ここから逆に、「桟敷」が身分制を解体する潜在力をすら内包していたことが明らかとなろう。文字通り貴賤が《交通》する〈開かれた〉空間として、勧進興行の桟敷は設営されたのだと言える。[27]

さて以上から、都市住人の負担意識は、第一に住人側の世俗的利益に繋がるモティーフの強調、第二に広く貴賤に公開された桟敷的空間の設営、という二つの論理によって引き出されたことがわかるが、だとすればここで一つの問題が生じる。橋勧進が対象としたのは、財を施入しうる都市富裕層だけであったのか、という点である。この点で参照すべきは、事例③の「第五橋慶讃陞座」である。

故京師衆庶、善心油然、富者施レ財、貧者施レ力、

と言われるように、貧者もまた、労働力の提供において勧進の論理に包摂されていたのである。これは橋破損が、「所詮非二一人之歎一、尤万人之煩也者矣[28]」、すなわち万人の課題と認識されていたからであろう。

それでは次に、かかる橋勧進の論理を権力がいかに利用したか、という問題に進むことにしよう。一般に権力と勧進の関係については、所謂「勧進の体制化」論の文脈において、棟別銭への転化や関銭徴収などの面から論じられることが多かった。橋の勧進を論じる上で参照したいのは、文応元年（一二六〇）の後深草上皇石清水行幸である。この事例では、従来組船で渡った淀川に橋を架け、摂津国司の担当が先例であった樋爪橋を修理するために、勧進上人が動員されるにいたっている。[29]検非違使が管轄し、その用途が主として諸国に課せられた行幸橋ですら、勧進を媒介とすることが必要になっていたことがわかる。これを参照するなら、中世には一般に、公権力による橋修造が次第に勧進に委ねられていく、という基本構図が描けるだろう。ただ中世前期の四条橋や五条橋に関して言えば、勧進に委ねるというよりは併存関係にあり、鎌倉幕府—六波羅探題はこれを積極的に編制していた。以下に少しくそれを見て、その上で中世後期の状況に戻って考えることにしよう。

鎌倉幕府の橋の管理[30]については、膝下の都市鎌倉でこれが保奉行人の管轄とされる[31]一方、京都については、「清水橋并鴨河々防用途」が近国御家人役とされていた[32]。その際、国衙庁直と守護代が連署していることにより、既往の諸国役を御家人役へと再編するものであったことがわかる。鎌倉幕府の京都における橋修理が、基本的に古代国家のそれを継受するものであったことは、いわゆる「施レ財」「施レ力」の両方が、没収[33]や労役[34]といった刑罰によって創出されている点からも窺えるだろう[35]。言うまでもなく労役刑としての橋梁修理は古代の徒刑に遡るし[36]、没官物が橋梁用途に用いられた例としては、伴善男の謀反[37]を挙げることができる。ただ一方で、ここに見る「財」と「力」の施入は、御成敗式目の冒頭に掲げられている寺社修理の理念に則るものとも言えるから、この橋修理という問題が、幕府独自の法理のなかに位置づけられていたことは疑いない。

ところが中世後期、室町幕府の段階にいたると、この橋修理の問題に対して、幕府が、法や機構のレヴェルではもはや干与しなくなってしまうのである[38]。例えば、さきに見た事例①では、将軍が田楽興行に対し「見物」者として立ち現れるに過ぎない。橋勧進の例ではないが、寛正五年（一四六四）の糺河原勧進猿楽が、

天下太平時、必有二勧進一、是故上下和睦而相楽、尤公方御威勢不レ可レ過レ之、[39]

と言われたように、将軍が勧進興行の場に立ち現れることは、「貴賤雑居」を通じて「上下和睦」を恢復する、すぐれて政治的な儀礼行為であった。橋修理に即して言うならば、もはや室町幕府は橋勧進そのものには干与せず、むしろ橋供養を行なう段になって、俄にその存在を露にする。例えば事例③の場合、それ以前の施主慈恩や設計者慈鐵以下の動向に代わって建仁寺住持たる仲方円伊を導師として、事例④の場合には、それ以前の正預以下の動向に代わって相国寺・南禅寺・建仁寺の禅僧によって、それぞれ供養が営まれているのである。つまり室町時代の橋供養は、諸人の動向を包摂する勧進を、幕府＝五山によって吸収儀礼化するものであったと言える。なお、このような橋勧進－橋供養の構造に見られる室町幕府の姿勢は、後述するごとく飢饉救済－追善の構造にも見られることを、ここで先取り

しておきたい。

さて、ともあれ右の場合、幕府は二次的に介入したとは言え、第一次的には諸人の動向が展開していた。しかしながら永正年間の事例⑥の段階にいたると、勧進聖智源の勧進活動は初発から幕府奉行人奉書によって公許され、その活動が上意による「本願職」に収斂されつつ、祇園社家への従属という形をとるに至っていたことに、注意する必要がある。清水寺の本願成就院を論じた下坂守が、臨時請負的な中世的勧進から寺家に根付いた本願への脱皮を見出したのも、やはり永正年間を画期としていた。[40]とりわけ永正十六年（一五一九）には祇園社執行顕増自身が四条橋用材の丹波国山国からの調達を幕府に請い、保証されていることから、[41]おそらくこの時期には橋勧進の構造にも変化が見られ、勧進聖の臨時請負的な形態は、社家（寺家）に従属した本願職として、幕府に公許される形態に転じていた。勧進の公許化の問題は、一方で公許されえない勧進の顕在化と表裏をなしており、公許によってその枠組を限定しなければならない事情を示している。勧進の変質の問題は、次の第2節で論じたい。

以上、橋勧進が諸人の施入を引き出す論理とともに、これに対する公権力の干与のあり方について検討した。次に項を改め、飢饉救済の場合について、同様の手順で分析を行ないたい。

(2) 飢饉救済―追善の構造

室町中期の飢饉を論じた西尾和美は、施行《せぎょう》（食糧施与）や施餓鬼（死者追善）の財源が勧進によることを指摘した。[42]しかし町は救済にタッチしていないという発言を含め、勧進への施入という視点が欠落しており、それゆえ勧進の構造にまで論が及んでいないように思われる。なぜ都市住人は、施行や施餓鬼の用途を創出する勧進に財を施入するのだろうか。議論の出発点はここにある。

そもそも、勧進を媒介として都市住人の自発性を引き出す論理は、橋梁復興の場合、住人が現に必要なものが目に見える形で還元されるのであるから、理解しやすい。しかし住人利益に直接関わらないかに見える飢饉時の貧人救済にあって、勧進に施入することのメリットは奈辺にあるのだろうか。鎌倉時代の正嘉の飢饉（一二五八）における、勧進聖導御と施主三重政平の救済事例に限って言えば、この論理は明快である。

かつは伽藍建立結縁の為、かつは飢をたすけんはかりごとに、簀にて土を運ばしむるに、其大小に随て米銭をあたへて、おほくの飢人を救ふ、

すなわちここには壬生寺再興という明確な結縁の動機があり、また前項に見た「富者施レ財、貧者施レ力」の論理が認められる。すなわち、富者の投じた財は一方で壬生寺伽藍の建立に、他方で労働力の対価として飢人救済に充てられたのである。つまりこの場合、勧進による施行は、寺社復興に付随する作善としての性格を有していた。しかしながら中世後期の寛正の飢饉（一四六一）などの場合、もはや寺社復興といった結縁の名目や建築物は存在しない。ここでの勧進は救済こそを第一義としており、施入者側への直接の受益はないことになる。

とすればこの場合、勧進が都市住人をいかに説得しうるかという問題は、都市住人にとっての利益＝還元されるものの考察よりも、勧進への施入をいかに聚めるか、端的に言えば施行の行なわれた場の特質からさきに接近するのが有効であろう。すなわち寛正の飢饉において施行の仮屋が設けられたのは六角堂近辺であり、また天文の飢饉（一五三九～四〇）における施行の場は誓願寺であった。

まず下京の町堂であった六角堂は、曲舞で知られる勧進興行の地でもあったことに注意したい。さらにこの六角堂自体、将軍義教没後修理不能となって頽廃していたものが、まさに「地下有徳之者」の尽力＝勧進によって復興されているのである。

「無縁所」と呼ばれた誓願寺の場合も同様であった。文明十年（一四七八）、「誓願寺うわフキノ勧進」のための観世猿楽が当時、洛中興行の「初例」と認識されていたことも、これに施入する都市住人の新たな動向、あるいは誓願寺と

いう場の性格を語るものとして、重要であろう。

このように施行の場は、いずれも都市住人の勧進への施入を集めるに相応しい興行地、〈開かれた〉桟敷的空間が選ばれており、住人の自発性に訴えることなくして施行は成立しえなかったのである。近世の非人施行を論じた菅原憲二は、「施行場は原則として京中であってはならず、町組の形成されていない地域であった」[51]とするが、六角堂・誓願寺はむしろ町組形成地域に繋がることを考えると、これは極めて注目すべき事実であると言えよう。つまり施行場は、空間的には市街に内包されながらも観念的には〈外部〉として設定されたものであり、言うなれば〈内なる外部〉としての意味を持っているのである。

次に施餓鬼についてはどうであろうか。西尾和美は五山施餓鬼の財源調達方法を勧進とし、原田正俊もこれに従う[52]が、にも拘らずこの見解は成立し難い[53]。寛正の飢饉において、

被レ仰二五山一、於二四条・五条橋上一、大施餓鬼被レ行レ之、橋上大行道、一山迷惑又不レ過レ之、依レ無二下行一、供具以下代、大衆各令二出銭一、相国寺分及二二百貫文一云々、可レ成二追善一条如何[54]、

とされたごとく、財源は将軍の下行が原則であり、この時は下行がなかったので「迷惑」にも「大衆」が各自出銭していたのである。勧進という観点から着目しなければならないのは、むしろ河原施餓鬼の方であろう。この河原施餓鬼とは、五山施餓鬼が橋の上や北野経王堂などのいわば〈橋上空間〉で修せられた[55]のに対し、河原すなわち〈橋下空間〉で実施されるものであり、ここに見られる空間的区分は、実は両施餓鬼の性格を明確に分かつものと言わねばならない。そしてこの差異は、財源においても貫徹していたのである。この河原施餓鬼が勧進に立脚していた事実は、応永の飢饉（一四二一～二二）において確認することができる。すなわちこの時、

抑河原施餓鬼事、勧進野僧為二張行一、「五山僧衆可二執行一事、不レ可レ然」之由、自二山門一支申[56]、

とクレームがついたように、河原施餓鬼とは五山が行なうべきものではなく、それは本来勧進野僧が行なうもので

あったのである。実際、次の史料に見るように、河原施餓鬼のための準備は、往来曜斉僧と呼ばれるような無縁の勧進僧によって進められていた。

抑聞、於二五条河原一今日大施餓鬼依二風雨一延引云々、此事去年飢饉・病悩、万人死亡之間、為二追善一有二勧進僧一［往来曜斉僧相集］、以二死骸之骨一造二地蔵六体一、又立二大石塔一為二供養一、「可レ有二施餓鬼一」云々、此間有二読経一、万人鼓〔譟〕打二桟敷一、「室町殿可レ有二御見物一」云々、「五山僧可レ行二施餓鬼一」云々(57)

しかしながらこの時、勧進僧と河原者との喧嘩によって施餓鬼供具が散々となって、さらには折からの大風大雨で河原施餓鬼は中止となってしまったのである。ところが、

勧進施物如レ山出来(58)、

とされるように、勧進による集財行為はすでに終わっていた。それゆえ折角出来したこの施物については、「五山僧可レ行二施餓鬼一」との声を容れ、

「被レ入二五山一、於二寺々一可レ行二施餓鬼一」之由、自二公方一被レ仰云々(59)、

として、五山施餓鬼に流用することとなったのである。改めて確認すれば、この施物は本来、河原施餓鬼のために用意されたのであり、五山施餓鬼のためのものではなかった。

さて、ここで注目されるのは、やはり「万人鼓〔譟〕打二桟敷一」という表現であろう。かつて西尾は、そこに民衆の追善要求を看取したが、実際にはこの種の表現は、『看聞日記』が勧進興行を記す場合によく用いられるものである(60)。従ってここでは、施餓鬼の勧進においても、〈公開的〉な見物と施入を求めるために桟敷が設営されていた、という一事が確認できれば充分である。

それでは次に、さきにペンディングにしておいた問題、すなわち都市住人にとって、勧進に施入することにいかなるメリットがあるのか、についての検討に移ろう。

そのためにまず、勧進という行為の構成要件について確認しておくなら、それは、基本的に二つの行為、すなわち喜捨を求める物乞行為と、集まった財の還元行為からなり、それらが複合して一本の回路を形成するものであった。橋勧進の場合、還元されるのは文字通り橋という建築物であった。従ってそこでは出資者と還元物の受益者とが一致している。だが等しく勧進を媒介とするとは言え、飢饉救済の場合は出資者と還元物の受給者が同じではない。飢饉救済における勧進の必要性は、住人の自発的精神のみでは説明しえないのである。橋を復興する場合、土木技術を有する勧進聖集団の関与は不可欠であった。しかし施餓鬼はともかく施行ならば、共同体内部の私的作善として行なうことは可能であるし、現に行なわれもしたであろう。だとすれば、なぜ敢えて勧進という共同体外的な回路が必要とされたのであろうか。そこでこの問題に接近するために、逆に勧進を媒介としない場合から考えてみたい。まず近世の例から考えると、陽明学者三輪執斎が「餓人たかりて取付、ほどこす事あたはず[61]」と論じたごとく、都市住人が直接に施行を行なうことは容易ではなかった。古代の場合にも、櫛木謙周や川本龍市が指摘するごとく[62]、検非違使が賑給使に任じたことには、給付の場に伴う狼藉や混乱を収拾する意味もあったのである。とすれば、中世において勧進という共同体外的な回路を経由させることは、救済の際に飢人の直接の物乞を回避するために、極めて有効な方法であったと考えられよう[63]。しかも応永の飢饉や寛正の飢饉などの場合、従来の飢饉とは一線を画する大量の飢人が京都に流入していた。本来的に京中の都市住人自身が飢え、ために公権力の救済政策も流通統制を核とする典型的な都市型飢饉が、中世を通じて展開してきた京都において、支配者も含めた都市住人は新しい課題に直面せざるを得ない[64]。それは端的に言って、もともとの共同体成員ではない救済対象が生じたことであり、いわば近世の野非人問題を先取りする状況が成立した、ということである。勧進という〈内なる外部〉の利用は、この点にこそ本質を有するものであり、橋勧進を〈受益の回路〉と呼ぶなら、飢饉救済は〈避難の回路〉と呼びうるのではないだろうか。

さて本項で最後に考えておくべきは、公権力と勧進の関係である。まず勧進聖願阿弥の活動の目覚ましい寛正の飢饉においても、施行(65)・施銭(66)の着手は、勧進に先行する形で、短期間ながらも将軍義政自身が行なっていた。しかしこれは間もなく中止されており、かわって願阿弥の芝舎（仮屋）での施行(67)が展開した。ここで注意したいのは、願阿弥の施行に将軍が百貫文を下行（施入）していることである(68)。つまり公権力の直接の救済から、勧進を利用し、これに下行（施入）する政策へと移行しているのである。ここでも公権力は、勧進という回路の有効性に着目した。ただし応永の飢饉の場合、施行命令は将軍義持により、仮小屋設置と施行を命じられたのは諸大名であって(69)、勧進を媒介とする政策に移行したかどうかについての史料的徴証は得られていない。しかし翌年に展開する施餓鬼において、一方で民間の動向が先行していた河原施餓鬼が、幕府＝五山によって吸収儀礼化される経緯については、西尾も指摘する通りであり、なおかつこれは、前節に見た橋供養の論理と全く軌を一にするものであった。

それでは将軍が、「貴賤」「万人」の一人として見物し、勧進に施入することの意味は、どのように理解されるであろうか。前項で見た「天下太平時、必有二勧進一、是故上下和睦而相楽」の論理が、「尤公方御威勢不レ可レ過レ之」という文言を伴っていたことに注意したい。また寛正の飢饉において将軍が五山施餓鬼に下行しなかった事実についてはすでに見たが、にも拘らずこの時、河原施餓鬼に対しては一千疋を下行しているのである(70)。この事実は、幕府将軍による民衆支配の力点の所在を、明瞭に語っているものと言える。すなわち、勧進という諸人の動向を包摂した河原施餓鬼こそ、より重視されるべきであったのである。それでは河原施餓鬼の実施が確認されない、天文の飢饉の場合はどうであろうか。そこでは五山施餓鬼の見物＝実施主体を巡って公権力の正当性が問われることになった。

世上相煩様に候間、大施餓鬼事、於二内野経堂一為二右京兆一可レ被二執行一之由を被レ申候、然者諸五山僧可レ被二罷出一候条、鹿苑院より以二蔭凉軒一御案内被レ申レ之、いまた不レ及二御返事一、可レ為二如何一事候哉、為二　公儀一可レ被二仰付一事歟、各被レ尋二下之一云々、為二　公儀一可レ被二仰付一哉否之御事、無二余儀一存候、雖レ然不レ被レ及二其沙汰一、速御心得之由、御返事被二仰出一て可レ然奉レ存旨各言二上之一(71)

ここで問題となっているのは、傍線部に見るごとく、北野経王堂での五山施餓鬼の経営が「為二公儀一」なされるのかどうかという点である。さきに引いた応永の飢饉で「室町殿可レ有二御見物一」と言われたごとく、施餓鬼の実施・見物主体としては、本来将軍がしかるべき存在であり、寛正の飢饉でも義政がこれを命じたが[72]、にも拘らず天文の飢饉では、上裁を経つつも、右京兆細川晴元こそが実施・見物主体となっていたのである[73]。この時期晴元は、将軍義晴とは「公儀与京兆近年京都山城之内御相〔剋〕条々、未決分五十余ケ条候つる」[74]という関係にあったから、これは細川晴元が、五山施餓鬼の実施を通じて、政治的ヘゲモニーを自らの手に掌握しようとしたもの、と解されるだろう。このように五山施餓鬼は、支配の正当性を示す儀礼的機能を有するものであった[75]。

以上、飢饉救済－追善の構造について見てきた。本項の考察結果は、桟敷またはこれに準ずる空間を巡る都市住人と権力の関係において、基本的に前項で得られた知見とパラレルな軌跡を描いている。ただ一点重要な相違は、等しく勧進を媒介としながらも、勧進施入者と還元物受益者の関係が異なっていたことである。これらの問題が両課題の近世化のプロセスにいかなる影を落とすことになるのか――この点こそが第2節の課題となろう。

(3) 中世的勧進の歴史的意義

勧進聖の原型は、しばしば行基などに求められてきた。石母田正の「行基」論によりつつ行基の「共同体外結社」性を指摘した赤坂憲雄も、「勧進の体制化」論の文脈を、「行基または結社の挫折」の変奏と捉えている[76]。これに対し本章の関心は、勧進聖そのものよりも、むしろ都市住人が勧進という回路にいかに関わったか、という点に向けられている。そこで本項では、まず勧進によらない公共負担システムの先行形態について概観し、そこから第(1)・(2)項で検討した勧進という回路を媒介することの意義を浮き彫りにしたい。

さて、古代において、京中の橋を管轄していたのは京職であり[77]、京職の機能を非違糺弾の実力行使や人夫徴発能力などの点から補完したのが検非違使である。(78) 橋梁の修理に宛てられたものとしては、市籍人を除く東西市町住人の地子(79)や山城国正税稲(80)、さらに没官物(81)など、各種のものがあったが、京職によって住人に課せられた造橋料負担のシステムとして注目されるのは、次のものである。

凡毎年出㆓挙造橋料銭二百貫㆒、取㆓其息利㆒、随㆑事充用、(82)

毎年定額の造橋料銭を出挙し、その利息を宛てることから、住人の負担は出挙銭貸付による利息部分であったと言えよう。検非違使の場合、造橋料負担の賦課は、さらに強制力を増したと思われる。京都の例ではないが、大治二年（一一二七）の大和河竹橋の設営が、検非違使により「称㆓夫功㆒、号㆓橋料㆒、責㆓平民㆒(83)」という形でなされていたことに注意したい。

一方、飢饉救済の場合も、畿内では、

実㆓録富豪之貯㆒、借㆓貸困窮之徒㆒、秋収之時依㆑数俾㆑報、(84)

のごとく、出挙的措置による財源負担が成立している。橋の場合は貸付であったが飢饉の場合には借入であった。いずれにせよ財政支出上、住人負担という体裁をとる点で共通している。飢饉の場合、借入である以上、当然それは富豪層を対象としていた。つまりそれは返却つきの有徳役＝借米として成立していたのである。(85) しかもこのシステムは、鎌倉時代に至ってもなお用いられている。寛喜の飢饉（一二三一）に際し、北条泰時が伊豆・駿河において実施した飢饉救済策は、図1のようなものであった。(86) そしてこの図式は、『明恵上人伝記』の記事を参照するなら、京都でも成立していたものと思われる。(87) 他方、強制力を背景とした負担としては、治承五年（一一八一）の飢饉における平氏の政策があった。そこでは京中在家を検注して、兵粮米賦課とともに、「割㆑富与㆑貧」ことが課せられていた。(88)

さて以上を、前(1)・(2)項で論じた勧進を媒介とした都市住人の関与の仕方と対比しつつ、ここでひとまず小括するなら、図2に示したごとくとなろう。(89) 都市京都の住人、とりわけ富裕層の負担のあり方は、《出挙／強制力による負担》

図１　寛喜の飢饉に見る出挙米施与の構造

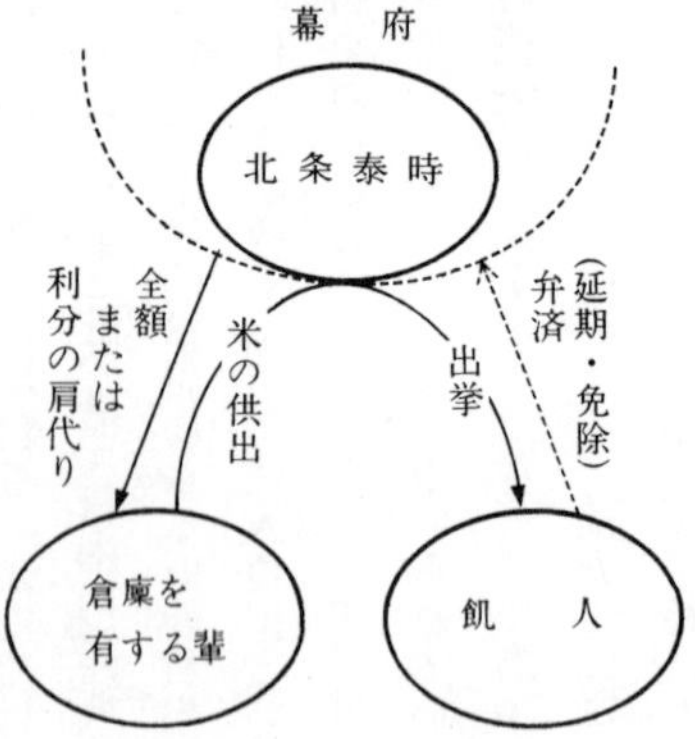

図２　公共負担構造の間接化

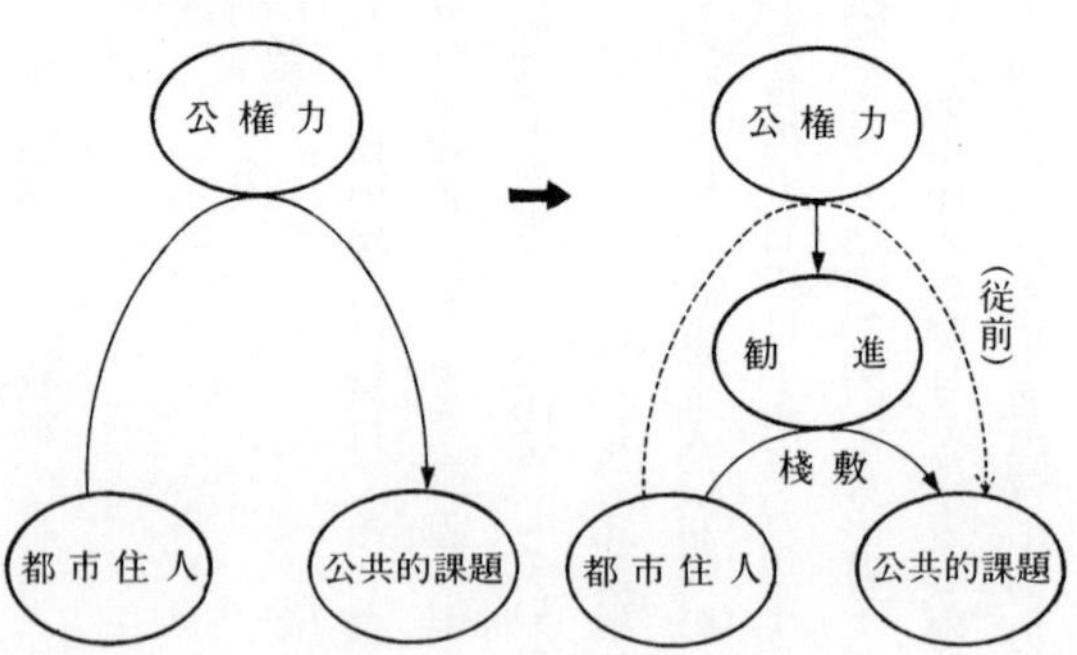

から《勧進媒介型負担》へと置き換えられたのである。そしてこのことは同時に、佐藤進一が示した〈検非違使➡侍所・政所による室町幕府の京都市政権掌握(90)〉という制度上の市政分野を補完するものとして、〈検非違使➡勧進〉の展開があったことを意味している。公権力が《出挙／強制力による負担》といった直接的な方法から、《勧進媒介型負担》という間接的な方法へと、負担構造をシフトしていく流れは、それを支える住人の自発性の上昇と、それを利用することの権力にとっての有効性を、何よりも雄弁に語るものであろう。本節では最後に、かかる負担意識の淵源を

探り、淵源との対比を通じて、その歴史的意義を浮彫りにしておきたい。

まず想起したいのは、文応元年石清水行幸での「依レ仰同上人募二成功一亘レ之」という文言である。勧進に施入する行為は、すなわち成功《じょうごう》を意味した。もっとも成功とは、直ちに売位売官を意味するのではない。文字通り功を成すことである。さきに検非違使が「責二平民一」めて橋料をとるのに「称二夫功一」と標榜したことをも想起したい。もちろん一方では、国司が重任・延任・遷任などのために勢多橋・宇治橋などの官橋を造進する例も、平安中期以降散見されるところであったが(91)、橋を造進することで官位を受ける、いわゆる献物叙位的事例は、淵源を辿れば、地方社会に根強く残る、郡司クラスの在地富豪による共同体維持機能と、その結果としての褒賞に遡り、そこから次第に売位売官色を強めてきたものであった。次の史料を見てみたい。

(延暦三年十月)戊子、越後国言、蒲原郡人三宅連笠雄麻呂、蓄二稲十万束一、積而能施、寒者与レ衣、飢者与レ食、兼以修二造道橋一、通二利艱険一、積レ行経レ年、誠合二挙用一、授二従八位上一。(92)

右は、飢人救済と道橋修造の両方を含んでいる点で好個の事例であるが、この種の史料は枚挙に遑がなく、近年地方財政における「民間私富の導入」として、律令財政史研究、とりわけ賑給費研究のなかで注目を集めている(93)。橋の例としても、他に例えば陸奥国磐城郡大領磐城臣雄公らの(94)例を挙げることができるが、そこでの褒賞の論理は明確に「依二此公平一」と謳われていた。ただこうした「公平」の論理＝共同体維持機能としての富豪層の自発性は、先行研究が指摘するごとく、畿内先進地域では国家の主導に埋もれ、早くに失われていた。京都あるいは畿内において、基本的に《出挙／強制力による負担》が展開した所以であろう。とするならば、本章が明らかにした《勧進媒介型負担》とは、もはや共同体内の閉じた維持機能ではなく、桟敷的空間を媒介とする〈公開性原理〉に立脚し、個別共同体を超えたレヴェルで成立する、「民間私富」の全く新しい供出方法であった、と位置づけられるのである。

2　公共負担構造の転換

(1)　勧進の変質と排除の制度化

従来、勧進の変質――賤視への転化の問題については、しばしば単線的な理解がなされてきた。近世身分制論において勧進がしばしば「乞食」と全く同義に扱われているのも(95)、かかる理解と軌を一にしていると思われる。しかし果たしてこの理解は妥当なものと言えるだろうか。すでに述べたように、勧進がもともと喜捨を求める物乞行為と還元行為の二つの原理によって成立している以上、単純に善き聖から悪しき聖への転落と理解するわけにはいかない。

この問題を考える上でまず想起すべきは、前節第(2)項で取り上げた、応永二十九年（一四二二）の河原施餓鬼における勧進僧の動向である。

又勧進僧と河原者と喧嘩出来、僧一両人被二突殺一了、施餓鬼供具等散々取失、河原者取レ之、(96)

と見えるごとく、風雨とともに河原施餓鬼中止の一因となったこの領取物争いは、勧進の利権化ということをよく示している。(97)勧進僧は公共負担システムを媒介することで、自身のための物乞をもすることができた。ここに都市住人への還元分以外の勧進僧の領取分をめぐり、争いが生じたのである。とすれば勧進は、そもそも初発からその構造自体に由来する、本源的な矛盾を不可分に孕むものであった、と言わざるを得ない。そしてこのような勧進の有する矛盾こそが、前節第(1)項で指摘した、いわゆる勧進の〈本願体制化〉＝公許化の傾向が一方で意味するところの、勧進の公許しえない領域の拡大として現象してくるのではないだろうか。勧進の変質とは単なる〈乞食化〉ではなく、物乞的領野の利権化と多義化による〈社会的還元の回路の喪失〉であった。

このことをいま少し具体例から追ってみよう。畠山義就による文明二年（一四七〇）の禁制(98)は、祇園社金仏勧進所のごとき由緒ある勧進聖でさえ、その立場を利用して借物と号する偽善的勧進が公然と行なわれていたことを示している。さきに四条橋勧進の祇園社家への従属と公許化の画期と見た永正年間はまた、その祇園社を含む壬生地蔵・清水寺・真如堂などの、従来禁中に出入りしていた勧進聖が、商売人と等しくその出入りが止められた時期でもあった(99)。その原因はまさに勧進聖の多義性の表面化によるものであろう。天文十四年（一五四五）の北野経王堂万部経会では、

以外群集、市屋専不レ知レ数有レ之、種々勧進難レ尽二筆舌一(100)

として、群集のなかに、文字通り「種々」の勧進者が見出される。そして天文二十二年（一五五三）の嵯峨釈迦堂における三万部経会でも、同じく、

嵯峨中之聴衆不レ知二其数一、輙往還不レ叶、市勧進乞食種々無尽之事也、大概田舎衆也(101)、

と見えるのである。近世において「諸勧進」が禁止されるにいたる源流は、ここにこそ見出されると言えよう。

それでは都市住人は、この勧進の変質に対し、いかなる形で関わったのであろうか。注目したいのは、前節で典型的な桟敷的空間として取り上げた、誓願寺をめぐる問題である。町組所見の古例として名高い、次の史料(a)を再検討してみたい。

(a)誓願寺事、異二于他一為二霊場一処、於二寺内一近日毎度致二狼藉一、①或音曲、或吹二笛尺八一、乱二觴次一族在レ之云々、以外次第也、所詮被レ停二止之一、重被レ打二制札一上者、早可レ致二存知一、若猶有下不レ能二承引一輩上者、②為レ町可レ致二交名於註進一、可レ被レ処二罪科一由候也、仍執達如レ件、

天文十
四月十二日　長隆（花押）

小河七町々人中(102)

ここで注目されるのは、傍線部①桟敷的空間（興行地）でありながら音曲・笛尺八などの興行行為が狼藉として禁止対象となっていること、②興行行為の排除＝注進主体として「町」が見えること、の二点である。とりわけ当史料が、

天文の飢饉による誓願寺での非人施行の翌年、間もなくに出された史料であることを考えれば、傍線部①の意味は大きい。前節で見たごとく、興行行為は、勧進を支える〈開かれた〉空間を創出する機能を有したはずであったからである。しかしすでに見た勧進の利権化という問題を踏まえれば、その背景もよく理解できるところであろう。なぜなら天文九年（一五四〇）の非人施行の直前、誓願寺と大報恩寺との間で、誓願寺門前の勧進権をめぐって相論が展開されているからである。(103) 天文五年の焼失後、(104) 天文八年に立柱上棟したばかり(105)の誓願寺にとって、大報恩寺末寺千本閻魔堂勧進所の誓願寺門前への進出は、自身の勧進権の侵害以外の何物でもない。大報恩寺側が勧進所を誓願寺門前に設けたのは、むろん誓願寺が、桟敷的空間として最高の条件を満たしていたからであろう。この史料(a)の場合も、応永の河原施餓鬼同様、勧進の利権化とその帰結としての勧進権抗争の文脈において理解されるのである。

この点を踏まえた上で、傍線部②の検討に移りたい。その際注目すべきは、史料(a)に酷似した次の史料(b)である。

(b)南少路しやうきんと申マイス、①「社家ヨリ被二仰付一ツキカネくわんしん仕候」とて方々ヲメクル間、「しよせんカラメ取、相たつね候ハんする」と、ほうしやうゐんさしかけられ候、チクテン仕候、②ちやうヨリ注進仕候、ひ人事にて候間、セヒニヲヨハス候也、(106)

まず傍線部①について『北野社家日記』をあわせ読めば、延徳三年（一四九一）の北野社鋳鐘に際し、正規の勧進所とは別に撞鐘勧進を号する売僧《マイス》（非人）が所々を徘徊していた事実が明らかである。(107) ここでも勧進の多義化を見出すことができよう。注目しなければならないのは、かかる詐称勧進の制止に際し、史料(a)の傍線部②と全く同様に、「町」が注進主体として登場してくることである。このことはどう評価すべきであろうか。

戦国期の町共同体に関しては、近年仁木宏の精力的な研究により、都市住人の意識を規定する領域・生業・人の一体性を果たす単位として、近世町共同体の出発点の座標に初めて明確に位置づけられるに至っている。(108) だがそこでは、町共同体の成立ということが、専ら〈自律性 Autonomie〉の獲得という文脈において理解される傾向があった。しかし我々がここから考えなければならないのは、のちに一町切[109]や各町中としての法度[110]へと結実する町共同体の〈自律性《アウトノミー》〉の保証・獲得のプロセスにおいて、権力が注進＝排除の末端組織として町共同体を位置づけようとしていたことである。つまり町共同体の成立とは、その結界性自体に孕まれる下方排除の機能が、権力によって制度化されたことをも意味するのである。とすれば、この事実が公共負担システムの構造に与える転回は甚大である。なぜなら、たとえ偽善的側面を含むものであったとしても、勧進は本来、公共負担構造を媒介しうる〈受皿〉であったからである。我々は慶長九年（一六〇四）の豊国社臨時祭礼における方広寺大仏殿での施行に、象徴的事実を見出す。儀礼的契機の施行であるとは言え、そこではもはや勧進聖が、施行の〈客体〉に転落してしまっているのである[111]。いまや都市住人は、勧進に代わる新たな公共負担の回路を必要とせざるを得ない。次項では、この問題に迫ることにしたい。

(2) 近世的〈外部〉形成の論理

いずれにせよ桟敷的原理により、住人の自発性を喚起することで成立していた勧進。しかし橋と飢饉ではその回路を利する住人側にとっての意味合いが異なっていた。前者を〈受益の回路〉とするなら、後者は〈避難の回路〉として機能した。この点に留意しながら、両課題の負担構造の転換を跡づけたい。

まず橋勧進の近世化とは何か。『雍州府志』の五条橋の項は、

清水寺本願成就院為二勧進聖一、請二諸人一聚二米銭一而経二営之一、是謂二勧進橋一、豊臣秀吉公時被レ営レ之以来、到レ今自二公方家一被レ命レ之、是又謂二公儀橋一[112]

として、中世的「勧進橋」と近世的「公儀橋」の差異、すなわち前者が諸人の動向に支えられるのに対し、後者が公方の命による、という点をよく示すとともに、『京都御役所向大概覚書』などに見える公儀橋修復の起源が、豊臣秀吉の政策に由来することを明瞭に示している。秀吉の政策に画期を見出すには、五条橋を六条坊門に遷しての官橋化[113]に

見るごとき、都市改造全体に関わる公儀介入の面とともに、杉森哲也の注目した、入用面における四千貫文貸付制度の成立(114)を考える必要があろう。ただし杉森の議論は町組発展に主眼があり、その政策の意味については考察されていない。それゆえここではまず、

以二此利子一洛下之橋可二修造一由也(115)、

というこの政策が、前節第(3)項で見た、古代における財源創出方法と同一の原理＝〈出挙〉に立脚した、国家による橋梁維持政策の復活であった点を押さえる必要がある。と同時に、新しい側面に着目するなら、負担の質を明確に示す指標として利平の問題がある。それは「一年中之利平百文仁五銭充云々(116)」、すなわち五％という低利のものであった。事実これは、この政策の直接の前提をなす、元亀二年（一五七一）、織田信長による禁裏財政援助のための貸付米の利平「三和利(117)」と比べても、明白であろう。しかもこの五％の利平が、元本に達する二〇年後の慶長十六年（一六一一）で終了していることに注目したい。これに替り幕府が独自に懸けた利平は、年により変動があり、概ね四％内外で推移しているのである(118)。この点を重視するなら、秀吉に端を発する右の政策は、さきの信長の場合のごとき、「永代可二預置一」ことにより毎年多額の費用を創出するための課税的なものではなく、実質的には橋梁の維持と町経済への梃子入れを同時に果たしうる、都市活性化の政策であった、と見做しえよう。秀吉の政策の画期性は、ここにこそ認められるのである(119)。

それではこの秀吉の政策は、近世の橋梁整備構造にどのように継承されていくのであろうか。その全体像の究明については別途課題とせざるを得ないが、ここでは必要最小限の議論として、公権力の主導性が明確となった近世において、勧進を媒介として形成された都市住人の自発的な負担意識が、いかなる局面に展開したのか、という点について、見通しを述べておきたい(120)。

注目すべき現象は、右に見た出挙的貸付制度の管見最後の徴証(121)である寛文年間の、ほぼ同時期を初見として、三条

橋・五条橋などの公儀橋修復の入札が開始されることである。[122] 入札は当然望みの者を募るわけであるから、自発性を強く要求する。もっともそれは私的利欲を充足するものであるから、そこに公共負担意識を看取することは難しい。しかし中世的勧進の構造においても、橋勧進は飢饉救済の場合と異なり、普請による有形の還元物をもたらす〈受益の回路〉であったということを想起する必要があろう。公共負担が私的利権を募る形態に換骨奪胎される芽は、橋勧進の構造そのものにあったのである。事実かかる普請事業への入札は、公儀橋の修復ばかりではなく、嵯峨清涼寺釈迦堂の建立や知恩院の修復、観世大夫勧進能の舞台・楽屋・桟敷など、かつての勧進による分野を多く含んでいた。[123] つまるところ橋勧進は、その自発性が私的利権に換骨奪胎される形で、入札による公儀の普請事業のなかに包摂されていった、と考えられるのである。

このように橋梁整備については、公権力が緩やかな負担によってまずこの領域に有効に滑り込み、入札による競争原理の導入を含む形での再編が行なわれた。しかし飢饉救済の場合、公儀による「御救」がカヴァーしうる範囲は、造橋の場合と違ってそもそも限界があり、公儀の主導のみによっては充足しえない。また都市住人の自発性が、私的利権を募る競争原理に再編されることも考えにくい。とすれば、勧進という回路を喪失した都市住人の自発性は、いかなる展開を見るのだろうか。

結論先取り的に言えば、都市住人が勧進を媒介とせず、直接に飢饉救済に着手したことが、初めて史料に散見されるようになるのである。むろんそれは、中世において全くありえないことではない。しかし史料上、明確に京都の「有徳人」が直接に雑炊を施行したことが確認できるのは、寛永三年（一六二六）の飢饉が初見である。[124] これに遅れて江戸においても、寛永十九年（一六四二）の飢饉では「有徳なる町」[125]、延宝三年（一六七五）の飢饉では「町方」[126] の施行が見出されてくる。本源的に中世の飢饉救済機能が公権力に帰属していたことを考えれば、これは画期的事実と言わねばならない。とすればここで問題とすべきは、飢饉救済に着手した都市住人の負担意識が、いかなる論理に裏づけられているか、ということである。

その点から注目されるのが、天和の飢饉に際して刊行された『犬方丈記』[127]である。『犬方丈記』とは、文体を『方丈記』に擬し、天和二年（一六八二）三月、京都の書林・山本七郎兵衛の梓行にかかる仮名草紙であり、そのモティーフは、題簽の「今長明　犬方丈記困窮施行」に集約されている。『犬方丈記』の飢饉描写の、『方丈記』のそれに対して最も異なる点は、鴨長明が飢饉・災害などの「ありにくき」世を逃れて、草庵の閑寂な生活に安住するのに対し、「今長明」は都を出て国々を見めぐることを思い立ち、長崎・堺・大坂・京都の諸都市における飢饉とその救済活動の展開を活写し、疫癘の鎮静化を見届けてようやく「むかしのすみか」に戻って擱筆している、という点である。その際の今長明の行動の論理は、「安楽に着するもさわりなるべし」のフレーズに集約され、これを含む「それ三界ハたゞ心ひとつ也」の段より以降、結末までの叙述は、同じ文言で始まる『方丈記』の終段のそれと、鮮やかな対照を成している[128]。しかも『犬方丈記』は歴史上の飢饉に逐一言及しており、我々はここから、『犬方丈記』の実作者の意図が、当代の飢饉救済の様相を前代との対比において称揚し、その世間への周知という、啓蒙的・教訓的な性格を有するものであったことを知りうるのである。ここでは単なる一個人の記録ではない、社会的需要を前提とした出版物としての機能を重視する必要があろう。

この『犬方丈記』刊行の意義を考える上で重要なのは、現実問題として本書の刊行段階で飢饉・疫病は未だ終息しておらず[129]、更なる救済が要請されており、いわばそれを仮名草紙の平易な文体によって社会内的に喚起する目的を有していた、と考えられることである。この点で重視されるべきは、『犬方丈記』が単に救済の様相を伝えているだけでなく、現実の社会運動と不可分に結びついていたことであろう。それは具体的には黄檗僧鉄眼道光の活動を指す。鉄眼が勧進聖の系譜に属することは明らかである[130]。しかしその勧進は、よく知られるように一切経蔵板を目的とし、本来飢饉救済のためのものではなかった。むしろ『犬方丈記』において繰り返し立ち現われるモティーフとして目を引くのは、京都・大坂・長崎の各先進都市における「有徳人」自身の施行であった。[131] むろんそこには衆生救済―結縁のレトリックも見られる。だが、にも拘らず、『犬方丈記』のなかに宗教者としての鉄眼の姿はないのである。この「有徳人」像は、「世上に千貫、万貫の金銭を蔵につみ、櫃に入れて空く蓄へ置候」輩に対置されるべきものとして、二月二十二日付で江戸青山の町人山崎半右衛門に援助を請うた、鉄眼自身の書状[132]からも、克明にトレースできる。すなわち大坂・京都での救済に尽力した鉄眼に先立つ動向として、「諸方」「志之人」「人々相応」「町中」の救済が、不十分に終わりながらも、これに先行する形で展開していたというのである。『摂陽奇観』に見える大坂の中島屋秋甫[133]も、このような一人であったに違いない。さらに正徳四年（一七一四）の飢饉に関する次の史料からは、より一層明確に、かかる負担意識の形成を確認できよう。

○十二月五日より四条河原に於て、東山一心院の和尚施行有、米二合歟又は鳥目十二文づゝ歟也、此外京中富貴之家より、二、三匁づゝのこま銀、或は白米一升程、鳥目百文抔、貧家へ持行て施す人多し、[134]

都市住人はいまや、権力による役負担や勧進聖の公共的媒介から相対的に独立した、まさにそれ独自の動向として飢饉救済に着手した。このような住人の負担意識を支えるものとして、中世的飢饉観を代表する『方丈記』と鋭く対立する『犬方丈記』が成立したことの意味は、極めて大きいと言えよう。

ところでかつての自治都市として知られる摂津平野郷においては、延宝三年（一六七五）の飢饉に際して「町々飢人へ其町〱ゟ粥焼くはせ候様にと、地下ゟ触させ申」し、「地下ゟ七町勧進」による光源寺での二五〇〇人の施行、「市町」での「名々」の施行[135]が見出される。かつての勧進の系譜を引きつつ、まさにそこから相対的に独立する形で、都市住人の自発性が強く喚起されてきたと言えるが、都市京都においては、出版物としての『犬方丈記』こそが、鉄眼の勧進を踏まえつつ、これに代わる〈開かれた領域〉を創り出したのだと言えよう。この書物が飢饉・疫病の最中に刊行されていることは、改めて強調されてよい。また、書林山本と言えば、のちには『元禄太平記』（一七〇二年刊）に

「書林十哲」として見える京都の代表的な本屋の一族である。『犬方丈記』の翌天和三年（一六八三）三月には、大坂の西沢太兵衛と『うかれ狂言』を共刊するなど、そのネットワークは都市を越えた広範なものであり、強い影響力を持ったことが想像される。

しかしながら一方、この『犬方丈記』が代表した公的精神の高揚に対しては、それと異なる論理をもってする書物も現れている。それは山崎闇斎・佐藤直方の朱子学から陽明学に転じた、三輪執斎の『救餓大意』[136]である。『救餓大意』の出版は、正徳の飢饉を控えた正徳三年（一七一三）七月であり、さきの延宝・天和の飢饉を取り上げつつ、『犬方丈記』で称揚され喚起されたような、都市住人自らの救済行為に対し、根本的な懐疑を示すものとなっているのである。

まず三輪の論点は、最小の経費で最大の効果を挙げる救済の方法論として、「乞食」などを町中に入れないようにして「同類を養はする」こと、一方町中の貧人は辺土を中心に寺で救うべきこと、をその骨子としている。そしてその際、町中の者がそれぞれの志で救済することは、「餓人たかりて取付、ほどこす事あたはず」として、その有効性を疑問視しているのである。しかしこれを丁寧に読み解けば、「されども志なき人にかたれば……（中略）……故に其人ならでは語るまじき事なり」と留保しているごとく、従来の救済方法の非合理性を大胆に説くものであるためか、三輪が世論との懸隔を過敏に意識していることが明らかである。その世論とは、「扨又町中にても」以下の、最後の段に明瞭に現れる。すなわちそこで意識されているのは、「寒夜などに粥を煮てもたせ出して施もの」たちの動向であり、実際正徳の飢饉では、すでに引いたとおり「貧家へ持行て施す人」が多く見られた。しかし三輪はそれでは駄目だ、とするのである。三輪はここで、〈開かれた〉施行形態を敢えて非とし、「その一町」や「己が宅のおもて」など、狭い共同体のレヴェルへと限定することを主張する。しかし世間ではそうは考えていなかった。それゆえ三輪は、

若それもいかゞと思ふ者有て、是非施度思ふものは、面々の寺へ頼みて成とも、

というような留保を付けなければならなかったのである。

『犬方丈記』と『救餓大意』の両者は、まさに、飢饉救済に関する両極の議論を提出するものであった。そして社会実態的には、『犬方丈記』の思想が世論を代表していたと言ってよい。三輪の異論にも拘らず、実際、正徳四年の飢饉では、初めて三都レヴェルで町方施行の成立が確認されるのである。[137] しかしながら、この『救餓大意』という問題が、『犬方丈記』の対旋律として陰影を隈取ることになったのが、つづく享保の飢饉（一七三二〜三三）であった。

享保の飢饉において板行された『仁風一覧』[138]は、京都・大坂・長崎など、西国における三七〇〇〇余人にのぼる、施行者名の一覧であり、いわば『犬方丈記』の後身とも言うべき出版物であった。京都の場合、記載のオーダーは、①三寺院、②二十九寺院、③四名、④各町別三四〇町（例えば祇園町では一一〇名）となっており、施行高まで記載する③には三井などの商業高利貸資本、①には誓願寺を筆頭に東福寺、知恩院が並んでいる。本章が論じ来ったところを踏まえるならば、個人施行者よりさき、誓願寺以下の寺院リストをまず載せる点で、この『仁風一覧』が、都市を越えて人々の意識を繋ぎ留める、巨大な奉加帳として成立していることが明らかであろう。我々はここに、中世的勧進が出版物へと揚棄された姿を見ることができるのである。[139] すなわち中世段階において、公共負担意識を引き出す〈公開性原理〉は桟敷的空間が現出したのに対し、ここでは出版物というメディア空間こそが、その機能を果たすに至っているのである。『仁風一覧』が単なる書上ではなく、大坂本屋仲間の手で出版されていることは、注意されてよい。

しかし同時にここに、いま一つの問題が不可分に寄り添っていた。享保十八年（一七三三）二月三日、知恩院における施行では、

　　非人与次郎類を不レ入、袖乞に出る者を撰て、前日より札を出し、札持参の者に渡す、白米一人に二合づゝ也、銭なれば一人に十八文づゝ也、[140]

と見え、ここに『救餓大意』の論理を確認することができるのである。施行受給のための「札」の存在は、このほか小川報恩寺や寺町大雲院、さらに誓願寺でも同様であり、[141] しかも小川報恩寺での施行対象は明確に上京の者に限られ

ていた。施行受給者を「札」持参者に限定することは、いわば都市住人にとっての〈避難の回路〉の変奏であり、逆に受給者の側から見れば、「札」の導入は、橋における「入札」原理の導入と表裏をなす、受益者限定原理への収斂であったと言えよう。そしてこの点を踏まえるならば、都市住人自身が自発的に施行に着手した、という極めて画期的な事実に対しても、一定の留保が必要となるだろう。町共同体の成立過程で勧進という回路を切断したことは、桟敷的空間を媒介とした直接の物乞を回避する回路の喪失を意味した。共同体の〈外的受皿〉として有効に機能していた勧進僧を、その変質のゆえに排除する以上、それに代わるべき機能を、都市住人自身が共同体〈内的〉に担わざるを得なくなったのである。むろん勧進の有する〈外的構造〉そのものは、出版物に揚棄される形で急速な意識化を見るに至った。しかし、同時にそこには、背反する意識が表裏をなしていたのである。

おわりに

中世的勧進の近世化として現れる公共負担構造の転換は、第1節の図2に準えて言えば、《勧進媒介型負担》から《分離型負担》への再組織化（図3）として位置づけられる。その要因は、勧進を構成する二つの要件、すなわち物乞行為と還元行為において、後者の回路に変質を来たし、前者の属性が専らとなったことであった。町共同体の結界性が制度化される過程での勧進僧の排除は、かかる回路の切断に決定的な転回を与えたのである。

橋梁修復の場合、勧進を媒介とする公共負担意識は、〈受益の回路〉＝私的利権の側面へと収斂していく。それは公権力による普請事業の再編過程で「入札」原理に絡め取られていくことになる。

飢饉救済の場合、公共負担意識は桟敷的原理を止揚した出版物を媒介とする〈公開的な世論〉の形成を背景として、有徳人による町方施行として開花した。既往の近世施行論は対象が殆ど中後期で、しかも町人が施行を行なうことを

図3　公共負担構造の解体と再組織化

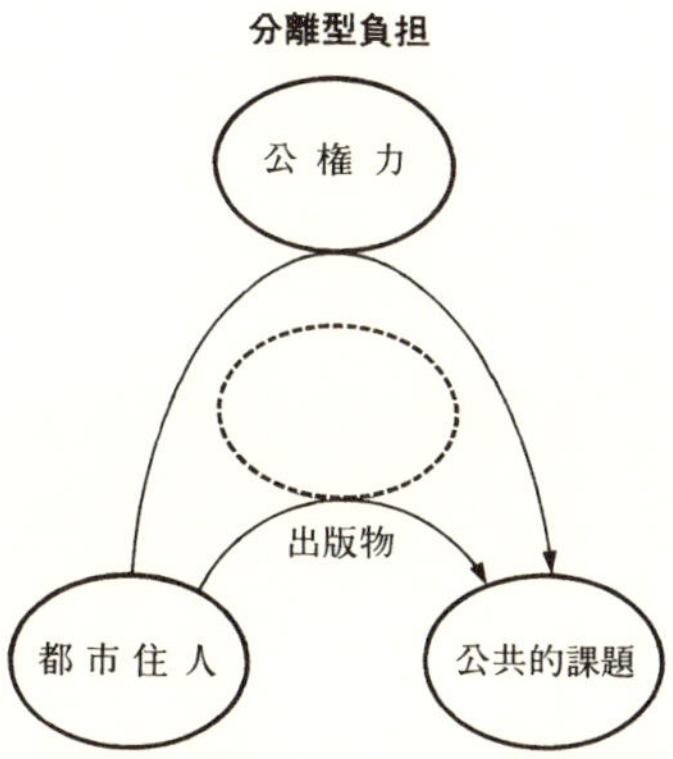

無前提に論じてきたが、本章は、従来等閑視されてきた町方施行の成立過程を跡づけ、そのことを通じて町方施行の意義を考えてきたことになる。[143] また既往の施行論は、大商業高利貸資本と都市下層民衆の対立的図式によっていた。しかし施行を行なったのは商業高利貸資本ばかりではなく、また施行対象も類型に回収しうる有縁の飢人に留まらなかったことは確認しておくべきであろう。[144] ただし飢饉救済の場合、公共負担意識は如上に揚棄されたとは言え、「札」に収斂する悪ねだり回避の意識が一方で併存していた。このような意識の二重構造は、かつての勧進の利用のあり方、すなわち〈避難の回路〉そのものに由来しているのである。

ともあれ共同体を越えた業務に対する負担の〈受皿〉は、近世において公権力自らの再編と、公権力の捕捉しえぬ領域を補完する都市住人の公共負担意識の発揚の、二つの位相として、これらを一元的に束ね結んでいた勧進という回路から〈分離〉した。すなわち国家と社会の分離は、いわゆる〈近代化〉論のそれを待つまでもなく進行していたのである。とすれば、この公共的なるもの（『犬方丈記』）を共同体的なるもの（『救餓大意』）に還流していくものは何であるのか。言うなれば国家と社会の再癒着過程こそが、次なる近世史の課題として問われなければならないだろう。

註

（1） 小路田泰直「都市史の方法について」（『日本近代都市史研究序説』柏書房、一九九一年）、「『近代化の比較史的検討』に関するノート」（『新しい歴史学のために』一八八号、一九八七年）、「『都市計画』前夜」（『橘女子大学研究紀要』一四号、一九八七年）など。

（2）塚本明「近世後期の都市の住民構造と都市政策」（『日本史研究』三三一号、一九九〇年）、「日本近世都市史研究のあらたな展開のために」（『歴史評論』五〇〇号、一九九一年）など。

（3）ここで飢饉の問題に加えて造橋を取り上げるのは、本章で取り扱われる都市京都を規定する要素として、東西に存在する鴨川・葛野川に注目するからである。寺内浩「京進米と都城」（『史林』七二―六号、一九八九年）の指摘するごとく、これら両河川は霖雨に際して食糧搬入の妨げとなっており、農業生産から遊離した都市住人にとって、橋こそは常に維持されなければならない施設であったと考える。この問題に関しては、東島誠「日本中世の都市型飢饉について――京都を素材として」（『比較都市史研究』一二―一号、一九九三年）も参照。

（4）マックス・ヴェーバー（木全徳雄訳）『儒教と道教』（創文社、一九七一年、原著一九一五～一九年）八八～九四頁参照。

（5）一方で古代については、櫛木謙周「都城における支配と住民」（岸俊男教授退官記念会『日本政治社会史研究』中、塙書房、一九八四年）、「平安京の生活の転換」（『新版［古代の日本］』⑥、近畿Ⅱ、角川書店、一九九一年）といった成果が得られている。

（6）つまり本章は、ある社会集団を offiziell ならしめる原理（いわゆる在地主体の「公」）の探求ではなく、個別の社会集団を越えた öffentlich な原理の探求を主題としている。

（7）義江彰夫『歴史の曙から伝統社会の成熟へ』（山川出版社、一九八六年）四三五～四三六頁。ただし義江は、「中世前期の都市と文化」（『講座日本歴史』3、中世1、東京大学出版会、一九八四年）では、「各種住人に共通する公共的課題」を都市共同体形成の前提と見ており、この点、筆者と見解を異にする。筆者はあくまでも、common と public の別を重視し、これらを本質的に対立する概念と考えている。

（8）なお、勧進興行を「公共性」の概念において捉えた先駆は津田左右吉である。本書第Ⅴ章参照。

（9）網野善彦『無縁・公界・楽――日本中世の自由と平和』（平凡社、一九七八年、増補版一九八七年）。

（10）網野善彦「日本中世の自由について」（『中世再考――列島の地域と社会』日本エディタースクール出版部、一九八六年、原型一九八五年)。

(11) Jürgen Habermas, *Strukturwandel der Öffentlichkeit* (1962), Suhrkamp, Neuaufl. 1990, S. 86ff., 58ff. 細谷貞雄・山田正行訳『公共性の構造転換』(未来社、一九七三/九四年)四六頁以下、一五頁以下。

(12) 藤田幸一郎『都市と市民社会——近代ドイツ都市史』(青木書店、一九八八年)序論。

(13) 日本史研究会研究委員会(文責・鈴木正幸)「社会構造の変化と公的権力」(『日本史研究』三九一号、一九九五年)。

(14) Habermas, a.a.O., S. 225ff. 細谷訳一九七頁以下。

(15) 中ノ堂一信「中世的『勧進』の形成過程」(日本史研究会史料研究部会『中世の権力と民衆』創元社、一九七〇年)、五味文彦「勧進聖人の系譜」(『院政期社会の研究』山川出版社、一九八四年)、太田順三「中世の民衆救済の諸相——橋勧進・非人施行・綴法師」(民衆史研究会『民衆生活と信仰・思想』雄山閣、一九八五年)、細川涼一「鎌倉仏教の勧進活動——律宗の勧進活動を中心に」(『中世寺院の風景——中世民衆の生活と心性』新曜社、一九九七年、初出一九八八年)など。

(16) 本章で用いる〈都市住人 Stadtbewohner〉は民衆と直ちに同義ではなく、支配者層をも含む概念である。

(17) 『満済准后日記』(『続群書類従』補遺一)応永卅四年(一四二七)五月廿三日条。

(18) 『師守記』(史料纂集)貞和五年六月十一日条。『太平記』(日本古典文学大系)巻二十七。

(19) 『師守記』応安七年二月十六日条。

(20) 『教言卿記』応永十六年四月八日条、『和漢合符』同日条、『仲方和尚語録』下「第五橋慶讃陞座」(以上いずれも『大日本史料』第七編之十一、四三三〜四三六頁)。

(21) 『東寺執行日記』(国立公文書館内閣文庫所蔵写本)宝徳二年六月七日、十月廿一日条。『康富記』(増補史料大成)同年六月一日、十月十八日条。『祇園社記』十三(増補続史料大成『八坂神社記録』)。なお以上の諸史料で、人名表記が正預、正棟、正篤と一定しない点が興味深い。

(22) 『碧山日録』(増補続史料大成)寛正二年二月十七日条(=A)。ところで、下坂守「中世的『勧進』の変質過程」(『古文書研究』三四号、一九九一年)は、『臥雲日件録抜尤』(大日本古記録)寛正二年(=長禄三年に誤入)二月四日条の記事(=B)

により、四条橋の架橋も願阿弥によるとしているが、これは誤まりであろうと思われる。その根拠は、Aが願阿弥を「越之中州人」とするのに対し、Bが「筑紫人」としている点にある。宝徳二年の四条橋が「筑紫人有徳之者」によるとする前註『康富記』の記事を踏まえれば、Bの混同による事実誤認と考えるのが自然であろう。

(23)　永正十四年八月廿四日室町幕府奉行人連署奉書案（祇園古文書、『大日本史料』第九編之七、六一～六二頁）。永正十五年二月十四日勧進聖智源請文案（『祇園社記』二十二、『八坂神社記録』）。

(24)　『花洛名勝図会』所引、『水月集』第二十三巻所収、永禄九年四月日勧進状写（『日本名所風俗図会』7、京都の巻Ⅰ、角川書店、一九七九年、三四四頁）。なお同史料を利用した研究に、瀬田勝哉「失われた五条中島」（『洛中洛外の群像――失われた中世京都へ』平凡社、一九九四年、初出一九八八年）がある。

(25)　『頂妙寺文書・京都十六本山会合用書類』三・四（大塚巧芸社影印本、一九八九年）。法華宗檀那を対象に町ごとの勧進帳・勧進記録を残すこの史料群については、古川元也「天正四年の洛中勧進」（『古文書研究』三十六号、一九九二年）、河内将芳「戦国最末期京都における法華宗檀徒の存在形態――天正四年付『諸寺勧進帳』の分析を中心に」（『仏教史学研究』三五－一号、一九九二年）などで近年注目を集めている。しかし「諸寺勧進之内遣方」に占める「四条橋合力」分の率の低さを見れば、当事例を第一義的な橋勧進と見做すことはできない。

(26)　現代における〈支援公演〉の可能性については、一九八五年五月十三日、オックスファム（Oxford Committee for Famine Relief）がロンドンで催したエチオピア・スーダンの飢餓救援コンサートから、多大な示唆を受けた。

(27)　なお「貴賤」概念にこだわったものとしては、従来、身分制的関心からする黒田俊雄「中世の身分制と卑賤観念」（『日本中世の国家と宗教』岩波書店、一九七五年、初出一九七二年）、都市居住形態に注目する戸田芳実「王朝都市論の問題点」（『初期中世社会史の研究』東京大学出版会、一九九一年、初出一九七四年）があり、そこからこの概念の一面的でない性格が浮かび上がる。桟敷という空間が、貴－賤の秩序を確認、あるいは強化する面を持つことが忘れられてはならないが、それでもなお、芸能というものが内包している身分《越境》の可能性が見失われてはならないと考える。

(28)　『雑筆要集』（『丹鶴叢書』故実、国書刊行会、一九一四年）官符書様第七。

(29)『石清水臨幸記』(『群書類従』第三輯)。
(30)この問題に関しては、高橋慎一朗「空間としての六波羅」(『中世の都市と武士』吉川弘文館、一九九六年、初出一九九二年)を参照。
(31)弘長元年(一二六一)二月(卅)日関東新制条々写(鎌倉幕府追加法三九六号、『中世法制史料集』第Ⅰ巻、鎌倉幕府法、岩波書店、初出一九五五年)。
(32)弘長三年七月三日播磨国庁直・守護代連署用途催促状(摂津広嶺《ママ》家文書、『鎌倉遺文』八九七〇号)。同文書に関しては、石井進『日本中世国家史の研究』(岩波書店、一九七〇年)一七六〜一七七頁を参照。なお御家人役としての「賀茂河堤役」については、『吾妻鏡』(新訂増補国史大系)建暦二年(一二一二)七月七日条も参照。
(33)鎌倉幕府追加法二四一、二四四号。
(34)鎌倉幕府追加法六一、六九号。
(35)なお刑罰と橋造営に関しては、織豊政権期にも、「科人跡職田畠散在」が五条橋造営のため、清水寺の本願成就院に寄進(施入)されている。天正十二年正月十五日京都奉行前田玄以書状写(『玄以法印下知状集』東京大学史料編纂所架蔵写真帳)を参照。なお同文書は、『天正十一年折紙跡書』(東京大学史料編纂所架蔵謄写本)では二月十二日付となっている。
(36)『延喜式』(新訂増補国史大系)囚獄司。
(37)『日本三代実録』(新訂増補国史大系)貞観十七年十二月十五日条。
(38)『四条橋新造之記』(国立国会図書館所蔵版本)は『室町殿日記』(刊本＝臨川書店、一九八〇年)によりつつ、永禄年中の霖雨では「検断の人々」が「洛中のもの」を駆催し防河に当たったとしているが、知られるとおり、同日記は信憑性に乏しく、また三好・松永政権の侍所所司代掌握も疑問とされる。さらにこれ以前の時期についても、管見では、室町幕府侍所が橋の修理にあたった実例はない。
(39)『蔭凉軒日録』(増補続史料大成)寛正五年四月八日条。
(40)前掲註(22)下坂論文。

(41)　永正十六年八月六日室町幕府奉行人連署奉書案（『八坂神社文書』上、八九五・八九六号）。
(42)　西尾和美「室町中期京都における飢饉と民衆――応永二十八年及び寛正二年の飢饉を中心として」（『日本史研究』二七五号、一九八五年）、「寛正二年の飢饉について」（『歴史と地理』三七三号、一九八六年）。
(43)　勧進聖導御については、細川涼一「法金剛院導御の宗教活動」（『中世の律宗寺院と民衆』吉川弘文館、一九八七年、初出一九八四年）、五来重『高野聖』（角川書店、一九七五年）を参照。
(44)　『壬生寺縁起』（『続群書類従』第二十七輯上）。
(45)　『経覚私要鈔』（史料纂集）寛正二年三月廿六日条。
(46)　『厳助大僧正記』（『続群書類従』第三十輯上）天文九年二月十日条。
(47)　『康富記』応永卅年十月一日条など。
(48)　『師郷記』（史料纂集）文安四年（一四四七）五月三日条。『康富記』同年六月十八日条。また『親長卿記』（増補史料大成）文明十六年（一四八四）五月十一日条も、清水寺遷座の「近代」の先例として特筆する。
(49)　『兼見卿記』（史料纂集）天正九年（一五八一）四月十三日条に所見。
(50)　『言国卿記』（史料纂集）文明十年四月廿二日条。『兼顕卿記別記』同月廿五日条（『大日本史料』第八編之十、四二八頁）。
(51)　菅原憲二「近世前期京都の非人」（『京都の部落問題』①前近代京都の部落史、部落問題研究所、一九八七年）。
(52)　原田正俊「中世社会における禅僧と時衆――一遍上人参禅説話再考」（『日本史研究』三一三号、一九八八年）。なお原田は、本章発表（一九九三年）後の「中世後期の国家と仏教」（『日本史研究』四一五号、一九九七年）、『日本中世の禅宗と社会』（吉川弘文館、一九九八年）においても、この誤りをそのまま繰り返している。
(53)　西尾が五山施餓鬼の財源を勧進に求めた根拠は、①『看聞日記』応永廿九年九月七日条と②『同』応永廿八年六月十五日条であった。まず①が成り立たないことについては、本文中で論じた通りである。河原施餓鬼と五山施餓鬼は区別されなければならない。そこでここでは、②の解釈の誤りについて指摘しておく。

抑今夕、大光明寺有二大施餓鬼一、是『人民死亡為二追善一、五山以下寺々有二施餓鬼一』云々、仍俄執行、地下上下勧進云々、（以下、

『看聞日記』の引用は自筆本〔東京大学史料編纂所架蔵影印本〕による。）

この史料の解釈は、問題部分を『　』で区画しておいたように、「五山以下の寺々が施餓鬼を行なうらしい。よって大光明寺でも俄に大施餓鬼を執行することになり、そのため地下上下の勧進を行なった」である。従ってここでの勧進が、五山施餓鬼ではなく大光明寺施餓鬼のためのものであることは、明白である。

(54)『大乗院寺社雑事記』〔東京大学史料編纂所架蔵写真帳〕寛正二年五月六日条。

(55)五山施餓鬼が「橋上」空間で行なわれたことについては、前註史料のほか、『蔭涼軒日録』三月廿二日条、『碧山日録』〔増補続史料大成〕同年三月廿九日条、四月十日条、十二日条、十七日条、廿日条に明証がある。原田はまず、河原施餓鬼と五山施餓鬼の別を明確にしておくべきであろう。なお、北野経王堂での五山施餓鬼については後述する。

(56)『看聞日記』応永廿九年九月七日条。なおこの七日条の記事は、前日六日条の補足として書かれたものであり、六日の記事内容と前後関係があるわけではない。従って、これら両記事はセットで解釈する必要がある。

(57)『看聞日記』応永廿九年九月六日条。

(58)『看聞日記』応永廿九年九月七日条。

(59)『看聞日記』応永廿九年九月七日条。

(60)例えば『看聞日記』嘉吉三年三月廿四日条、五月七日条など。

(61)三輪希賢〔執斎〕『救餓大意』〔『日本経済叢書』六、日本経済叢書刊行会、一九一四年〕。

(62)櫛木謙周「『京中賑給』に関する基礎的考察」〔『富山大学人文学部紀要』一二号、一九八七年〕。川本龍市「王朝国家期の賑給について」〔坂本賞三編『王朝国家国政史の研究』吉川弘文館、一九八七年〕。

(63)『臥雲日件録抜尤』寛正二年〔＝長禄三年に誤入〕二月三日条に「乞食皆話、来六日、当レ赴二六角堂施行一云々」と見えることも、こうした特定の施行場〔無縁の場〕を設定することの意味を推測させる。

(64)前掲註（3）所引拙稿。

(65)『経覚私要鈔』寛正二年三月廿六日条に所見。

(66)『経覚私要鈔』寛正二年正月廿二日条。
(67)『碧山日録』寛正二年二月二日条。
(68)『臥雲日件録抜尤』寛正二年（＝長禄三年に誤入）二月四日条。
(69)『看聞日記』応永廿八年二月十八日条。
(70)『蔭凉軒日録』寛正二年三月廿六日条。
(71)『大館常興日記』（増補続史料大成）天文九年五月四日条。
(72)『碧山日録』寛正二年三月廿九日条、四月十日条。
(73)『鹿苑日録』（続群書類従完成会刊本）天文九年四月廿七日条、五月十二日条。
(74)（天文七年）十二月十七日進藤貞治書状案（『久我家文書』第一巻、五六二号）。
(75)寛喜の飢饉における公武の出挙利率制限法の差異の問題（磯貝富士男「寛喜の飢饉と公武の人身売買政策」上中下、『東京学芸大学附属高等学校研究紀要』一七〜一九号、一九八〇〜八二年）や、鎌倉幕府の最初期非人施行における検非違使経験者の起用（丹生谷哲一「非人施行と公武政権」、『検非違使――中世のけがれと権力』平凡社、一九八六年、初出一九七九年）など、従来鎌倉幕府については、当該テーマに関し、権力の正当性についての視点が得られている。
(76)赤坂憲雄『結社と王権』（作品社、一九九三年）。
(77)北村優季「平安京の支配機構――在家支配を中心に」（『史学雑誌』九四編一号、一九八五年）。
(78)なお検非違使の橋の管轄に関する議論には、従来中原俊章「検非違使と『河』と『路』」（『ヒストリア』一〇五号、一九八四年）、「諸寮司・宮廷機構と地下官人」（『中世公家と地下官人』吉川弘文館、一九八七年）があり、網野善彦「境界領域と国家」（『日本の社会史』第2巻、境界領域と交通、岩波書店、一九八七年）もこの理解に従うが、中原の根拠は基本的に行幸橋であって、網野のように直ちに橋一般のケースに敷衍して類推するには一考を要しよう。しかし防鴨河使に多く検非違使が任じられた（勝山清次「平安時代における鴨川の洪水と治水」、三重大学人文学部文化学科研究紀要『人文論叢』四号、一九八七年）ことから、行幸橋に限らず一般に検非違使が関与した可能性が高い。実際、鎌倉時代の公家新制を見ると、建暦二年（一二一二）

三月廿二日宣旨（『鎌倉遺文』一九二二号）では「京職擁怠、道橋頽危」と見え、これを検非違使が「非違糺弾」の面から補完したことが、建久二年（一一九一）三月廿八日宣旨（『同』五二六号）や寛喜三年（一二三一）十一月三日宣旨（『同』四二四〇号）から窺える。また京職の人夫徴発能力の後退によって、検非違使がこれに代替したことについては、『中右記』（増補史料大成）永久二年（一一一四）十二月十七日条に、神宝運搬役の事例が見える。

(79)『延喜式』東西市司。

(80)『日本三代実録』元慶八年（八八四）八月廿八日条。

(81)前掲註(37)史料。

(82)『延喜式』左右京職。また『日本三代実録』貞観十八年（八七六）二月十日条も参照。

(83)『長秋記』（増補史料大成）大治二年十一月一日条。

(84)『類聚国史』（新訂増補国史大系）巻八十四、借貸（弘仁十年（八一一）二月戊辰条）など。

(85)なお出挙そのものは両刃の剣である。欠乏時には救済となるが、保延の飢饉（一一三五）における「京中所住浮食大賈之人」（『本朝続文粋』所引、保延元年七月廿七日藤原敦光勘文）のごとき弊害もあり、過度は却って疲弊を招き、身曳の因ともなりかねない。近世の夫食・種貸の場合も同様であった（例えば『御触書寛保集成』一三三二号）。

(86)『吾妻鏡』寛喜三年三月十九日条を中心に『同』貞永元年三月九日条、十一月十三日条、法隆寺本『明恵上人伝記』下（『大日本史料』第五編之六、三六七〜三六八頁）などにより作成。なお入間田宣夫「泰時の徳政」（『百姓申状と起請文の世界——中世民衆の自立と連帯』東京大学出版会、一九八六年、初出一九八二年）は、徳政の視点から寛喜の飢饉を論じている。

(87)前註参照。なお出挙と人身売買の関係については、前掲註(75)磯貝論文があるが、寛喜の飢饉に関する鎌倉幕府追加法一一四号のなかに、京都における人身売買の徴証が見られることも、この図式が京都においても適用可能であることを示唆していよう。

(88)『玉葉』（国書刊行会刊本）治承五年二月廿日条。なおこの史料については石母田正「鎌倉幕府一国地頭職の成立——鎌倉幕府成立史の一節」（石母田正・佐藤進一編『中世の法と国家』東京大学出版会、一九六〇年）、保立道久「町の中世的展開と支配」

（『日本都市史入門』Ⅱ、町、東京大学出版会、一九九〇年）も参照。

(89)《勧進媒介型負担》の成立によって《出挙／強制力による負担》の存続が否定されるわけではないから、破線を付しておいた。

(90) 佐藤進一「室町幕府論」（『日本中世史論集』岩波書店、一九九〇年、初出一九六三年）。

(91)『左経記』（増補史料大成）万寿三年（一〇二六）二月廿九日条、『扶桑略記』（新訂増補国史大系）治暦三年（一〇六七）十月七日条、『本朝世紀』（新訂増補国史大系）康和元年（一〇九九）十月五日条など。

(92)『続日本紀』（新訂増補国史大系）延暦三年（七八四）十月戊子条。

(93) 櫛木謙周「律令財政研究の一視角」（『新しい歴史学のために』一六二号、一九八一年）。栄原永遠男「律令国家の経済構造」（『講座日本歴史』1、原始・古代1、東京大学出版会、一九八四年）。寺内浩「律令地方財政の歴史的特質」（『日本史研究』二七一号、一九八五年）。山里純一「賑給費」（『律令地方財政史の研究』吉川弘文館、一九九一年）。

(94)『続日本後紀』（新訂増補国史大系）承和七年（八四〇）三月戊子条。

(95) 例えば塚田孝『近世日本身分制の研究』（兵庫部落問題研究所、一九八七年）など。

(96)『看聞日記』応永廿九年九月七日条。

(97) なお、ここでの河原者は、桟敷架設・木戸口警固などで勧進興行に携わったと見られる。小笠原恭子「中世京洛における勧進興行——室町期」（『文学』四八—九号、一九八〇年、のち『都市と劇場——中近世の鎮魂・遊楽・権力』平凡社、一九九二年に改題収録）も参照。

(98) 文明二年六月日畠山義就禁制（『八坂神社文書』下、二二〇五号）。

(99)『守光公記』永正十二年（一五一五）六月四日・五日条（『大日本史料』第九編之五、七七六〜七七七頁）。

(100)『言継卿記』（自筆本、東京大学史料編纂所架蔵写真帳）天文十四年十月八日条。

(101)『言継卿記』天文廿二年三月廿五日条。

(102) 天文十年四月十二日茨木長隆奉書（誓願寺文書、東京大学史料編纂所架蔵影写本）。

(103)　誓願寺文書と大報恩寺文書（東京大学史料編纂所架蔵影写本）に、関連文書が八通ある。
(104)　『お湯殿の上の日記』（『続群書類従』補遺三）天文五年七月廿八日条。
(105)　『厳助大僧正記』天文八年十一月十日条。
(106)　『延徳三年目代盛増日記』（北野天満宮史料）三月廿七日条。
(107)　『北野社家日記』（史料纂集）延徳三年三月廿七日条周辺。
(108)　仁木宏「戦国・織田政権期京都における権力と町共同体――法の遵行と自律性をめぐって」（『日本史研究』三一二号、一九八八年）、「中近世移行期の権力と都市民衆――京都における都市社会の構造変容」（『同』三三一号、一九九〇年）など。
(109)　永禄十二年（一五六九）三月十六日織田信長朱印状（室町頭町文書、『京都町触集成』〔岩波書店、一九八三〜八九年〕別巻二、二〇〇号＝以下、『触』別二―二〇〇のごとく略記）。なお「一町切」解釈については、朝尾直弘「惣村から町へ」（『日本の社会史』第6巻、社会的諸集団、岩波書店、一九八八年）を参照。
(110)　元亀四年（一五七三）七月日織田信長朱印状写（上下京町々古書明細記、『触』別二―二一七）。
(111)　『豊国大明神臨時祭日記』（東京大学史料編纂所架蔵影写本）慶長九年八月十六日条。
(112)　『雍州府志』（増補京都叢書）八、二四六頁。
(113)　『四条橋新造之記』（前掲註（38）所引）。
(114)　杉森哲也「近世京都町組発展に関する一考察――上京・西陣組を例として」（『日本史研究』二五四号、一九八三年）。なおこの貸付政策の性格については、それが「出挙」橋の復活であることや、都市全体に懸けられていることを考えれば、いわゆる町人橋ではなく公儀橋の領野の原型と考えるべきである。利平の低さと、かかる政策が寛文期以降見られなくなることも、このことを裏付けているし、事実、三条町分から出銭された中立売下立売堀川橋は、明確に公儀橋であった（『京都御役所向大概覚書』五、洛中洛外公儀橋間数幷御修復之事、刊本＝清文堂、一九七三年）。
(115)　『鹿苑日録』（東京大学史料編纂所架蔵謄写本）天正廿年（一五九二）三月十三日条。
(116)　前註史料。

(117) (元亀二年)十月十五日室町幕府奉行人松田秀雄加判、明智光秀等連署状写(室町頭町文書、『触』別二─二一〇)。
(118) 前掲註(114)杉森論文の表③─(Ⅱ)をもとに、筆者が計算した。
(119) なお、織田政権下の京都の橋梁整備としては、天正四年五月の洪水による四条橋修理があり、『兼見卿記』が比較的詳細な史料を残しているが、四条橋は都市改造の結果相対的に地位が低下し、近世には三条橋にその主要な機能を代位されるため、本章では特に触れない。
(120) 改めて確認すれば、本章は、「町人橋」(乾宏巳「大坂における町人自治の展開」、『歴史研究』一三号、一九七五年)と呼ばれるような、共同体的負担(町人自治)として担いうる橋を議論の対象としているのではない。
(121) 寛文八年(一六六八)十二月五日上下京町代役覚書(古久保家文書、『史料京都の歴史』3政治・行政、平凡社、一九七九年、四九八～四九九頁)。
(122) 享保以前の町触では、寛文九年四月一日(中井家文書、『触』別二─四六七)、延宝三年(一六七五)二月二日(古久保家文書、『触』別二─五三三)、宝永七年(一七一〇)十二月五日(古久保家文書触留、『触』一─五六七)などがある。また『京都御役所向大概覚書』五、洛中洛外公儀橋間数幷御修復之事に散見されるほか、本島知辰『月堂見聞集』(『続日本随筆大成』別巻、近世風俗見聞集2～4、吉川弘文館、一九八一～八二年)宝永七年十二月八日条、享保三年(一七一八)十一月五日条などを参照。
(123) 以下の町触を参照。元禄十三年(一七〇〇)十二月十五日(古久保家文書触留、『触』一─二七六)。元禄十四年三月七日(同前、『触』一─二八三)。元禄十五年八月十五日(同前、『触』一─三三六)。
(124) 『摂陽奇観』巻十一(寛永三年)所引「板倉顕命録」(『浪速叢書』第二、浪速叢書刊行会、一九二七年、五三～五四頁)。但しこの段階では、所司代主導下の救済である。
(125) 『正事記』(『東京市史稿』救済篇第一、七九頁)。
(126) 『慶延略記』五(『内閣文庫所蔵史籍叢刊』81、汲古書院、一九八八年、一七九頁)。
(127) 『犬方丈記』(『仮名草紙集成』第四巻、東京堂出版、一九八三年)。

(128)『方丈記』の場合、仏道に照らして「今、草庵ヲアイスルモ閑寂ニ着スルモ、サハカリナルヘシ」と反省するものの、念仏を唱えるだけで終章を擱筆してしまっている点で、『犬方丈記』と決定的に異なる。
(129)『摂陽奇観』巻十九（前掲註（124）書、二八五頁）には、天和二年四月においてなお大疫病と見える。
(130)伴蒿蹊『近世畸人伝』（岩波文庫、一九四〇年）巻二、僧鉄眼。
(131)前掲註（127）刊本、一六五、一六九、一七一、一七三頁。
(132)（天和二年）二月廿二日鉄眼書状（源了圓『日本の禅語録』第十七巻、鉄眼、講談社、一九七九年、三二一～三三三頁）。
(133)『摂陽奇観』巻十九（前掲註（124）書、二八二～二八四頁）。
(134)『月堂見聞集』正徳四年十二月五日条。
(135)『摂津平野郷惣年寄土橋宗静日記』（辻善之助『慈善救済史料』金港堂書籍、一九三二年、四〇九～四一一頁）延宝三年正月廿九日、四月五日条など。
(136)前掲註（61）史料。
(137)京都は前掲註（134）史料、大坂は同史料十一月十六日条、江戸は『続談海』巻五、十二月条（『内閣文庫所蔵史籍叢刊』45、汲古書院、一九八五年、五四頁）に、それぞれ所見。
(138)『仁風一覧』（東京大学史料編纂所所蔵〈享保十九年版本〉、浪華書林中）。なお『仁風一覧』については、北原糸子「『享保』飢饉と町方施行――『仁風一覧』の社会史的意義」（『都市と貧困の社会史――江戸から東京へ』吉川弘文館、一九九五年、初出一九八一年）参照。また北原の業績に関しては、東島誠「新刊紹介・北原糸子『都市と貧困の社会史』」（『年報都市史研究』四号、市と場、山川出版社、一九九六年）も参照。
(139)ただしそこでは、「有徳成者ハ不㆓申及㆒、其外之者共茂、志次第右体之者をは救候様ニ可㆑仕候」（『妙法院日次記』〈続群書類従完成会刊本〉享保十八年正月廿一日条）、すなわち公権力の奨励も見逃しえない。
(140)『月堂見聞集』享保十八年二月三日条。
(141)『月堂見聞集』享保十八年二月三日条、廿一日条、廿三日条。

(142)　吉田伸之「施行と其日稼の者」「近世都市と諸闘争」(『近世巨大都市の社会構造』東京大学出版会、一九九一年、初出一九八〇、八一年)、前掲註(138)北原論文など。

(143)　既往の町方施行研究が、近世非人施行論(菅原憲二「近世京都の非人――与次郎をめぐって」、『日本史研究』一八一号、一九七七年など)と乖離した地平で論じられてきたことも、問題であろう。

(144)　既往の施行論の図式に対する反省としては、北原糸子『地震の社会史――安政大地震と民衆』(講談社学術文庫、二〇〇〇年、初版一九八三年)がある。

第Ⅱ章　租税公共観の前提——勧進の脱呪術化

はじめに

明治初頭に成立した「租税公共」の概念は、一七九三年山岳党権利宣言などの影響下に、租税は公共物であり、公共康福のためでなければ徴課することができない、ということに光を当てることとなった[1]。それは、『明六雑誌』の同人阪谷素が言うように、なるほど「今や王政維新、欧米と交通し、その長を取[2]」ることで新規導入されたかのようにも見えるが、むしろ事の本質は、欧米文化の翻訳（＝交通）を通じて「租税公共」という概念が分節化され認識可能となった、ということであろう。本章が扱うのは、この「租税公共」論を通じて初めて認識可能となった租税というプロブレマティクである。

さて、すでに前章において、中世的勧進という集財システムが公共負担構造を媒介することを見たわけであるが、勧進がもともともっていた宗教的性格の世俗化を端的に示すのが、『太平記』に見える桟敷崩れ一件であった。そこには文字通り「神明」をも恐れず熱狂する都市民（「洛中ノ地下人・商売ノ輩」）の姿があり[3]、桟敷という興行空間を通じて、神仏という〈意味性〉が剝奪されていく過程を見ることができる。中世後期における勧進の公共メディア化とは、要するに勧進が〈脱呪術化 Entzauberung〉していく過程であると言えるだろう。「租税公共」とは明治初頭に認識可能となったものではあるが、西欧近代とは別途に辿った合理化のプロセスを中近世移行期において追究することは、「租税公共」を認識可能とする内在的条件を探る上で必要なことであろう。

そうした問題関心に立つとき、桜井英治が非－近代的な中世の経済思想に着目しつつ、その末期において「次なる時代をになうべき新たな普遍的原理」を「公共性の論理」に見出したことは、注目されるだろう。(4) 桜井は、注意深くも「税は公共の目的に供されるべきだという観念自体は中世にも存在した」と留保しているが、この論理が神々の権威を越えて浮上する瞬間を捉えようとしていることは間違いない。中世の経済構造を支える神仏の論理や文書主義――要するに文書の物神化の論理が、「普遍性」を失っていくさきに近世社会を措定しようとする試みである。だがこの「非近代」的なるものの終焉のさきにある時代を、あえて桜井は近代と言おうとしない。近世という既存の枠組みをとりあえず代用し、いわゆる近代化論に与することを注意深く避けている。この姿勢は学ぶべきものではあるが、しかし反面、なぜ「公共性」だったのか、という転回の瞬間を捉え損なう憾みなしとしない。桜井の捉えようとする「公共性」が、神仏という〈意味性〉の剝奪、すなわち〈脱呪術化〉の問題であることは明白ではないだろうか。これが《近代性》の問題であることは、否定しようがないように思われる。

そこで本章においては、まさに転換期としての戦国時代を取り上げ、勧進という集財システムの〈脱呪術化〉の瞬間を実際に検証してみたい。フィールドとしては、前章が首都京都を取り上げたのに対し、東国、具体的には駿河国東部の河東と呼ばれる地域を取り上げる。これは近年、中世東国の物流の解明が進んだことによって、(5) 網野善彦の提唱した「都市的な場」(6)――花田達朗によればルフェーヴルの〈都市形式〉に相当するもの(7)――のポテンシャルを捉えやすくなっていることがあり、とりわけ駿河東部を扱う理由は、早くに相田二郎が注目したように有数の交通要所であったからである。(8) 実際「河東」の地は、絶えず周辺の戦国大名にとって関心の的となり、領有の機会が窺われた。天文六年（一五三七）の北条氏の侵攻、いわゆる河東一乱は、その後のこの地域の動乱の引き金となったことで有名である。こうしたなか、あたかも戦国大名領国の間隙を縫うかのように、この地域に勧進の史料が纏まって見られるようになる。本章はこれらの史料を分析し、交通と大名権力の関係に占める勧進と御用商人の位置、あるいは間隙という〈都市形式〉の問題にまで迫ることができれば、と思う。

1 河東勧進圏の成立

(1) 今川氏における東方の概念

富士川ないし潤井川の東を示す「河東」の語が初めて用いられたのは、鶴岡八幡宮寺供僧快元に宛てた(天文六年)三月七日北条氏綱書状であり、今川義元に勝利したことを「当口河東之(事)、悉以本意候」としている(9)。天文六年二月、武田信虎が今川義元に息女を嫁して同盟し、北条氏綱を牽制して須走口(静岡県小山町)に出馬した結果、今川氏は北条氏と敵対することになり、北条氏の駿河国侵攻を招くことになった(10)。そして、この河東一乱以前には、「河東」の語は存在しなかったのである。

今川氏にとって、この河東一乱の持つ意味は大きかった。その大きさを示すかのように、こののち永禄年間にかけて、「河東一乱以来」といった文言を含む今川氏発給文書が散見されるようになる。いまこれを一覧すると表1のようになる。

ほとんどが判物であることから察せられるように、これらは概ね宛行・安堵状であり、①②③④⑤⑩は河東乱入の刻み、あるいは河東一乱以来、駿府に馳せ参じて奉公したことなどを賞するもの(11)、⑦は一乱以前の借米・借銭について、敵地北条方へ離反した者の債権を無効とするもの、⑥⑧⑨⑪⑬は、河東一乱で大破した寺社の自力修造を賞して安堵するものである。天文二十三年(一五五四)に駿甲相三国同盟が成立し、氏真に代替りした⑫においてなお、「東取合」での忠節が取り上げられていることは、この乱の持った意味を浮き彫りにする。

表1　今川氏「河東一乱以来」文書一覧

	発給年・月・日	西暦	文書名	宛所	文書群名	出典
①	天文8・　12・11	1539	今川義元判物写	（清泰寺）	宮崎敏氏所蔵文書	3-1514
②	天文12・　8・21	1543	今川義元判物	長源坊	宮崎善旦氏所蔵文書	3-1644
③	天文16・　8・19	1547	今川義元判物	五社惣別当大納言	六所文書	3-1854＊
④	天文19・　4・晦	1550	今川義元判物写	杉山惣兵衛	『判物証文写』附二	3-1984＊
⑤	天文20・　2・5	1551	今川義元判物	三女坊	村山浅間神社文書	3-2032＊
⑥	天文21・　正・23	1552	今川義元判物写	清長・春長	宮崎敏氏所蔵文書	3-2097
⑦	天文21・　5・25	1552	今川義元判物写	大鏡坊	『駿河志料』89	3-2131＊
⑧	永禄元・閏6・23	1558	今川義元判物	永芳書記	大泉寺文書	3-2630＊
⑨	永禄元・　12・17	1558	今川氏真朱印状	東泉院	六所文書	3-2668
⑩	永禄2・　4・14	1559	今川氏真判物	五社別当東泉院	富知六所浅間神社文書	3-2685＊
⑪	永禄3・　8・9	1560	今川氏真判物	春長坊	宮崎善旦氏所蔵文書	3-2812＊
⑫	永禄3・　12・2	1560	今川氏真判物	松井八郎	『土佐国蠧簡集残編』	3-2860＊
⑬	永禄4・　2・10	1561	今川氏真判物	永芳書記	大泉寺文書	3-2885＊

出典は『静岡県史』資料編の巻数－号数．＊は『清水町史』資料編Ⅲに写真掲載．

そして、この河東一乱が今川氏に落とした影の大きさを物語っているのが、天文二十年代に実施された駿河東部地域の検地であり、山室恭子はこれを郡単位の大規模一斉検地とした。[12] ただし山室が、北条氏型検地の葛山氏の事例を今川氏検地に数えてしまったのは明白な誤りであり、[13] この点訂正を要するが、しかしながら、この時期この地域に検地事例が集中することは確かで、諸勢力によるこの地域の保全が重大な関心事となっていたことは間違いない。そうしたなか、今川義元は、天文二十年（一五五一）九月二十一日、駿河郡の定倫寺（現・定輪寺、裾野市）に与えた判物のなか[14]で、思わず「駿東郡」なる郡名を〈創作〉してしまうことになる。古代以来の駿河郡を駿東郡と呼んでしまったことの背景には、やはり河東一乱以来の東方の保全という問題を考えざるを得まい。実際この郡名が、その後しばらく一般的に用いられた形跡は見られない。[15] まさに天文～永禄年間という時代に固有の問題を背負った呼称であった。

(2) 徳川氏における東方の概念

ところが、この「駿東郡」の問題が、これよりのち天正十一年（一五八三）になって、再浮上することになる。

駿州於二河東一弐万五千貫文余、同河東二郡之郡代之事
右、年来在二東境目一苦労仕、致二忠節一候間、彼知行之内、山川・海上・野地共、一切公方綺無レ之、所二宛行一不レ可レ有二相違一、縦以来増分雖二申出一、自二其方一相改可レ致二所務一、然者郡職之事申付候上者、於二沼津一諸公事等、可レ有二異見一者也、仍如レ件、

天正十一年
二月十八日　家康（花押）
松平周防守殿(16)

右は、徳川家康が、死期の近づいた家臣松平康親（沼津三枚橋城主）の「東境目」における忠節を労って、河東二郡の郡代に任じたものであるが、これには、武田氏・織田氏の相次ぐ滅亡によって、徳川氏がようやくにして東部を含む駿河国全域を手中に収めることのできたことへの、祝儀的な意味があったと思われる。実際家康は、かつての今川義元にも似て、東方への版図拡大を大きな懸案としていた。次に引くのは、右と同じく松平康親（および家忠）に宛てた、天正四年三月十七日徳川家康判物(17)の冒頭二条である。

一、今度氏真就二駿河入国一、為二牧野城番一、其方相添依二申付一、駿州山東知行半分宛行事
　付、国役等之儀者、其方申付可二相勤一事
一、山東無二一篇一間者、山西知行半分出置事

これは遠江国主徳川家康が、当時武田氏領国であった隣国駿河に対し、前国主今川氏真という旧い権威を持ち出すことによって版図を拡げようとしたもので、高草山（焼津市）以東の山東に知行を宛行ったものである。ただこの段階では、第二条に見るごとく、山東ですら容易に手中に収めえず、現実には山西止まりであったようである。ここに言う山東とは、庵原郡・安倍郡のいわば駿河西部であって(18)、まして駿河東部の河東にいたっては、家康にすれば僻遠の

表2　歴代将軍朱印状に見る郡名表記の変遷

将軍名	発給年・月・日	西暦	国郡村名	備　考
①家康	慶長7・12・10	1602	駿河国駿東郡木瀬河	※家康の征夷大将軍就任は，慶長8年2月.
②秀忠	元和3・3・17	1617	駿河国駿河郡木瀬河	
③家光	寛永13・11・9	1636	駿河国駿河郡黄瀬川	※③と④の間に村名表記が変わるのは，正保国絵図の作成（1644）によるものと考えられる.
④家綱	寛文5・7・11	1665	駿　州駿河郡八幡村	
⑤綱吉	貞享2・6・11	1685	駿河国駿河郡八幡村	
⑧吉宗	享保3・7・11	1718	駿河国駿東郡八幡村	※吉宗以降は，将軍の代替りに一両年後れる形で安堵されている.
⑨家重	延享4・8・11	1747	駿河国駿東郡八幡村	
⑩家治	宝暦12・8・11	1762	駿河国駿東郡八幡村	
⑪家斉	天明8・9・11	1788	駿河国駿東郡八幡村	
⑫家慶	天保10・9・11	1839	駿河国駿東郡八幡村	
⑬家定	安政2・9・11	1855	駿河国駿東郡八幡村	

地であった。河東二郡の郡代設置とは、つまるところ山東から河東へと版図拡大を果たしえたことの、高らかな宣言でもあったわけである。

とすれば、ここで当然問題となるのは、二郡の一が富士郡として、他が駿河郡なのか駿東郡なのか、という点である。この点に関しては、表2を挙げたい(19)。

これは、八幡神社（清水町）が受領した歴代将軍朱印状（いずれも正文）の一覧であるが、驚くべきことに、八代吉宗以前には「駿東郡」ではなくむしろ「駿河郡」が一般的で、新旧両郡名のせめぎあう過程を見ることができる。ところがそうしたなかで、家康のみは、異例にも「駿東郡」の新呼称を用いているのである。これはおそらく、今川氏滅亡から武田氏滅亡にいたる戦国のしのぎを削ってきた家康にして初めて可能な現実感覚と言うべきであろう(20)。天正十一年における河東二郡郡代の設置においても用いられたであろう「駿東郡」は、かつての今川義元における東方の概念の、文字通りの再現であった。

(3)　河東勧進圏と領域的支配

さて、かくして河東というエリアが駿河東部に登場し、かつ敷衍されていく二つの契機について、あらまし述べたところで、ここにようやく、河東における勧進許可文書の一覧を、表3として掲げることにしよう。

表3　勧進許可文書の三段階

	発給年・月・日	西暦	文書名	宛所	文書群名	出典
(a)	天文21・8・16	1552	今川義元朱印状	春長	宮崎善旦氏所蔵文書	3-2141＊
(b)	弘治2・6・21	1556	今川義元朱印状写	五社別当	『駿河志料』86	3-2345＊
(c)	弘治3・11・11	1557	今川義元朱印状	春長	宮崎善旦氏所蔵文書	3-2592＊
(d)	永禄3・8・9	1560	今川氏真判物	春長坊	宮崎善旦氏所蔵文書	3-2812＊
(e)	永禄4・8・23	1561	今川氏真朱印状	五社別当	富知六所浅間神社文書	3-2963＊
(f)	永禄4・9・12	1561	今川氏真朱印状	春長	宮崎善旦氏所蔵文書	3-2971＊
(g)	永禄10・11・5	1567	葛山氏元朱印状	矢部将監他	矢部さち子氏所蔵文書	3-3426＊
(h)	天正4・12・26	1576	武田勝頼判物	春長	宮崎善旦氏所蔵文書	4-1027＊
(i)	天正11・10・23	1583	牧野康成黒印状	矢部清三郎	矢部さち子氏所蔵文書	4-1685＊
(j)	天正11・10・24	1583	松平康次黒印状	矢部清三郎	矢部さち子氏所蔵文書	4-1686＊
(k)	天正11・11・26	1583	松平清宗判物	矢部	矢部さち子氏所蔵文書	4-1696＊

ここでは発給者の別によって、はっきりと三段階に分けることができる。(a)から(f)までの第一期はいずれも今川氏によるもので、時期的にもちょうど表1の時期と重なっている。これは、紛れもなく河東一乱以後、今川氏が「駿東郡」という郡名を〈創作〉してしまった時期の産物である。(g)(h)の第二期はいわば過渡期で、この間永禄十二年（一五六九）に今川氏が滅亡して北条氏が駿河国を継承し(21)、さらに元亀二年（一五七一）末の甲相一和により武田氏が駿河国を領有するという(22)、目まぐるしい時期のものである。そして(i)(j)(k)の第三期こそは、まさに徳川氏が駿河国を手中にし、河東二郡の郡代を設置した時期と重なっている。すなわち、大名権力が勧進を許可することは、その領域的支配の実現（願望）と密接に関わっているのだ、と言うことができよう。

河東勧進圏の成立をかく理解するならば、次に注目すべきは、「河東」の名で呼ばれる地域の東限であろう。いったいどこまでが支配可能なのか、ということである。まずは初見事例として(a)を見ることにしよう。

(a)　富士（印文「義元」、今川義元使用当主印）大宮風祭神事之事

右、上方・下方・須津、宇流井河東者限㆓樋爪㆒、至㆓于不入之地㆒、寺庵之門前・在家、自㆓其在所之代官㆒以㆓案内者㆒、如㆓先規㆒以㆓器物㆒請㆓取之㆒、神事如㆓例年㆒可㆑勧㆑之、若就㆓違乱之輩㆒者、以㆓此印判㆒可㆓申

図1　河東勧進圏と伊豆境

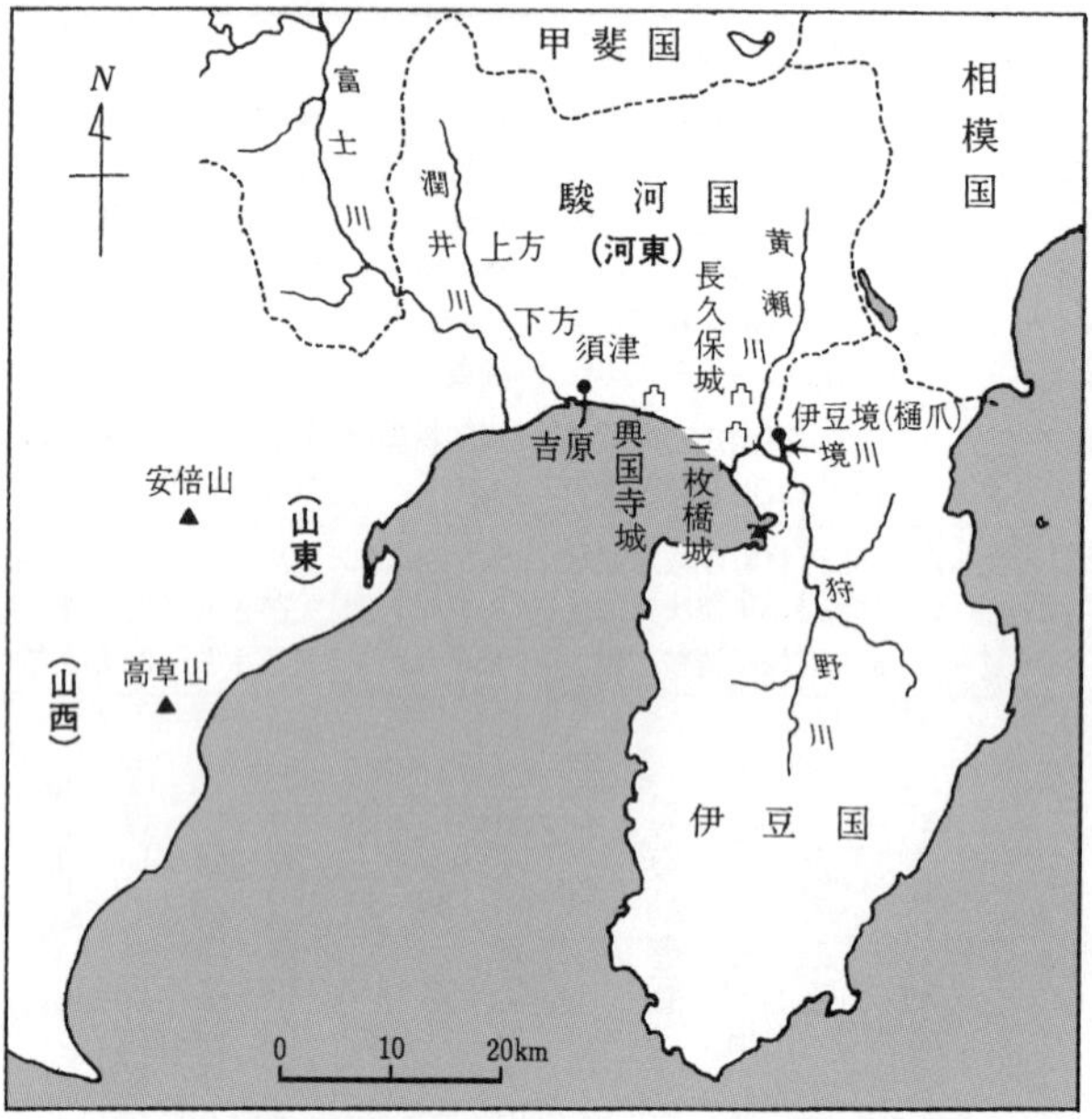

披一者也、仍如レ件、

天文廿一年
八月十六日　　春長

右において、潤井川より東は樋爪を限りとあるが、この樋爪とは、連歌師宗祇の記した『名所方角抄』に、

浮嶋かはらを過て、沼津車返と云宿あり、それ過てきせ川の宿とて有、過行ハひの口と云所有、是まて駿河なり、原より十里ハかり也、樋口より三嶋ハ近し、国の境なり、(23)

と見えるのを初見とし、清水町と三島市の間を流れる境川から、駿河国へ用水を引くために設営された、いわゆる千貫樋のことである。国境に位置したことから、同じ第一期の(c)(d)では「伊豆境」とも言い換えられている。

次いで第二期に入ると、河東のイメージはより具体化してくる。永禄十二年（一五六九）正月十八日、武田氏奏者吉田信重が、当主勝頼に指し出すべく作成した臨済寺領・天沢寺領等書立土代(24)によれば、天沢寺領の

なかに、

一、当国河東鷹池・柿田両郷百弐拾貫文定納、但従二当年一十ケ年期之間為二寺領分一

一、同国河東泉郷之内、三浦左京亮知行分永代買得、法善寺分共二米方参拾石、代方四拾貫文

として、河東を冠する地名が登場するにいたる。柿田郷、泉郷、法善寺はいずれも現・清水町域であり、右に見た樋爪という境界線にぴったりと重なる。そして同書立土代では、このほか定恵院領鮫嶋（富士市）、善得寺末寺大中寺領沢田之内（沼津市）に、それぞれ河東の語が冠せられているが、いずれも清水町域より西に位置し、つまりは伊豆境以西であることが明白である。また同年閏五月二日の今川氏真判物写には河東須津（富士市）も見えるが、そこではもはや、「当国河東〇〇」ではなくして、「駿州〇〇」「遠州〇〇」と同じレヴェルで「河東〇〇」が使われており、河東はいわば一国なみの相貌さえ有していた[25]。つづく第三期において、河東二郡に対し半国守護にも比すべき「郡代」が設置される所以であろう。

ただここで一点問題となるのは、河東の東限を伊豆境に置く限り、駿東郡すべてを包摂しえない、ということである。すなわち駿東郡は、伊豆境よりさらに北東に伸びて甲斐・相模国と接しているのであり、裾野市・御殿場市・小山町域を果たして河東と呼びうるのかについて、なお問題を残していると言えよう。ところが三輪与兵衛尉に宛てた元亀元年（一五七〇）十二月四日の武田家朱印状写[26]において、

追而、河東之儀者、可レ為レ如二前々一也、

とする安堵文言が見え、この「前々」を永禄十二年三月二十八日の葛山氏元判物写[27]とするなら、そこに見える古沢（御殿場市）、堀之内（裾野市）の給与こそがまさに「河東之儀」ではなかったかと推察される。おそらくはいくつかの段階を経て、「河東」概念自体も北東への拡大を続け、ついに二郡全体を覆い尽すにいたるのであろう。

2　諸勧進停止と十六世紀の転換

(1) 大名権力と「神慮」

前節に引いた史料(a)は、今川義元が、富士大宮の四和尚職を持つ春長坊に対し、風祭神事米の勧進（「以二器物一請レ取之一」）を認めた朱印状であるが、五年後の(c)において、この権利は次のような追認を受ける。

(c) 富士（印文「義元」、今川義元使用当主印）大宮風祭神事米之事

右、従二宇流井河一東者限二伊豆境一、在々所々并諸寺・諸社門前、諸給主、鍛冶、番匠、山造、其外之輩、縦雖レ有二不入之印判・々形一、為二神慮一之間、自二其在所之代官一以二案内者一、如二先規一以二相定器物一、無二相違一毎年可レ請レ取之一、若於二違乱之族一者、可レ加二下知一者也、仍如レ件、

弘治参年
十一月十一日

春長

この文書が重ねて出されなければならなかった理由は、勧進エリアにおける「不入」権（奉加拒否の権利）の否定を徹底することにあった。まず第一に、春長坊が勧進を行なう際に障害となる「不入」の地とは、史料(a)では「寺庵の門前・在家」とされるに過ぎなかったが、右の史料(c)では、「寺庵の門前」が「諸寺・諸社門前」に拡大され、「在家」に相当する部分が「諸給主、鍛冶、番匠、山造、その外の輩」として、今川氏給人や諸職人にまで敷衍されている。そして第二に、史料(a)では「不入の地に至るまで」としていたものが、史料(c)では「たとい不入の印判・判形有りと

雖も、神慮たるの間」として、すでに今川氏自身が発給した印判状や判物にも優越する勧進権の源泉を、ここで「神慮」に求めるに至っている。

そもそも義元は、天文二十二年（一五五三）制定の「かな目録追加」[28]第二十条において、「不入」とは臨時諸役を免許するものであって、その判形をもってしても、棟別・段銭までは免除されない、と明言していた。これを参照するなら、現実には「不入」の判形を拠り所とする抵抗（「申掠」）は根強く見られたと考えられ、諸役免許の判形ならば無効、などという今川氏の論理がそのまま通用したとは思えない。つまりはここにおいて、諸々の不入権の主張を否定し、勧進の正当性を担保しうる最終的な切札が、「神」の権威の標榜であったと考えられるのである。

(2) 不入権と入部権

寺社が勧進を遂行していくには、そのエリアにおける不入権の否定が不可欠であった。右に引いた史料(a)や(c)には、「神慮」を掲げる一方で、勧進を遂行するにあたって「その在所の代官より案内者を以て」することが見える。ここで「代官」支配の地とは今川氏料所の意であり、「案内者」は検地施行においても見られる存在であるから[29]、この勧進は、今川氏の年貢収取システムの転用を許可されたものであったと言えるだろう。実際今川氏は、直轄領の多くをこの河東に擁しており[30]、またこの河東においては、年貢収納に絡んで「河東十分一」という独特の課税をすら行なっていたようである[31]。すなわちここでの勧進とは、不入権に対する入部権と呼ぶことさえも可能であろう。

こうして見たとき、寺社はそれぞれ、自己の勧進のためには大名権力の入部権を利用し、他方自己に寄せられる負担や集財行為に対しては不入権を主張しなければならず、この二つの権利を合わせ持つ必要があったと言える。しかし、これは本来矛盾する関係にあり、自己に認められた権利への反証となる文書を他者が持ち合わせていることもしばしばであった。例えば史料(c)において不入権を否定されている山造とは、いわゆる「富士山造」と呼ばれる木伐・

造材職人集団であり、彼らは河東において関銭免除を認められていた存在であった。[32] それゆえ大名今川氏は、その都度、すでに出した印判や判形の無効性を但し書きしなければならなかったのである。

こうした観点から注目されるのは、富士大宮の社内組織にあって、大宮司と社人の中間に位置して神事祭礼などの社務を職掌した二つの「和尚職」[33]であり、この職が分割相伝される過程で、これら不入権と勧進権がそれぞれに獲得され、あたかも相補的関係にあったことである。この、兼帯から分掌にいたる譲与の過程を纏めると次のようになる。

（一和尚職・御炊職） 長源――長泉（＝）清長 ⬇棟別・諸役免許（不入）権
（四和尚職・風祭神事） 長源……………春長 ⬇勧進（入部）権

事の発端は、ここでも河東一乱であった。天文八年（一五三九）十二月、今川義元は、表1に言う「一乱之砌」の忠節によって、これら両職を清泰寺なる者に宛行ってしまうが、[34] 十二年八月、これを撤回して長源坊に両職を返還する。[35] ところが十四年六月、長源は一和尚職系の権利のみを子息長泉（のちの清長）に譲り、[36] これを受けて二十年二月には、この一和尚職系の権利が清長に安堵される。[37] ここに棟別・諸役の不入権が獲得され、一返破棄された「大宮不入」が一和尚職に限って復活する。そして二十一年正月、清長には一和尚職系の権利が、春長には四和尚職系の権利がそれぞれ安堵され、[38] ここに両職の分掌関係が確定する。そしてそのことを受けて、四和尚職を持つ春長に史料(a)の勧進許可が与えられるのである。

右の経緯において重要なのは、両職分掌の安堵状に見るとおり、この時期、河東一乱で破損した富士大宮「御本社」の造営が進んでおり、仮殿における参銭の所務権が両和尚（清長・春長）にあったことである。[39] この参銭領取権は、この後、永禄三年に本殿が造畢し、正遷宮した後も安堵されることとなるが、この権利を巡っては、社内において大宮司と社人の、両方からの競望に曝されていた。[40] 一和尚職の譲与が先行するのは、この「大宮司之綺」に抗して不入権を獲得するためであり、片や四和尚職が独立するのは、新たに勧進許可を獲得するために、すでに得た不入権獲得との整合性を図る必要があったためではないか、と推察される。このような両和尚職の分掌関係は、一連の安堵状において、「乱中自余仁相替、守二宮中一之間」[41]と賞されたような相補的なものであり、富士大宮内において、大宮司との対抗上、意図的に創り出された関係であったと考えられる。社内の問題においてすらこうであるとするなら、まして対外的にはなおさらであり、河東勧進圏にあっては、右の富士大宮に限らず、おそらく多くの寺社や職人集団が、不入権と入部権の双方を獲得し、互いに錯綜する事態になっていたと見られる。そしてこうした諸権利の錯綜関係を端的に示すのが、この時期この地域に見られる「諸勧進」という語であった。そこでこの、「諸勧進」として捉えられる関係性の特質について、次に見ることにしたい。

(3)「諸勧進」停止の意味するもの

まず検討したいのは、事例(b)(e)の富士下方（富士市）五社の事例である。

(b) 河東（印文「義元」、今川義元使用当主印）
諸勧進之事
右、五社造宮以前、堅令レ停二止之一、縦以二印判一雖レ成二其勧一、可レ相二押之一、然間、五社勧進之事、雖レ為二河東幷寺社領不入地一、発起次第可二勧進一者也、仍如レ件、
弘治弐年
六月廿一日
五社別当

右は、下方五社の別当大納言頼秀に対し、河東領域における同社造営勧進の排他的優先権を与え、それ以外の「諸勧進」を禁止したもので、史料(e)も、これをほぼ同文で安堵したものである。この勧進権が、他の「印判」への優越

を言う点において、さきの富士大宮に対する河東勧進許可とも重複・矛盾していることは表3に明らかだが、ここで言う「諸勧進」とは、ひとりこの富士大宮のみを指すのではなくして、そこに錯綜する諸階層の利益関係の総和として表現されたものである。それゆえ今川氏は、一方では錯綜する「諸勧進」からの権益保護のため、不入権付与をも行なわなければならなかった。

例えば永禄元年（一五五八）十二月、今川氏は、河東善得寺(42)（富士市）の末寺、大中寺と清源庵（沼津市）に対し、不入権を付与しているが、そこには等しく「国次之諸勧進」の免除について規定している。すなわち大中寺に対しては「惣国次之諸勧進・棟別以下、縦以二印判一雖レ相二触之一、為二不入一之間、門前之分可レ除レ之事」(43)とし、清源庵に対しても「此外新在家五間分、為二新寄進一棟別・点役・四分一人足・国次之諸勧進・山手以下、一切免二許之一畢」(44)としている。

それではここに言う「諸勧進」とはいかなるものであろうか。「国次」とある以上、今川氏の印判状によって許可を受け、一国平均に認められた勧進を指すことは言うまでもないが、「諸勧進」と言う場合、それがただ「勧進」と呼ばれる場合とは異なったニュアンスが付加されている点に注意すべきであろう。永禄三年（一五六〇）八月、同じく今川氏が、無縁所大石寺（富士宮市）に与えた諸役免許の条々において、

一、諸勧進者不レ可レ入之事(45)

の一条が見える通り、これは「諸勧進者」として末端の行為者集団に実体化しうる概念であり、すなわち身分的表象であって、ここに、慶長九年（一六〇四）八月、豊国社臨時祭礼における方広寺大仏殿での施行に集まった、

乞食・非人・鉢拱《タヽキ》・唱門師・猿つかひ・盲人ゞ・居去・腰引・物《モノ》不《ズ》レ云《イワ》・穢多・皮剝《カワハギ》、諸勧進之聖、異類異形、有雑無雑、馳集、不レ知レ員二幾何《イクバク》一ト云、(46)

が直ちに想起されるところだろう。そして京都においても、こうした中世的勧進の「諸勧進」への多義化あるいは零

落は、十六世紀、それも天文年間に顕著となっていたのである。天文十四年（一五四五）の北野経王堂万部経会に群集する「種々勧進」、あるいは天文二十二年の嵯峨釈迦堂三万部経会における「市勧進乞食、種々無尽」については、すでに第Ⅰ章において取り上げたとおりである(47)。

これに対して右の「国次之諸勧進」とは、むろん、直ちに非人乞食を指すのではなく、時に「印判」をも帯するような、由緒ある勧進を想定したものではあろう。しかし京都において検討したように、そうした由緒ある勧進こそが、まさに十六世紀の永正年間を境に、音を立てて変質していったのである(48)。すなわち「諸勧進」とは、中世的勧進が、その集財システムの末端に付帯する様々な階層の世俗的利欲によって、転形を遂げた姿であった。史料(c)に見る殊更な「神慮」の標榜とは、かつての宗教的勧進の単なる残照としてあるのではなく、大名権力の発給した各文書の効力を自ら相対化し、現実の利欲社会を統御しうるだけの、より上位の合理性が要請された結果であり、それをさしあたっては「神慮」という、既成の概念に拠ったものではないだろうか。

3　勧進の脱呪術化と御用商人

(1)　間隙の権力葛山氏と勧進の脱呪術化

「諸勧進」という名の勧進の錯綜、末端における多義化は、たしかに勧進という集財システム全体の世俗化をもたらしたが、他面、そこに河東勧進圏とも呼びうるような濃密な交通圏を現出させた。様々な私的権利が交錯し、その権利を調整する権力として大名今川氏が立ち現れ、時には「案内者」を副えてその集財を保障し、「神慮」という名の合理性を標榜した。

ところが表3の第二期に入り、今川氏の力が弱まると、河東領域は事実上間隙化する。そうしたなか、文字通り間隙の権力として駿東郡の交通を支配し、この時期富士郡にも勢力を有した葛山氏が、今川氏の「御印判」を安堵する形で、次のような河東における勧進許可の朱印状を発給するにいたった。そこでは、今川氏に見られた不入文書の否定がそのまま踏襲されており、また今川氏直轄領に独特に見られた「案内者」の部分を、葛山氏の場合には、実態に合わせて「奉行壱人」(49)に置き換えている点が興味深い。

(g)吉原湊渡船破損之間、修理之事被二仰付一候、任二御印判之旨一、河東領中幷私領共、以二壱升勧進一可レ令レ修二理之一、縦雖レ帯二免許之判形・印判一、不レ可レ及二異儀一、若於二難渋之輩一者、重而可レ加二下知一、為レ其自二此方一奉行壱人指添者也、仍而如レ件、

永禄十丁卯霜月五日（印文「萬歳」、葛山氏元使用印Ⅲ型）

矢部将監殿
鈴木新右衛門殿

さてここで、宛所の矢部氏とは、

一、駿河国吉原道者・商人問屋之事、（後略）
一、吉原湊船之事、（後略）
一、立物之事、（後略）(50)

という、三つの権利を有する有力商人であり、吉原を拠点に参詣の道者や往来の商人を相手にした問屋（＝宿泊施設）を経営し(51)、渡船業をも営む者である。その矢部氏が渡船の修理を人別一升の勧進で行なうというのであるから、我々はここに、勧進の〈脱呪術化〉した姿をはっきりと確認することができる。ここでは勧進が、宗教的集財としての〈意味性〉を脱し、商業的集財のシステムへと転用されているのである。

勧進を〈脱呪術化〉せしめたものは、言うまでもなく、前節に見た勧進の多義化であり、「諸勧進」と称されるような、勧進権の錯綜関係であった。個々の勧進が利欲の赴くままに錯綜した関係を作り上げ、その総和が「諸勧進」と表象された瞬間に、宗教という〈意味性〉は剝奪され、集財システムとしての交通圏を現出させていたのである。

そして葛山氏のような大名に準ずる権力が勧進を許可したのは、矢部氏の商業活動に何らかの合理性が認定されたからにほかならない。おそらくはそれこそが、吉原湊渡船のもつ公益性ではなかったかと考えられる。中世において渡の通行料を勧進によって徴収することはあっても、渡船を業とする商人が、しかも河東という広いエリアの不特定多数の人間からその修理料を取る、ということなど、およそ考えられまい。何らの「神慮」も期待できないこの勧進が可能であるのは、万人の「康福」に資するものである、とする観念ぬきには考えられないであろう。そこではもはや「神慮たるの間」と言うことはできず、また言う必要もなかったのである。

(2) 商業交通圏としての河東

第二期における矢部氏の活動は、まさに間隙を縫う、と言うに等しいものであった。北条氏政子息の国王《くにおう》が今川家を継承して北条氏が駿河国を領有するのは、永禄十二年（一五六九）閏五月四日以降のことであるが[52]、これより以前、十一年末から十二年初頭にかけて、矢部氏は、

①右道具、来廿八日如何様ニも相調、吉原河東ニ積置、注進可レ申候[53]、

②明日吉原川内へ兵粮可レ入候間、其地之船払而上へ上、石巻代相談、吉原河東ニ可ニ積置一候[54]、

として、早くも北条氏の道具（軍需物資）や兵粮を用立てるとともに、それらの吉原河東の川端への「積置」、すなわち保管業務をも担っている。この時期今川氏真は、十二月十三日、武田信玄の駿府（静岡市）制圧により、朝比奈泰朝を頼って懸河城（掛川市）へ移ったばかりである[55]ことを考えると、矢部氏が北条氏の御用商人としての相貌を表している

ことは、機敏というほかない。(56) これに対して今川氏真は、これよりさき九月段階において、

大岡庄上下商人・道者問屋、幷従二諸湊一以レ船出入之商人等之事

右、任二前々之筋目一被官山中源三郎爾令二領状一畢、縦雖レ有二競望之輩一、不レ可レ有二許容一、於二子孫一無二相違一可レ被二申付一者也、仍如レ件、

永禄十一戊辰年
九月（日付欠）　上総介花押(57)

として、吉原矢部氏と全く同様の業務（問屋・湊船）を被官身分の山中氏に安堵していた。すなわちこれを図2に示せば、河東という間隙においては、永禄十一年末段階において、それぞれの領国の最前線に御用商人を擁する格好になっていたと言える。そして北条氏が、かくも早くに矢部氏を獲得し、駿河への手引きを命じえた背景には、すでに永禄十年段階の史料(g)において、間隙の権力たる葛山氏によって、矢部氏自身が葛山氏の支配する駿東郡域にまで足掛かりを得ていたことによるものであろう。まさに大名権力の間隙に、御用商人の商業交通圏が展開していたのである。

これに対して武田氏が、この河東という商業交通圏に目を着けないはずはなかった。吉原においては、矢部氏の同業者として鈴木氏（史料(g)、①、②）、渡辺氏（史料①）、太田氏（史料②）がいたが、武田氏はこのうち鈴木氏の切り崩しにかかったらしく、そのため鈴木氏は、永禄十二年閏五月、北条氏から逆心の嫌疑をかけられ、実否糺明以前の吉原への帰住が禁じられている。この時期、今川氏真は徳川家康の前に懸河城を明け渡し、義父北条氏康に縋ってかろうじて河東大平（沼津市）に入城したばかりであったが、北条氏は「此印判を大平へ致二持参一、右趣可二申上一候」(58)として、わざわざ吉原の矢部将監を氏真の元へ出向かせ、氏真がこの件について勝手に裁許しないよう、命じている。これ以後鈴木氏が史料から姿を消し、他の諸氏もまた同様であることを考えると、この武田氏への内応一件を通じて、

矢部氏が吉原における北条氏御用の排他的独占権を確立したものと言えるだろう。

しかし元亀二年（一五七一）末、氏真義父の氏康の死を契機として甲相一和が成立し(59)、大平から小田原に身を寄せていた今川氏真が追放されて、政治史は新たな段階に入る。一和の結果、武蔵の武田氏領が北条氏に、駿河の北条氏領が武田氏に割譲されることになり、武田氏の駿河支配がほぼ確立する。こうしたなか、武田氏は、翌年にいたって本格的に河東の流通支配に乗り出す。

大岡之庄問屋之事、従二前々一被二拘来一候、〔因〕レ茲改而　御印判被レ得二御申一候、則披露候之処ニ、御取紛故、御印判遅々候、帰府之刻、必可レ被二下置一候、彼問屋之儀、無二　御印判一共、無二異儀一可レ被二申付一之旨、御下知候、為レ其一筆進レ之候、恐々謹言、

壬申
八月廿一日　　土屋
　　　　　　　昌続（花押）
高田能登守殿
　　御宿所(60)

武田氏が大岡庄問屋の支配を河東の在地領主高田氏に安堵した、いかにも混乱期らしい臨場感溢れる史料である。ここで「前々より」とあることから、今川氏の時代からこの問屋をつとめてきた山中氏は高田氏被官であったと見られる。この高田氏は、永禄十一年末の駿河侵攻では武田氏に従い、その功によってこの時期、葛山氏と同格の厚礼でもって遇されていた(61)。武田氏は、忠節を示してきた高田氏に、一和後、改めて大岡庄問屋支配権を安堵することで、河東の流通を統制しようとしたので

図2　永禄11年末の河東

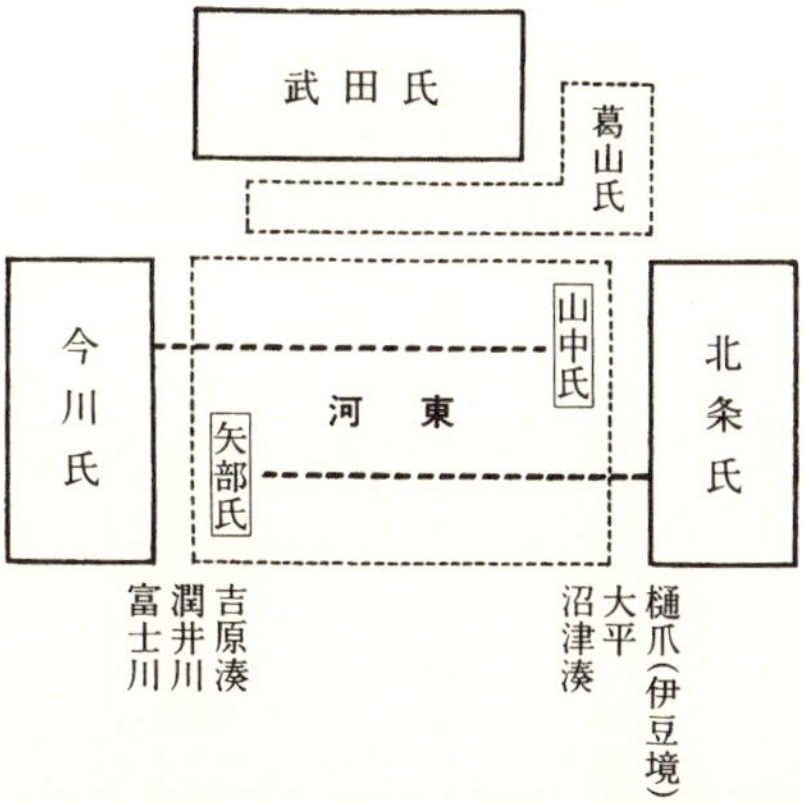

あろう。さらに次の史料を見たい。

定

塩之座　河東

付物

一、壱駄〔於二〕着年中一　百文宛

一、同　〔於二搬〕年中一　百文宛

已上

右、如二書立一月々已後可レ致二所務一此外一切不レ可レ有レ綺之由、被二仰出一者也、仍如レ件、

原隼人佑

天正元年癸酉十二月廿三日　朱印（竜朱印）〔奉〕レ之

山下外記殿(62)

右は武田氏が、山下勝久に対し、河東塩の座からの荷駄役徴収を認めたものである。ここにまず、河東商業交通圏において、従来から塩の同業者集団が展開していたことが明らかとなるが、この塩の座衆から新たに月々営業税を徴収することになったのが、御用商人山下氏であった。山下氏の本拠は甲斐国にあったと考えられるから、これはちょうど、今川氏時代に駿府の「商人頭」であった友野氏が、いわゆる友野座を率い、河東の岡宮・原・沼津（いずれも沼津市）で木綿役徴収権を認められていたこと(63)と、相似の関係にあると言えるだろう。新たな国主武田氏もまた、この河東という権利の坩堝を積極的に統制したのだということがわかる。

そしてこの武田氏が天正十年（一五八二）三月に滅亡し、ついで織田信長が横死して、徳川氏が駿河国の新たな支配を旗揚げした時、もはや河東を一個の行政区画として認知し、取り込むことで「河東二郡郡代」を設置したのも、当

然であった。この河東支配の転換は流通支配にも及び、かつての庇護者武田氏を失った右の山下氏は、徳川氏から「塩之座替地」として甲州倉科（山梨県牧丘町）の地を宛行われることによって河東を去り、帰国の途につくことになる(64)。そしてあたかもこれと入れ替わるかのように、かの吉原矢部氏が、徳川氏の河東支配に接近するにいたるのである。

(3) 河東三城主の勧進許可状

それでは第三期の史料三点を、以下に挙げよう。

(i)吉原湊渡舟破損修理之事、拙者知行中壱升勧進之儀、如二先例一不レ可二相違一、若於二難渋一、猶可二申付一者也、仍如レ件、

天正十一
拾月廿三日　康成◯（黒印、印文不詳）
矢部清三郎殿

(j)吉原湊渡舟依二修理一、沼津之知行分之内、壱升勧進之事、如二先規一不レ可二相違一、若於二難渋之輩一者、猶可二申付一者也、仍如レ件、

天正十一未
◯（黒印、印文「国吉☒☒」）十月廿四日
矢部清三郎殿

(k)吉原之渡舟修理之儀ニ付而、知行分壱升勧進之事、不レ可レ有二異儀一候、違乱之者候者、可二申付一者也、仍如レ件、

（異筆）「未」
十一月廿六日　清宗（花押）

矢部殿

発給者はいずれも徳川氏家臣で、(i)は長久保城（長泉町）城主牧野康成、(j)は三枚橋城（沼津市）城主松平（松井）康次、(k)は興国寺城（沼津市）城主松平（竹谷）清宗である。ほぼ同時に(i)と(j)が発給され、一ヵ月遅れで(k)が発給されていることになるが、ここで(i)(j)が先行する理由を説明してみよう。

実は(i)と(j)の発給者には、それぞれ明白な特色がある。まず(i)については、『家忠日記』に明らかな通り、長久保城の普請が完成したのが、実にこの直前、わずか八日前の十月十五日だったことである。[65] 牧野康成はまさに、新城主として長久保に入城したばかりであった。これに対し(j)の松平康次は「河東二郡郡代」たる康親の子であるが、実はこの年六月十七日、郡代補任から間もないうちにその康親が死去し、遺跡を継いだばかりであった。[66] 実際ここに捺されているのは極めて特異な黒印で、印文は同じであるが、翌年六月、康親の一回忌以降用いられた角印とは異なって、丸印であり、サイズもはるかに大きい。[67] 従ってこれは、本来、「河東二郡郡代」として康親の使用するはずであった印と考えられる。この点、本文書に康次の実名書がないのは印象的ですらあろう。つまりはこれら二つに関しては、新城主の代始めであった、という明白な共通点がある。おそらく矢部氏がこの二通を最初に得たのは、そのゆえであろう。代始めの安堵として申請したものに違いない。

それにしてもこの三通に共通するのは、それぞれの城主が、その知行分での勧進を許可していることである。ただしここで注意すべき点として、(j)に「沼津」とあるのは、知行分の所在地を意味するのではなく、康次自身を指す。つまりは(i)で言うところの「拙者」に相当する。当時「沼津」と言えば、三枚橋城、また三枚橋城主自身を指すことには、明証がある。[68] 従って綿貫友子のように、[69] 勧進許可地域を駿東郡に限定する必要はなく、「河東二郡」とすべきである。[70] ただここで言えることは、二郡全体とはいえあくまでその「知行分」に限定されてしまったことである。これは史料(g)が、河東というエリアにおいて「領中幷私領」を問わず勧進できたことからの、大きな後退であると言わね

ばなるまい。従って、同じ綿貫が、

永禄十年の段階では勧進に応じない者についての葛山氏への申告が規定されていたのに対して、天正十一年の段階では矢部氏自身が再度督促を行うべきことが示されており、徴収に際し、矢部氏に委ねられた役割が幾分強化されている状況が看取される。

とするのは、個々の史料の読みからしても全く当たらないであろう(71)。

結局のところ、徳川氏が「河東二郡郡代」という形で国郡制的な領域支配を復活させたことは、「諸公事」への「異見」＝郡職裁判権(72)を認め、行政をブロック化するとともに、許認可を各城主に個別化することになり、そのことは結果として、河東という交通圏の流動性を喪失させることにもなったのではないか。すなわちここに、間隙としての河東の終焉をも見ることができるのである。

おわりに――交通圏、あるいは間隙の原景

本章は、戦国大名今川氏における東方保全の概念や、のち天正年間における徳川氏の東方領有の概念として、殊更強く意識された、河東という領域に、勧進許可状が纏まって見られることに注目し、勧進の〈脱呪術化〉する瞬間を検証した。

この河東においては、社寺の勧進が、互いに不入権と入部権を獲得する形で重なりあい、これに職人ら諸集団の利害をも巻き込む形で、「河東諸勧進」と呼ばれる権利の錯綜関係を現出させた。これは勧進という集財システムの世俗化を促しつつ、そこに私的権利の渦巻く濃密な交通圏を生み出すことになった。そして、その権利を調整する権力として大名今川氏が立ち現れ、「神慮」の名を借りた合理性が標榜された。

ところがこの今川氏の力が弱まると、河東は文字通り間隙と化し、河東交通圏は、周囲の戦国大名の御用商人が活躍する商業圏へと転化していく。そして、まさにこうしたなかで、吉原矢部氏のような商人が、河東というエリアにおいて吉原湊渡船の修理勧進の許可を得るにいたるのである。何らの「神慮」も背景としえぬこの勧進が、不特定多数の住人に対し負担を求めうるのは、この渡船が「公共康福」に資すると認定されたからにほかならない。我々はここにこそ、勧進という集財システムが宗教という〈意味性〉を剥奪される瞬間、強いて言えば社会の合理化への端緒を認めうるのである。

それではなぜこの地域において、このようなことが起こりえたのであろうか。本章の最後に、〈脱呪術化〉と呼びうるような商人の勧進を可能ならしめた、この河東という間隙の起源について、若干の注釈を試みて結びとしたい。

鹿苑院殿
遠江・駿河両国渡、橋本弁天竜・大井・富士河極楽寺、木瀬河同末寺霊山院等知行分事、於二寺用一者如レ元可レ令二弁済一、至二奉行職一者、今川上総入道法高、任二先例一可レ致二沙汰一之状、如レ件、

応永九年五月廿六日(73)

右は室町時代、十五世紀が明けたばかりの応永九年（一四〇二）、足利義満が駿河・遠江両国の渡の通行料について、律宗寺院の勧進分と守護今川泰範の奉行職とを確認したものである。ここで注目されるのは、西は遠江国浜名湖の橋本から天竜川・大井川・富士川にいたるまで、鎌倉の極楽寺が広域の勧進権を持っていたなかにあって、駿河郡の黄瀬川のみは、極楽寺ではなく地元の霊山寺がその勧進権を保有していたことである。すなわち室町時代においてすでに、駿河東部地域には自立的な秩序が存在していたと言えよう。これは南北朝から室町時代にかけて、駿河国に分郡守護や半国守護が設置されたこととも関わっているだろう(74)。

そしてかかる自立的な秩序は、すでに鎌倉時代においても垣間見ることができる。

はしもと　　　むさしのかみ

ひき〔ま〕　おなし
いけた　おなし
かけかは　おなし
きく河　同
お〔か〕へ　さかみのかみ
てこし　同
おきつ　同
かんはら　同
は〔ら〕なか・あの・きせかわ・さの　さのゝちとう
あゆさわ　かいのくに[75]

右は、建長四年（一二五二）、宗尊親王が将軍として鎌倉に下向した際の、宿泊地と昼の休憩所の担当者を記したものであるが、前段の遠江国に明らかなように、守護（ここでは北条朝直）の担当が原則となっていた[76]。しかるに駿河国の場合、守護北条時頼が担当したのは志太郡岡部・有度郡手越・庵原郡興津・同蒲原までであり、それ以東は守護の担当から外れているのである。原中・阿野・黄瀬川・佐野といった駿河郡域は佐野の地頭という、現地の者に委ねられており、さらに驚くべきことに、甲斐国との国境地帯に位置した駿河郡鮎沢（藍沢）にいたっては、隣国甲斐守護の担当となっているのである[77]。

すなわち、のちの河東勧進圏につながる駿河郡の間隙としての性格、その原景は、すでに鎌倉時代において認めることができるのである。

註

（1）本書第Ⅴ章2節参照。
（2）阪谷素「租税ノ権上下公共スベキノ説」（『明六雑誌』一五号、一八七四年）。
（3）本書第Ⅰ章1節参照。
（4）桜井英治「中世の経済思想――非近代社会における商業と流通」（『日本中世の経済構造』岩波書店、一九九六年、初出一九九三年）。また黒嶋敏「棟別銭ノート――中世的賦課の変質過程」（『史学雑誌』一〇七編一一号、一九九八年）は、桜井の議論を受けとめつつも、最後まで「神仏の権威」に支えられていたことを強調している。なお筆者は、「日本社会の非近代性」という、半世紀前の問題系（参照、有賀喜左衛門「非近代性と封建性」、『社会学評論』一号、一九五〇年）に、一切論及しないまま「非近代」を論じるこうした風潮には、いささか疑問を禁じえない。「非近代性」の今日的な再定義が必要であろう。
（5）峰岸純夫・村井章介編『中世東国の物流と都市』（山川出版社、一九九五年）など。
（6）網野善彦『日本中世都市の世界』（筑摩書房、一九九六年）など。
（7）花田達朗「都市・公共圏・メディアのトリプレクス――可能態の歴史」（『メディアと公共圏のポリティクス』東京大学出版会、一九九九年、初出一九九八年）。
（8）相田二郎『中世の関所』（吉川弘文館、一九八三年、初版一九四三年）。
（9）相承院文書（『静岡県史』資料編中世三、一四二九号、『清水町史』掲載写真で校訂＝以下、三―一四二九＊のように略記）。この書状の文言が、すでに『快元僧都記』三月四日条に引用される事情については、東島誠執筆『清水町史』資料編Ⅲ（清水町、一九九九年）二五九頁を参照。
（10）『常在寺衆中記（勝山記）』（『勝山村史』影印本）天文六年条。同史料の性格と呼称については、末柄豊「『勝山記』あるいは『妙法寺記』の成立」（『山梨県史研究』三号、一九九五年）を参照。
（11）ただし②は、一乱以来の奉公で甲に宛行ったものを乙に安堵した、という例である。
（12）山中（山室）恭子「中世のなかに生れた『近世』――戦国大名今川氏の場合」（『史学雑誌』八九編六号、一九八〇年）。

(13)　有光友學「戦国期領主権力の態様と位置――今川領国葛山氏の場合」（有光編『戦国期権力と地域社会』吉川弘文館、一九八六年）。
(14)　定輪寺文書（三―二〇七二＊）。駿東郡の用例は、これ以前に見られない。
(15)　永禄八年三月五日今川氏真判物（定輪寺文書、三―三二六一＊）は前註文書の転記に過ぎないので、天正五年三月日磬子銘（大中寺所蔵、四―一〇四九）が唯一例外的な「駿東郡」の所見となる。
(16)　光西寺所蔵松井文書（四―一六二三＊）。
(17)　光西寺所蔵松井文書（四―九七三＊）。
(18)　「山東」地域の比定については、拙筆『清水町史』四八七頁を参照。
(19)　表2に挙げた史料は、拙筆『清水町史』二七六～二七七頁に全点写真掲載してあるので参照されたい。
(20)　同様の朱印状は、同日付の写が裾野市定輪寺にも五通伝わっており、拙筆『清水町史』三四一頁に全点写真掲載してある。「駿東郡」の初見史料を持つ同寺らしく、ここでは駿東郡がやや優勢となっている。
(21)　永禄十二年閏五月四日北条氏政判物（三嶋大社文書、四―一＊）。
(22)　元亀三年正月十九日今川氏真判物写（三浦文書、四―三八一＊）。なお、三浦文書で「懸河大手」とする部分は、『安得虎子』（東京大学史料編纂所架蔵謄写本＊）により、「懸河・大平」である。
(23)　東京大学総合図書館所蔵〈寛文六年版本〉（『静岡県史』未収、『清水町史』九三号＊）。
(24)　臨済寺文書（三―三五八三＊）。
(25)　『古文書（記録御用書本）』（三―三七五八＊）。なお、このほか河東小山郷なる地名もあるが、これについては拙筆『清水町史』二三四号の参考史料（六〇〇頁に写真掲載）を参照。
(26)　『判物証文写』武田三、四―二七六＊。
(27)　『判物証文写』附二、三―三六八一＊。
(28)　『中世法制史料集』第三巻、武家家法Ⅰ（岩波書店、初出一九六五年）。

(29)　在地の「案内者」については、最近阿部浩一「戦国末－近世初頭の宿の開発と展開――遠江国気賀宿を中心として」（本多隆成編『戦国・織豊期の権力と社会』吉川弘文館、一九九九年）も注目し、事例紹介を試みている。

(30)　有光友學『戦国大名今川氏の研究』（吉川弘文館、一九九四年）二八二～二八四頁の表12を参照。

(31)　弘治三年十一月廿六日今川義元判物写（後権鎰取鎖是氏文書、三－二五九九）。なおこの文書に見える「河東十分一」については、従来その性格が明らかでなかったが、拙筆『清水町史』一二〇号で指摘したように、『静岡県史』では年未詳とされていた同じ十一月廿六日付の今川義元願文写（神宮文庫所蔵文書、三－二七七三）に、「以二其年貢十分一一可レ奉二納之一」と見えるものがこれにあたり、従って伊勢神宮奉納のための年貢十分一役である。なお同文書の写真は、『清水町史』三〇三頁に掲載してある。

(32)　永禄四年八月廿五日今川氏真朱印状（井出文書、三－二九六四）参照。この文書自体は史料(c)より降るものであるが、その権限は「判形・印判数通」の「先規」に遡る。なおこの文書は、富士大宮の勧進のみならず、下方五社の勧進とも絡むもので、二日前には史料(e)が出されていることに注意すべきである。また、彼らを含む「大鋸引弐階山造弐百人」は、こののち永禄十一年三月二日今川氏真朱印状（富知六所浅間神社文書、三－三四四八）では、下方五社造営に使役することが許されている。

(33)　なお和尚職は、永禄三年八月廿六日今川氏真判物（宮崎敏氏所蔵文書、三－二八一六）によれば、神事祭礼などの「社務」を職掌したとされるが、中世後期の祇園社の例を参照すれば、諸国の社領に赴き供米を催促する宮仕クラスの下級神職であったと見られる。この点、三枝暁子氏のご教示を得た。

(34)　第1節表1史料①。

(35)　第1節表1史料②。

(36)　天文十四年六月廿六日長源譲状案（宮崎敏氏所蔵文書、三－一七三九）。前掲註（33）所引史料では、これを「父譲状」とすることより、この長泉は清長と同一人物であり、春長ともども長源の子であったことがわかる。

(37)　天文廿年二月十日今川義元判物（宮崎敏氏所蔵文書、三－二〇三五）。

(38)　第1節表1史料⑥。

(39) 前註史料。
(40) 第1節表1史料⑪、前掲註（33）史料。
(41) 第1節表1史料⑥⑪。
(42) 善得寺の、河東における位置づけについては、東谷宗杲自ら「河東第一之大伽藍」と呼んだ天正十五年十月初旬護国禅師雪斎遠諱香語写（臨済寺文書、四－一九三三）を参照。
(43) 永禄元年十二月十七日今川氏真朱印状（大中寺文書、三－二六六七）。
(44) 永禄元年十二月（日付欠）今川義元朱印状（祥雲寺文書、三－二六七〇）。
(45) 永禄三年八月十七日今川氏真判物（大石寺文書、三－二八一四）。
(46) 『豊国大明神臨時祭日記』（東京大学史料編纂所架蔵影写本）慶長九年八月十六日条。
(47) 本書第Ⅰ章2節参照。
(48) 本書第Ⅰ章2節参照。
(49) 葛山氏における奉行人制の徴証としては、今川氏の「案内者」同様検地に関わるものとして、天文廿一年霜月十五日佐野郷検地割付状（柏木正男氏所蔵文書、三－二一五〇）を挙げることができる。
なお、葛山氏が勧進を許可した文書としては、右の検地とリンクするかのように、天文廿一年正月廿三日葛山氏元判物（柏木正男氏所蔵文書、三－二〇九八）が佐野郷浅間社に与えられているが、この場合、第一期であるがゆえに、まだ膝下における「領中家別八木」の勧進に留まっている。すなわち永禄十年という、第二期の間隙的状況こそが、「河東」というような広域の勧進圏の設定を可能ならしめたのだと言えよう。
(50) 天文廿三年九月十日今川義元判物（矢部さち子氏所蔵文書、三－二二四二）。なお、第三条の「立物」とは、「立司《りうし》の物」の意であろう。
(51) 問屋＝商人宿とする相田二郎「戦国時代に於ける東国地方の宿　問屋　伝馬」（前掲註（8）書所収、初出一九二八年）の古典学説の有効性が、近年阿部浩一「戦国期東国の問屋と水陸交通」（『年報都市史研究』四号、一九九六年）によって確認、再評価されるにいたっている。

(52) 前掲註 (21) 史料。
(53) (永禄十一年) 十二月廿四日北条家朱印状 (矢部さち子氏所蔵文書、三−三五三六*)。
(54) (永禄十二年) 正月晦日北条家朱印状 (矢部さち子氏所蔵文書、三−三六〇四*)。
(55) 前掲註 (42) 所引史料など。入城直後の十二月十六日今川氏真書状 (西原文書、三−三五二〇) も参照。
(56) このあと矢部氏は、氏真が懸河城を徳川家康に明け渡す五月十五日 (閏五月四日遠山康光書状写、『歴代古案』巻五、四−四) ごろまで、たびたび北条氏御用を勤めている。二月十六日から五月十六日にいたる四通の北条家朱印状 (矢部さち子氏所蔵文書、三−三六一六・三七二二・三七二八・三七四二) を参照。
(57) 永禄十一年九月 (日付欠) 今川氏真判物写 (『駿河志料』九十三、沼津駅家文書、三−三四八二)。本文書の宛所は文中に折り込まれた山中源三郎であり、その身分が低いことによる薄礼である。なお、御用商人が大名権力の「被官」と呼ばれる例として、(天正十一年) 九月一日本多重次書状写 (角屋文書、『清水町史』二三八号*) を挙げることもできるが、文禄五年正月廿七日中村氏次判物写 (『駿河志料』九十三、沼津駅家文書) にいたってなお「被官山中右近」と見えることにより、さしあたりこの場合の「被官」とは単に下級の身分を表すものと解しておきたい。ただし、実際上は河東における在地領主高田氏の被官であったことが、後掲註 (60) 史料によって判明する。
(58) 永禄十二年閏五月十五日北条家朱印状 (矢部さち子氏所蔵文書、四−一六*)。
(59) 前掲註 (22) 史料。
(60) (元亀三年) 八月廿一日土屋昌続書状写 (『駿河志料』九十三、沼津駅家文書、四−五〇四*)。
(61) 元亀三年五月二日武田勝頼判物 (高田國生氏所蔵文書、四−四四四*)。なお、戦国時代に駿河郡の広範な地域に分布した高田氏については、拙筆『清水町史』九七・一八二号の解説・地図を参照。
(62) 天正元年十二月廿三日武田家朱印状写 (『古文書 (記録御用書本)』、四−七三四*)。引用に当たっては、『静岡県史』の読みを大幅に訂正した。理由は、拙筆『清水町史』一九〇号の註記を参照。

(63)　天文廿二年二月十四日今川義元判物写（『駿河志料』八十七、友野文書、三－二二七一）。
(64)　天正十一年九月廿一日徳川家康朱印状写（『古文書（記録御用書本）』、『清水町史』二三九号＊）。
(65)　『家忠日記』（自筆本、東京大学史料編纂所架蔵写真帳）天正十一年十月三日～十五日条参照。
(66)　拙筆『清水町史』二三七号註（2）、二四一号註（3）、二四四号註（4）・解説を参照。
(67)　管見では、丸印の所見は他に、天正十二年二月十二日黒印状（蓮光寺文書、四－一七二六）があるのみで、これが終見である。角印の例として、翌年六月十七日の康親一回忌以降、次のものがある。
①天正十二年六月廿二日黒印状（泉郷文書、四－一七三七＊）
②天正十二年十二月廿八日黒印状（矢部さち子氏所蔵文書、四－一七七二＊）
③天正十七年卯月九日黒印状（霊山寺文書、四－二〇二〇＊）。
右のうち、①③は従来、『静岡県史』中世四では「某黒印状」とされてきたが、②に「松平左近丞康次」としてこの黒印を捺していることにより、松平康次黒印状であることが確実である。
(68)　（天正十年）二月廿九日北条氏政書状（三上文書、『清水町史』二三九号＊）の「夜中三枚橋自落」が、直後の（同年）三月三日北条氏政書状（湯浅文書、四－一五〇二＊）では「其夜沼津自落」と言い換えられていることを参照。また康次が自らを「沼津」と自署した明証が、前註所引①の黒印状である。
(69)　綿貫友子「戦国期商人の一形態――駿河矢部氏に関する覚書」（羽下徳彦先生退官記念論集『中世の杜』東北大学文学部国史研究室中世史研究会、一九九七年）九七頁。なお同論文は矢部氏の文書を用いた貴重な成果だが、事実誤認が散見される。この点、拙筆『清水町史』三六一頁も参照。
(70)　松平康次の所領が河東二郡に及んだことについては、父康親に与えられた註（16）史料に明証がある。
(71)　まず永禄十年の史料(g)に触れた前半部分について言えば、同文書中では「葛山氏への申告」など規定されていない。これはおそらく、「それがため」を直前の一文「若し難渋の輩に於いては、重ねて下知を加うべし」に掛けてしまったことからくる誤読であろう。この「それがため」は、それまでの全文にかかるのである。本章が論じてきたように、葛山氏における「奉行壱人」

が今川氏における「案内者」の言い換えであることを見落としてしまっては、この文書を正しく解釈することはできない。

次に、史料(i)(j)(k)に触れた後半部分については、もっと単純な誤読であろう。「申し付く」主体が発給者の側であることは、説明を要すまい。従ってここから矢部氏の役割の強化などは読み取りえない。

(72) 前掲註(16)史料。

(73) 応永九年五月廿六日足利義満御判御教書写(『今川家古文章写』、二一―一三一〇＊)。

(74) 東島誠「内乱の時代と大森・葛山氏」(『裾野市史』第八巻、通史編Ⅰ、裾野市、二〇〇〇年)。

(75) 『宗尊親王鎌倉御下向記』(『吾妻鏡集解』二、東京大学史料編纂所所蔵〈明治二十九年刊本〉＊)。同底本は誤読が多いが、通常用いられる『続国史大系』本では欠落している「御ともの上らう」以下の交名を載せているので、これを底本とする。変体仮名の誤読部分は予め訂正して〔　〕を付しておいた。

(76) この史料を分析した佐藤進一『増訂鎌倉幕府守護制度の研究――諸国守護沿革考証編』(東京大学出版会、一九七一年)四一～四四頁では、守護を宿駅経営の主要負担者と認定しつつ、一部に地頭御家人を含むとする留保を、「さの　さのゝちとう」に付している。だがこれは例外として処理すべきでなく、むしろ駿河郡域の駿河守護権からの独立性、のちの分郡・半国守護設置の前提として理解した方がよいだろう。

(77) 嘉禎三年(一二三七)十二月六日関東下知状案(大善寺文書、東京大学史料編纂所架蔵影写本)によれば、鮎沢宿の雑事が甲斐国に懸けられることは慣例であったらしい。ところが甲斐国には、たまたま同じ鮎沢(山梨県甲西町)という地名があって、ここに比定する説もある。しかしながら、将軍の往還において、東海道から離れた甲西町にわざわざ立ち寄ることなどありえない。駿河郡鮎沢(藍沢)宿の雑事が甲斐国に懸けられたのは、同地の国境的性格以外には考えられないであろう。

付論1　メディエーションと権力——近世都市災害史断章

はじめに

ここで取り扱おうとするのは、個と個の意識を繋ぎ留める〈媒介作用《メディエーション》〉の問題である。検討素材として都市災害を取り上げるのは、ハードな局面に立たされた時にこそ、社会関係の質が問われるはずだからである。ここで採用されたレジス・ドゥブレの〈メディオロジー〉とは、「裏側になにがあるかを探すのではなく、間でなにが起こっているのかを探求する」[(1)]方法である。実体よりも関係に注目する方法と言い換えてもよい。それは実体に基礎を置いてきた歴史学に対して、認識論上の転回を促す試みともなりえよう。

昨今日本史家の世界にも上陸するにいたった、〈書物から読書へ〉という考え方[(2)]——ロジェ・シャルチエの提起したパラダイム転換も、本来この認識論上の転回と密接に関わるものである。ただ、ドゥブレの考える〈媒介作用〉はもっと実践的なものであり、「大作家たちよりも本の小行商人たち」を重視してシャルチエの議論を継受するばかりでなく、その視線はより広く「非公式な中間組織、鍵となる場所、社会的な結集極、知的醸成のセンター」へと向けられている。「仲介的な諸団体の移動による公的な精神のつなぎ目の再組織化」をフランス革命に見るということは、要するに《アソシアシオン》の理論だということになろう。[(3)]

そこで「勧進と社会的交通」の締め括りとして、近世都市災害とメディエーションに関する三つの断章を用意した。

敢えて体系化せず、可能的な対象を無限に探る意味からしても、断章という形式は、時に必要となろう。そして〈媒介作用〉の形式を問うかぎり、この問題はなお現代の危機にあっても通ずるものと考えたい。

1　諸宗山無縁寺の思想——明暦の大火と回向院

中世後期において、災異によって生じた多数の死者を回向する国家的行事は、五山施餓鬼であった。この五山施餓鬼は、民間諸人による河原施餓鬼とともに、

河原施餓鬼——橋下空間（河原）——勧進　**（社会レヴェル）**

五山施餓鬼——橋上空間・北野経王堂——将軍下行　**（国家レヴェル）**

という、二つの位相を構成していたと考えられ、後者による前者の吸収儀礼化が見られた[4]。近世における施餓鬼研究は、一般に民俗学的関心からする民間信仰の究明に傾きがちであるが[5]、それでは国家レヴェルにおいては、どのように追善行事が編制されていたのであろうか。

御勘定奉行え

（中略）

一、先年浅間山焼、奥羽飢饉疫癘、且関東出水、京都火災等ニて、下々失亡いたし候も不レ少旨相聞候ニ付、

京都　知恩院
上州新田　大光院
奥州岩城　専称寺
羽州庄内　大督寺

葛西小松川　仲台院
御府内本所　回向院

右於二寺院一今度施餓鬼修行可レ致旨、被二　仰付一候、右修行料として銀拾枚ツ、被レ下候間、其段可レ被二申
渡一候、尤被レ下銀之儀は、御勘定奉行可レ被レ談候、
右之通、寺社奉行え申渡候間、可レ被レ得二其意一候、
十二月(6)

右は天明八年（一七八八）の「禁裏大火(7)」を契機として、この間諸国に相次いだ変災の死者追善を浄土宗六箇寺に命じた史料であり、天明六年（一七八六）の江戸洪水については、回向院がこれを修行したことがわかる。本所回向院と言えば、誰しも思い浮べるのは、両国国技館であろう。今日の大相撲の起源が、天明元年（一七八一）、両国橋の袂、回向院の境内で行なわれた勧進相撲にあることはよく知られており、一般には庶民の信仰を集めた社会空間というイメージが濃い。すなわちここに、国家と社会の関係史が予想されるのである。そこで以下、回向院という、この独特の空間について、少しく考えてみることにしよう(8)。

武蔵国と下総国を渡す両国橋が架橋されたのは、寛文元年（一六六一）のことである(9)。このころはまだ回向院の所在する本所は「御府内」ではなかったが、両国橋の架橋以後、本所の開発が進んだことは有名である。両国橋が架橋された理由は、国学者戸田茂睡が、

両国橋、此橋は丁酉の年江戸大火事の時、下町のものども風下をのがれんと、浅草の見付へと車長持総て諸道具を引のきたるゆへ、道つかへて数多の人の焼死にたるを不便と思召し、若重ねて大火事ありとも、人の損ぜざるやうとて、下総国本所へ、江戸浅草より百余間の橋をかけさせらるゝ、（後略）(10)

と述べたように、明暦三年（一六五七）正月の江戸大火によって橋の必要性が認識されたからであった。実際、『本所回

向院記』にも、

日本橋・京橋・新橋、其它旁橋、無二小大一皆悉落矣、由レ此人多死矣、(11)

と記されており、大火の難を逃れた橋はわずかに浅草橋と一石橋だけであったとさえ言う。

また享保四年（一七一九）、永代橋が大破して、これが廃止されようとした際、すでに江戸に包摂されていた対岸の深川町々の惣町人は、

右御橋御取払被レ遊、橋断絶仕、舟渡ニ罷成候得ハ、深川中ハ不レ及二申上一、江戸町々之者平生往来、殊風雨満水之節ハ、別而難儀ニ罷成、其上急火大火之節、立退候男女諸人ひしと難儀仕候ニ付、(12)

として、橋の存続、下附を町奉行所に願い出た。ここでも大火時の橋の重要性が主張されており、江戸という都市空間における橋の意義を浮かび上がらせる。

そして橋はまた、大火で被災した窮民に対する施行の場でもあった。『本所回向院記』には、

官、命レ吏、於二行幸橋・〃《日本橋》・新橋・芝浦一仮架レ屋、大施二糜粥一及脱レ災諸侯亦皆如レ之、

と見え、『柳営日次記』の書入には京橋・浅草橋・常盤橋、(13)『むさしあぶミ』には御成橋・新橋・筋違橋・増上寺前(14)が、施行の場として描かれている。これより後、寛保二年（一七四二）の江戸洪水においても、施行小屋は両国橋と新大橋に設営されている。(15)

両国橋が回向院を彼岸として架橋されたことは明白である。回向院という空間が江戸市街の彼岸に設定されつつ、ついにはその彼岸までもが此岸と化していったのだとすれば、そもそもの回向院とはどのようなもので、またどのように変化していったのであろうか。

本所回向院は、明暦の大火後に設けられた無縁塚、大石塔に起源する。この経緯について、大火を描いた浅井了意の仮名草紙『むさしあぶミ』（一六六一年刊）には、

やがて此しがいをバ、河原のものに仰付られ、むさしとしもふさとのさかひなる、牛嶋といふところに、舟にてはこびつかハし、六十間四方にほりうづミ、あたらしく塚をつき、増上寺より寺をたて、すなハち諸宗山無縁寺廻向院と号し、五七日より前に諸寺の僧衆あつまり、千部の経を読誦して、跡をとふらひ、不断念仏の道場となされけるこそ有がたけれ[16]、

と記されている[17]。ここで死骸片付に従事したのは、『元延実録』によって、穢多頭弾左衛門－非人頭車善七であったことが判明するから、これを「河原のもの」と呼称するのは、同仮名草紙が、京都寺町二条下ル町の書肆、中村五兵衛の開板にかかることによるものであろう。実際、死骸片付から死者追善にいたる過程での国家の立ち現れ方は、中世京都も近世江戸も相似た構図を取る。例えば応永の飢饉（一四二一〜二二）においても、五山施餓鬼のような国家的追善が修される以前には、まず河原者によって死骸が片付けられ、往来曜斉僧の勧進によって、

以㆓死骸之骨㆒造㆓地蔵六体㆒、又立㆓大石塔㆒[18]、

というような供養が行なわれていたのである。

帰属の不明な無主の死骸を埋葬し、追善する、ということは、そのまま中世的「無縁」の問題の変奏としてあり、回向院はまさしく、「諸宗山無縁寺」として成立したものであった。この呼称に関しては、死骸片付の過程を最も具に記す『元延実録』においても、

貴賤男女参詣して、悲涙を拭、則諸宗山回向院無縁寺と号す[19]、

と見えるから、国豊山を山号とする以前[20]には、この回向院が諸宗山と呼ばれていたことは確実である。それはまさしく「無縁」の場であり、特定の宗派を越えて「諸宗」の者に開かれた、公共的空間であったと言える。そしてこの空間が江戸の彼岸に設定されたことは、死者の穢を市街地の外延部に排除するとともに、明暦大火を記憶させるモニュメントとしての意味を持ったと言えるだろう。それは忌避されつつも信仰の対象となる[21]。

しかるに大火以後の江戸の膨張は、この彼岸を此岸に包摂していくことになった。すなわち江戸の町々は、日常的に堆積する死骸の捌け口として、この回向院を必要とするにいたったのである。町々は、早くも貞享二年（一六八五）には、訴願によって、回向院と次のような関係を取り結ぶにいたる。

丑十二月廿日

樽屋藤左衛門殿、町々名主江被二申渡一候趣、

一、町々ニ而行倒相果候者有レ之、御番所江御訴訟申上、御下知相済、死骸片付候節は、本所回向院之下屋敷、浅草御仕置場之近所ニ有レ之候間、右之所江遣シ可二取置一候、尤其町々名主判形之一札、回向院江遣し差図を請、下屋敷江遣候義ニ付、町々名主之判鑑、回向院江遣置可レ申旨、被二申渡一候、(22)

町年寄樽屋から町々名主へ下されたこの町触によれば、ここに、町々の行倒を回向院の下屋敷に安置することが取り決められたことがわかる。ただその理由として、ここでは弾左衛門が支配する浅草御仕置場の「近所」だから、としているため、回向院の関与はいまだ臨時的色彩が強く、固定的なものではなかったと言えるだろう。(23) ところがこれを端緒として、以後回向院は、町々で発生した無主無縁の死骸の埋葬を担う、内なる外部として位置づけられるにいたる。回向院もまた、町々の公益業務を媒介することによって、回向料その他の得分を領取することになるのである。

古来ゟ町々行倒死骸等相送候節は、為二回向料幷諸入用一其町内ゟ鳥目壱貫文宛差越請納仕、回向等仕候得共、此度之儀は、町々一統押潰死去仕候儀故、聊たり共入用相掛り候而は、迷惑ニも可レ有レ之与奉レ存候間、（後略）(24)

右は安政大地震（一八五五）に際して、回向院が「町々一統」の被災を理由に、埋葬得分の放棄を幕府に申し出た史料である。ここに見る「町々一統」の論理こそは、回向院がそれまで各町々と取り結んできた個別の関係を越えたところに成立している全体性の概念であり、つまりは諸宗山よりも国豊山の概念に接近するものと言える。

そして回向院が、明暦大火のモニュメントから、町々の内なる外部へと姿態転換し、さらには勧進相撲の興行空間

となって、都市社会に根を降ろし終わった時、幕府はこの回向院を、国家的施餓鬼の広告塔として位置づけるにいたる。すなわち、この回向院がそもそも徳川家菩提の増上寺によって建立された、れっきとした浄土宗寺院であることが、いやが上にも強調されることになるのである。冒頭に挙げた天明八年（一七八八）の触書とは、まさにそうした性格のものであり、今次の安政大地震においても、回向院は、天台宗・古義真言宗・新義真言宗・済家宗・曹洞宗・黄檗宗・日蓮宗・同勝芬派・東西本願寺掛所・時宗の諸寺院と並びたつ形で、府内浄土宗寺院の代表として施餓鬼を修しているのである(25)。

回向院は、社会実態としては諸宗山無縁寺でありながら、同時に国豊山として意味づけられなければならなかったのである。

2　犬方丈記と黄檗宗——天和の飢饉と禅のノマディズム

天和二年（一六八二）の飢饉のさなかに刊行された仮名草紙『犬方丈記(26)』が、自ら施行を行なう「有徳人」像を称揚して、飢饉救済活動を社会内的に喚起する目的を有したこと、そしてこの啓蒙書刊行と並行するかのように、黄檗僧鉄眼道光(27)の主導する救済活動が展開していることは、すでに第I章において取り上げたところである。ここではこの両者の関係をさらに探究することで、この稀有の作品の意義を浮き彫りにしてみよう。

そこでまず、この作品の書誌を要約すると、次のようになる。

①**作者**　不詳。題簽に今長明に仮託するも、文中では三人称として登場。

②**刊記**　天和二年壬戌三月吉祥日。

③**版元**　八幡町通婦屋町角　山本七郎兵衛。

④**所蔵**　国立国会図書館（一八一―一〇六号）。
⑤**題簽**　紺表紙中央に無枠で「(今長明)犬方丈記困窮施行□(下)」。
⑥**構成**　上下二巻一冊、三十六丁（正味三十二丁）。上＝十五丁、挿絵四図、下＝十七丁、挿絵四図（うち一図は見開）。

この作品が、文体を鴨長明の『方丈記』に似せた、いわゆる擬物語のジャンルに属することは言うまでもない。貞享五年（一六八八）九月には、作者未詳『貧人太平記』[28]のような類書も現れている。しかしながら、そこではもはや、『犬方丈記』のように原作との間に高い緊張関係を認めることはできない。『犬方丈記』が重要なのは、それが原テクストの主題を組み替え、積極的に〈変奏〉している点である。そこにテクストの〈変奏〉が見られるとすれば、〈媒介〉される書物の内容それ自体にこだわることにも意味はあろう。

それでは原テクストの主題とは何であろうか。一般に、『方丈記』[29]の基調をなす思想は「無常」であるとされ、その冒頭の一文、

ユク河ノナカレハタエスシテ、シカモ、トノ水ニアラス、

は誰もが識るところであるが、ここで確認したいのは、この無常なるものが、

世中ニアル人ト栖ト、又カクノコトシ、

とあるごとく、人の居住ないし存在形態に関わっていることである。そしてこの居住に関して言えば、鴨長明はそれまでの移住から定住へと向かい、つまりは無常の状態から常なる状態に落ち着いてしまうのである。すなわち長明は、はじめ父方祖母の家に住み、三十余りの時、鴨川近くに小さな庵を営み、五十の春には家を出て大原山に臥雲しており、六十にして現在の方丈に移り住むまで、歳とともに住居を移り住んできたのであった。ところがこの方丈にあっては、「アカラサマ」のつもりが安住すること五年となり、

今、草庵ヲアイスルモ、閑寂ニ着スルモ、サハカリナルヘシ、

と、複雑な心境を吐露することになる。そこには死を目前にした、鴨長明の自己肯定と自責の念とが交錯し、わが心と修行の不徹底さを如何ともしがたく、ただこれを念仏に託して擱筆してしまうほかなかった。これが『方丈記』なのである。

これに対して『犬方丈記』に登場する今長明は、もと町屋に住んでいたが零落し、三十余りで悲田院に住み、五十で東山に臥雲し、六十で「乞食の部屋」を結び、今は悲田院の奥に跡を隠していた、と描かれている。ここで東山とは要するに悲田院の換喩であるから、零落以後は事実上悲田院を出ることはできなかった、ということになる。すなわち、窮しながらも移住してきた鴨長明、定住してきた今長明、という鮮やかな対照がここにある。ところがこの今長明が、鴨長明の場合とは全く逆に、

安楽に着するもさわりなるべし、

として、諸国行脚を決意し、いわば定住者から漂泊者へと劇的なる変身を遂げるのである。今長明はこうして、長崎・堺・大坂・京都という、西国四大都市において展開していた有徳人の施行を見聞し、それを書き留めることになるのである。

このノマディックな眼差しによって照射された「なさけある有徳人」こそは、『犬方丈記』下巻の冒頭、今長明の登場する直前に配されていたモティーフであった。それはまさに、上巻で回顧された飢饉・疫病の「年代記」、あるいは当代将軍家の行なっていた「御施行」「御すくひ」に対置する形で、この天和二年という現在にあって求められていた、新たな主体性を呈示するためのモティーフであった。この諸都市に展開しつつあった主体性、公的精神を書き誌し、アソシエイトするメディア性を有した人物、それこそが今長明であったのである。

そしてこの今長明が最初に見聞した地が、長崎であった。そこには、次のように記されている。

爰に、黄檗の宗派に崇福寺と云寺あり、異朝よりわたらせ給ふ曇瑞とて、たつとき和尚ありけるが、此分野を不

便の事におぼしめし、寺用にたくハへ有し、金銀ハいふにたらず、およバぬ所ハ、袈裟衣をもぬぎうり、堂塔仏も代なして、諸人の餓死をすくハんとおもひ立給ひて、延宝九年仲秋の比よりも、世中立なをるまでとて、毎日粥をにて施行をなし給ひけれバ、この地の貧人力をえて、はせあつまる事、際限もなし、

長崎崇福寺と言えば、明暦元年（一六五五）五月には、黄檗宗開祖の中国僧隠元隆琦が東明山興福寺から移っている。隠元自身は間もなく摂津富田の普門寺に移るが、この間、隠元に目見え、浄土真宗を放捨し、黄檗禅への転身を決意していたのが、ほかならぬ鉄眼道光であったのである。『瑞龍開山鉄眼和尚行実』には、鉄眼二十六歳の決断を次のように記す。

明暦乙未秋、黄檗隠老和尚東渡、寓㆓長崎之東明㆒、師欲㆓礼謁㆒、期㆓舟大坂㆒、偶得㆓崎主黒川善信同載而往㆒、更㆑衣入㆓東明㆒、備陳㆓求道之切㆒、老和尚一見知㆑為㆓法器㆒、命㆓随㆑衆参堂㆒、其従㆑前所㆑学一時放捨、昼夜孜孜研㆓究己躬下事㆒、未㆑幾老和尚応㆑請㆓于摂之普門㆒、[30]

京都での勉学を捨て、たまたま大坂に来ていた長崎奉行黒川善信とともにそこから舟で長崎に向かうとは、それはそのまま『犬方丈記』の今長明を髣髴させる。すなわち長明もまた、「安楽に着するもさわりなるべし」との決意のもとに、

はるかに古里をたち出て、木ハた山、伏見の里、鳥羽、淀をすぎ、難波のうらにつく、これより便船して、はるかに海上にうかみ、（中略）やう〳〵長崎の津にいたる、

のであった。

ここに、『犬方丈記』に見える有徳人の飢饉救済が、鉄眼の飢饉救済活動と重なりあっていることが、改めて確認されよう。『犬方丈記』が天和二年三月の刊記を持ち、鉄眼が同じ三月二十二日に没していることは、偶然とは言え、見

事なまでの符合である。そして決定的に重要なのは、鉄眼が寛文三年（一六六三）十月五日、熊本の広徳山流長院において「蔵経を震旦国にもとめ」んことを発起して書いた、著名な「化縁之疏」である。

しかるにつら〳〵世間を見るに、逝く水の流れははやくうつろひ、隙の駒すみやかなり、あさがほの花の露、まことに日影をまたず、小水の魚のいのち、誰かあすをしらん、無常の目前にさへぎり、地獄足の下にあり、俄に病におかされ、おもはずして死にのぞむ時は、手みだれ足いそがしうして、湯にいる蟹のごとく、箭をふくめる鳥に似たり、(31)

これはまさしく『方丈記』にほかならない。『犬方丈記』と鉄眼の関係はここにも認められるのである。ただここで重要なのは、『犬方丈記』がいかに禅のノマディズムを浮かび上がらせようとも、それが黄檗宗の側で用意されたテクストであるとは思えないことである。黄檗宗教団が鉄眼を悲田院の非人として描くことは考えにくいし、崇福寺の記述にしても極めて簡潔で、特に作為があるとも思えない。

とすれば、結局のところ『犬方丈記』とは何なのであろうか。それは鉄眼の活動を明確に意識しつつ、しかしながら、鉄眼その人を顕彰するものではない。そこで強調されるのは一人ひとりは無名に過ぎない有徳人の主体性であった。今長明とは、鉄眼なのではなく、一人ひとりの公的精神をアソシエイトする架空のメディエーターなのであり、すなわち仮名草紙という、〈媒介形式〉そのものの表象ではなかったか。ここにあっては、実作者すらも明らかである必要はないのである。

このように考えた場合、京都書肆山本の活動、および同書肆の主力作家であった苗村丈伯についての分析が必要になるだろう。苗村はこののち元禄年間には、『重宝記』、『世話用文章』などの実用書・辞書を多くものしており、(32)ここに元禄文化における〈啓蒙〉という問題が改めて問われなければなるまい。そして同じ山本が、翌天和三年に大坂の書肆西沢太兵衛と共刊した山本遊学『うかれきやうげん』(33)に見られるような、都市を超えた書林ネットワークの拡がりをも見ていく必要があるだろう。近世史研究の可能性は、このようなところにも懐蔵されているのである。

3　高間伝兵衛と三拾歳計之女——享保飢饉と寛保江戸洪水の間

享保飢饉後に浪華書林中から板行された『仁風一覧』[34]は、京都・大坂をはじめ、被害の大きかった西国所々における有徳人施行者の名簿であり、いわば地域を越えてアソシエイトされた奉加帳であった。しかるに江戸においては、享保飢饉時にこのような施行者名簿が作成された形跡はない。有力商人三井が施行に踏み切らざるを得なかったのも、享保十八年（一七三三）正月、著名な高間伝兵衛宅の打毀しによって、「商売の冥加」とあきらめてのこととされている。三井のような大商人が施行を行なったのは、なるほど出入（商業＝高利貸経営）・抱屋敷（土地所持＝町屋敷経営）・居町とその周辺（共同体関係）と類型化されるような、施行主体と客体の間に有縁の権力関係が存在していたからであろう[35]。しかしながら、このように有縁の者にしか施行をしないとされる三井の事例をもって、施行一般を説明することは可能であろうか。利益関係を前提としない不特定多数の窮民に対し施行をすることは、江戸においてはありえなかったのであろうか。

江戸に享保飢饉の施行者名簿がないのは、一つには幕府膝下という問題があるだろう。明暦の大火においてそうであったように、幕府の「御施行」が機能している限りは、町方施行の比重はさほど大きくない。特に享保飢饉の場合は、幕府の救済も「御施行」ではなく文字どおりの「御救米」であって、西国のように粥を焚出す事態ではなかったと考えられる[36]。

しかしながら寛保二年（一七四二）七月二十八日以降、関東を襲った大雨による洪水は、江戸における町方の施行を急務のものとした。とりわけ本所・深川地域の被災は甚だしく、両国橋・新大橋を起点として、次のような類型の施行が展開した。

〔施行主体〕[37]	〔施行形態〕	〔打切後の措置〕
①「御施行」	船による施行配[38]	➡ 極貧者に御救米[39]
②武士方施行	⬇ 橋小屋での施行[40]	➡ 参り所なき者は非人手下[41]
③町方施行		

まず「御施行」とは、入用を幕府が負担するものであり、関係町々は、(a)白米買上・船積請負、(b)焚出請負、のいずれかを分担した[42]。このうち(b)には、近隣町のほか、堺町・葺屋町のような芝居小屋を擁する興行地が含まれているのが興味深い。この時の「御施行」を、同年九月、町奉行与力両名から石河政朝・嶋正祥の両町奉行に提出された「御入用帳」によって纏めると、表1のようになる[43]。

焚出しは働人足とともに請負八町の担当となっていたが、表に見るとおり、請負人の用意できる米高は不安定であり、八月九日朝分以降は、定高に満たない分を米問屋差出分によって補塡する態勢を取っていたことがわかる。また『正宝事録』によれば、施行開始当初の「粥」[45]の段階では、堺町だけで八〇〇〇人前を用意していることが判明する[44]。興行地と施行は、中世京都の六角堂や誓願寺のように、ここでも分かちがたく結びついているということであろうか。堺町や葺屋町が「御施行」の焚出しにあたることは、第1節で言及した天明六年（一七八六）の洪水においても確認されるのである[46]。

ついで、八月十二日を境に施行規模の縮小が見られるが、これは九日から十一日にかけて新大橋と両国橋に詰所・焚出所などが整備された[47]結果、配り施行から小屋施行への救済業務の移行が意図されたからであろう。つまりそれは、「御施行」の近日打切と事後処理を見越してのものであるが、そうした町奉行の判断について記す『正宝事録』の日次記八月十二日条には、一方で「御施行」ではない武士方・町方の施行についても書き留めているのが注目される。

表1　寛保江戸洪水における「御施行」入用

日　時	何人前	形態	総米高	焚出請負人	米問屋
8月6日夕	6000	粥	8石	8石	
7日朝	8000	粥	8石	8石	
夕	7000	飯	14石	14石	
8日朝	9000	飯	18石	18石	
夕	10000	飯	20石	20石	
9日朝	10000	飯	20石	13石8斗	6石2斗
夕	10000	飯	20石	10石	10石
10日朝	10000	飯	20石		20石
夕	10000	飯	20石	5石	15石
11日朝	10000	飯	20石		20石
夕	10000	飯	20石	10石	10石
12日朝	10000	飯	20石	10石	10石
夕	10000	飯	20石	10石	10石
13日朝	10000	飯	20石		20石
14日	10000	飯	20石	4石	16石
15日	10000	飯	20石	10石	10石
16日	7000	飯	14石	2石	12石
17日	7000	飯	14石	4石	10石
18日	7000	飯	14石		14石
19日	7000	飯	14石	3石	11石
20日	2000	飯	(4石)		(4石)
21日	2000	飯	4石		4石
22日	2000	飯	4石		4石
23日	2000	飯	4石		4石

一、右両橋小屋ニ居候飢人共江武士方・町方ゟ握食又ハ鳥目少々宛之施行も有レ之候、右施行人之内、名前不ニ申聞一施行いたし候者も有レ之候、(48)

ここから、名も告げず施行をする無私の有徳人のいたことが確認されるが、十二日という、施行規模の縮小されたまさにその日に、町奉行が彼らの匿名性に言及しているのは、かかる民間の救済活動を把握した上で、事態をこの《ヴォランタリー・アソシエーション》(49)に委ねていこうと考えていたからであろう。実際、石河・嶋の両町奉行は、この間独自に施行者名簿の作成に取り掛かっており、八月二十日、老中松平乗邑、側御用取次加納久通に上申された「本所深川筋飢人共江施行仕候町人共儀申上候書付」(50)によって、把握された限りの町方施行の実態を垣間見ることができる。この史料は、『仁風一覧』のような奉加帳的な性格のものではないが、町方施行の意識を探る手掛かりとはなるだろう。(51) そこで以下、典型的な事例をいくつか拾ってみよう。

〔六日〕同断（新大橋ニ而）粥千五百人程施行仕候、　森下町町人　名不レ知

これは『正宝事録』に言う匿名の施行者の一例であるが、同日の「御施行」が六千人前であったことを考えると、驚嘆に値する。しかもこの段階で新大橋には、施行小屋は勿論、役人衆詰所もまだ立っていなかった。この日、両国橋への施物が広小路に集められたように、新大橋の場合も同様に橋際の広場が用いられたのであろう。もちろん、同書付の匿名記事には、八月十一日の「越後屋名不レ知」のように、事態の緊急性ゆえに名前が把握しえなかったと思われる例もあるが、さきの『正宝事録』の記事によく符合する事例もはっきりと見出される。

〔十五日〕同月十三日女古帷子十五、同七ツ、浴衣壱ツ、新大橋江持来リ、施行仕候ニ付、居所相尋候得共不ニ申聞一、度々ニ都合帷子五十施行仕候由、申聞候、　住所不レ知　三拾歳計之女

右は、明らかに名を明かすことを拒辞した事例で、それぞれが自分にできることを思い巡らして施行を行なった様子が、よく窺える例である。こうした例を見るかぎり、三井について言われるような施行の三類型は、主流ではあるが一般化しえず、別の類型として相対化されることになろう。それでは当の三井は、寛保洪水ではどのように振る舞ったのであろうか。『寛保江戸洪水記』には興味深い記述がある。

十日

一、駿河町越後屋ヨリ施行船ニ而、越後屋与書候のほりを立、一日ニ五艘ツヽ、人数積五千人分出ス、(52)

この「幟」を見るかぎり、なるほど三井の施行にははっきりとした特色があるようだ。さきの施行者名簿ではどうだろうか。

〔十五日〕同月六日十五日迄、米三拾石六斗余握飯いたし、本所筋所々、葛西筋迄遣し施行仕候、

駿河町三井「八郎右衛門
次郎右衛門
三郎助

ここに見る三井の施行高は、他を圧していると言ってよい。「越後屋」の幟を立てた船で所々を巡った宣伝効果は絶大であったろう。そして実に、この三井と同じくらい目立った行動を取った者が、いま一人いた。

〔十八日〕同月六日粥五荷七荷、七日五荷、切飯五百余人前、八日切飯七百五拾余人前、粥二荷、九日粥一荷、切飯五百余人前、十三日切飯五百余人前、十四日切飯七百余人前、十五日ゟ十八日迄切飯五百余人前宛、本所筋所々幷葛西筋迄遣し施行仕候、

本船町高間　伝兵衛

右は、本船町とあることから、かの高間伝兵衛その人であることは明白である。高間のその後については従来看過されてきた感があるが(53)、ここでは打毀しの経験が生きていると言うべきであろうか、実に事細かに町奉行に自らの実績を申告している。と同時にここで注目されるのは、「本所筋所々幷葛西筋迄遣し施行仕候」という末尾の文言が三井と共通している点であり、おそらく同様の施行船を仕立てて広域の施行をして回ったものと考えられる。そこで同様の広域文言を有する施行事例を見ていくと、高間と同日申告した同じ本船町の兵庫屋弥兵衛であるとか、本両替町三谷勘四郎ら、大商人の名が挙がってくる。従ってここから、町方施行の場合も、施行の形式によって二つの類型が考えうるであろう。

〔有徳人型〕　新大橋・両国橋への持寄り　……　**〈広場〉**

〔大商人型〕　施行船による所々への配り　……　**〈幟〉**

有徳人型は、一人びとりの行動能力に限界があり、橋際の広場という〈公共的媒介形式〉に依存して施行を行なうもので、いわば《ヴォランタリー・アソシエーション》関係を形成する。町医による薬の施行がこの〈媒介形式〉に

よるのも、首肯けるところであろう。これに対し大商人型は、自ら施行船をチャーターする資本を有し、幟という〈操作的媒介形式〉を利して、社会的権力関係を形成、ないし強化するものである。

すなわち寛保江戸洪水という、この苛酷な状況下にあっては、今日の社会形成のあり方の根幹に関わる問題が、すでに懐胎されていたのである。

おわりに

〈広場〉と〈幟〉――この二つの媒介形式は、そのまま今日の高度情報化社会の中に流れこんでいると言ってよい。〈操作的媒介形式〉、すなわち〈幟〉なるものは、益々巧妙に〈広場〉を装ってきている。権力とは、ただ国家から発せられ、社会を編制する（第1節）だけではない。社会もまた権力を生む（第3節）。この双方の権力関係を見据えながら〈広場〉を擁護していくこと、それこそが、このささやかな断章の目的とするところであった。従ってここで敢えて付け加えれば、歴史家は、時として「被災史料の救出・保全」なる〈御旗〉を捨てることも必要なのである。

註

(1)　レジス・ドゥブレ（石田英敬訳）「メディオロジー宣言」（『現代思想』二四―四号、一九九六年）。同論文は一九九五年十一月に東京で行なわれた講演「メディオロジーとは何か？」の記録であり、ドゥブレの主張の要諦を知ることができる。以下、ドゥブレの引用はいずれも同論文によった。なお、その後一九九九年十月から、〈レジス・ドブレ著作選〉として、『メディオロジー宣言』以下の主要著作が西垣通監修・嶋崎正樹訳で順次公刊中であり（NTT出版）、今後の論議が注目されるところである。

(2) 例えば、『江戸の思想』5、読書の社会史（ぺりかん社、一九九六年）など。
(3) ドゥブレのこの姿勢は、ロジェ・シャルチエ（松浦義弘訳）『フランス革命の文化的起源』（岩波書店、一九九四年、原著一九九〇／九一年）による《公共圏》概念の祖述に比して、数段洗練されているように思われる。なお、フランス革命によるコルポラシオンの解体とアソシアシオンの浮上という問題に注目して、《ソシアビリテ論的転回》を提起した論考として、東島誠「中世自治とソシアビリテ論的転回」（『歴史評論』五九六号、一九九九年）を、あわせて参照いただきたい。また、ドゥブレにおける république の問題については、樋口陽一「二つの自由観の対抗──「自由」と「国家」の順・逆接続」（『近代国民国家の憲法構造』東京大学出版会、一九九四年、初出一九九一年）も参照。
(4) 本書第Ⅰ章1節参照。
(5) 施餓鬼会が民間信仰と結びつく思想史的背景については、西義雄「仏教における餓鬼と其の救済──特にその源流を尋ねて」（那須政隆博士米寿記念『佛教思想論集』大正大学真言学智山研究室（成田山新勝寺刊）、一九八四年）を参照。
(6) 『御触書天保集成』下（岩波書店、一九四一年）四二〇二号。
(7) 天明八年の京都火災は、明暦三年、明和九年とともに、「三明回禄」（『三明回禄記事』、国立公文書館内閣文庫所蔵写本、一六六－四〇三号）と呼ばれたものである。
(8) 回向院の略史については、文政十一年「本所寺社書上」一（『江戸浄土宗寺院寺誌史料集成』大東出版社、一九七九年、五三〇～五三八頁）、「浄土宗寺院由緒書」下（『増上寺史料集』第七巻、大本山増上寺、一九八〇年、一三九五頁）などを参照。
(9) 『江戸町触集成』（塙書房、一九九四年～刊行中）第一巻、三三二一号。
(10) 戸田茂睡『紫の一本』下（『戸田茂睡全集』国書刊行会、一九一五年）二六七頁。
(11) 『寛明炎餘類記』五（国立公文書館内閣文庫所蔵写本、一六六－五〇〇号）二十三丁ゥ～二十八丁ォ所引。なお同書のうち、『本所回向院記』の部分のみは楷書体で筆写され、他の草書体部分から際立っている。これはおそらく、原史料の忠実な謄写によるものと考えられるから、本史料を利用する際の一つの参考となろう。
(12) 永代橋取払新大橋御修復取調候書留（『東京市史稿』橋梁篇第一、五六四～五六五頁）。

(13)『年録』廿七（国立公文書館内閣文庫所蔵、一六三―二〇五号）明暦三年正月廿一日条。なおこの記事は、「廿一日水紀」として欄外に小字で書き込まれた、いわゆる「紀伊記」書入であり、「御実紀調所」の黒印のある『明暦日記』（国立公文書館内閣文庫所蔵写本、一六三―二〇六号）には見えない。

(14)『むさしあぶミ』（国立公文書館内閣文庫所蔵〈万治四年版本〉、一六六―四二一号）下、二十一丁ォ。

(15)これについては第3節を参照。

(16)『むさしあぶミ』〈万治四年版本〉下、十六丁ゥ～十七丁ォ。

(17)『元延実録』（国立公文書館内閣文庫所蔵写本、一五〇―一〇一号）八、明暦三年正月廿三日条（十二丁ォ～十三丁ゥ）。

(18)『看聞日記』（東京大学史料編纂所架蔵影印本）応永廿九年九月六日条。本書第I章1節参照。

(19)『元延実録』八、明暦三年二月七日条（十五丁ォ）。

(20)回向院の山号については、『元禄江戸図鑑綱目』府内佛閣名所幷山号院号（国立公文書館内閣文庫所蔵〈元禄二年版本〉、一七四―二二号）に「国豊山無縁寺廻向院」、『宝永五年江戸案内巡見図鑑』（国立公文書館内閣文庫所蔵版本、一七四―一二三号）に「国豊山無縁寺」と見えることから、すでに十七世紀末から十八世紀初頭の段階で国豊山が一般に用いられていたことがわかる。

(21)なお前掲註（8）「本所寺社書上」によれば、回向院東南の隅に番非人小屋があり、すでに寛文年間には浅草車善七手下の非人が住居していたとされる。

(22)『江戸町触集成』第二巻、二三九二号。

(23)なお前掲註（8）「本所寺社書上」によれば、小塚原拝領持地の項に、

右、万治年中渡辺大隅守（綱貞）様・村越長門守（吉勝）様より、牢死幷町々行倒等之屍、回向院境内に可ㇾ埋旨、仰付有ㇾ之、然ルに年々地狭に相成難渋仕候ニ付、寛文七未年小塚原御仕置場持地ニ拝領仕、右死骸等埋来候、

とある。これによれば回向院は、早くも万治年間には行倒等の死骸埋葬にあたっていたことが明らかとなるが、ただここでは町奉行所の命によるものであった。町々の側から死骸埋葬の要望が生まれ、認められたのは、本文所引貞享二年の町触が初出であ

る。

(24)『安政二卯年十月地震一件』（『東京市史稿』変災篇第一、三六八〜三六九頁）。

(25)『安政二卯年十月地震一件』（『東京市史稿』変災篇第一、三七〇〜三七一頁）。

(26)『假名草紙集成』第四巻（東京堂出版、一九八三年）。

(27) なお鉄眼については、赤松晋明『鐵眼禅師』（弘文堂書房、一九四二年）、『鐵眼』（雄山閣、一九四三年）に代表されるように、「大東亜共栄圏建設の途上にある我々」の範として教材化され、「文化報国の一端」として顕彰された経緯があったこともまた看過しえない。中野敏男「ボランティア動員型市民社会論の陥穽」（『現代思想』二七―五号、一九九九年）が指摘する、自発性という名の戦時動員の論理には、充分に警戒する必要があろう。

(28)『近世文芸叢書』第三（国書刊行会、一九一〇年）。

(29) 市古貞次校注『新訂方丈記』（岩波文庫、一九八九年）付録の大福光寺本影印による。

(30) 源了圓『日本の禅語録』第十七巻、鉄眼（講談社、一九七九年）三六七〜三七四頁。

(31) 赤松晋明校訂『鐵眼禅師仮字法語附遺文』（岩波文庫、一九四一年）四七〜五〇頁。

(32)『国書総目録』『古典籍総目録』参照。

(33) 前掲註(26)書、四四五頁参照。

(34) 東京大学史料編纂所所蔵版本。本書第Ⅰ章2節参照。

(35) 吉田伸之「近世都市と諸闘争」（『近世巨大都市の社会構造』東京大学出版会、一九九一年、初出一九八一年）。

(36) 享保十八年正月二十五日の「御救米」が「俵」単位で割り付けられていること（『江戸町触集成』第四巻、六二七〇号）を参照。

(37)「御施行」・武士方施行・町方施行の三類型については、後掲註(48)史料参照。

(38)（寛保二年）八月廿五日町奉行与力三好助右衛門・安藤源助連署覚書写（『出水一件』所引、本所・深川筋江御施行配り船覇武左衛門ゟ差出し候船数之覚、『東京市史稿』救済篇第一、八三二〜八三四頁）。

(39)（寛保二年）八月廿三日町奉行石河政朝・島正祥連署書付写・同廿四日同書付写（『享保撰要類集』、国立国会図書館所蔵〈旧幕府引継書〉、十八上ノ下、三十六丁オ～三十九丁オ）。

(40) 橋小屋については後掲註（47）史料参照。

(41)（寛保二年）八月十二日町奉行石河政朝・島正祥連署書付写（『享保撰要類集』十八上ノ上、六十五丁オ～六十七丁ウ）。また後掲註（48）史料も参照。

(42) この両者が分担関係にあって重複していないことは、八月二十八日の褒賞（『江戸町触集成』第五巻、六六三一号、一二四～一二六頁）から明らかである。

(43) 寛保二年本所深川飢人御施行焚出シ御入用帳（『享保撰要類集』十八上ノ下、六十五丁オ～九十三丁オ）。なお、ここに掲げた表1の原型は、一九八八年六月十日、東京大学文学部国史学演習において、北浦泰子・東島誠の連名で行なった報告「寛保の大洪水と施行」に遡り、その最初のアイディアは北浦氏のものである。記してお礼申し上げたい。

(44)『江戸町触集成』第五巻、六六三一号、一〇九頁。

(45) 本書第Ⅰ章1節(2)項参照。

(46)『江戸洪水記』（国立公文書館内閣文庫所蔵〈徳川昭武蔵書〉謄写本、一六六－四六五号）十五丁ウに見える同年七月十九日の施行の記事に、

右両町の茶屋共先例にて焚出し場被二仰付一、勘三郎芝居ニ大釜をすへ、茶屋十八軒の役にて白米請取焚出し仕候、

とされるごとく、これら両町による焚出しは「先例」となっていたことがわかる。

(47)『江戸町触集成』第五巻、六六三一号、一〇四～一〇五頁によると、次のような小屋が設営されている。

8月9日	3間×4間	御役人衆詰所	新大橋、西之方橋詰辻番所前	白子屋勘七請負
9日	2間×15間	御助人のうち参所なき者指置	新大橋、御役人衆詰所前明地	白子屋勘七請負
10日	9尺×5間	名主共罷有	新大橋、橋際明地西之方、武士屋敷裏門前通	白子屋勘七請負
10日	2間×8間	飢人指置／御施行焚出所	両国橋、明地	白子屋勘七請負
11日	5間×3間	焚出所	新大橋、橋際明地真中	白子屋勘七請負

(48)『江戸町触集成』第五巻、六六三一号、一〇五頁。
(49)《ヴォランタリー・アソシエーション》の概念については、本書序章第3節を参照。
(50)『享保撰要類集』十八上ノ下、十八丁ォ〜三十五丁ォ。
(51) なお、前掲註(42)史料に明らかなように、この名簿に見える施行者たちは今次の褒賞の対象とはなっていない。従って、これら施行者の動機を幕府からの褒賞に求めることは、妥当ではないだろう。
(52)『寛保江戸洪水記』(国立公文書館内閣文庫所蔵〈安政五年写本〉、一六六－四二〔三号〕) 乾、四丁ウ、風説書八月十日条。
(53) 高間伝兵衛宅打毀し一件については、山田忠雄「近世都市民の闘争──享保期江戸打毀しを中心に」(林基監修・階級闘争史研究会編『階級闘争の歴史と理論』2、前近代社会における階級闘争、青木書店、一九八〇年) を参照。

第二部　王権表象としての結界

第Ⅲ章　都市王権と中世国家——畿外と自己像

はじめに

櫛木謙周[1]や保立道久[2]が提出している「都市王権」という概念は、実勢に即して見た時、王権の持つ機能的側面をよく言いあてているように思われる。ただ保立が、既往の研究に対し、荘園制に相応した王権の都市的性格を論ずる視角の不在を言うのは厳密ではない。この着想が、根源的には「都市と農村の交通形態」（傍点原文）を重視した戸田芳実の「王朝都市」論[3]のなかにすでに懐胎されていることは疑いなく、従ってここでは、「王朝都市」の《交通》構造に強く規定された王権のあり方を、「都市王権」と呼ぶことにしたい[4]。

さてここで、実勢に即して、という限定をはじめに付けた理由を述べておきたい。この間の歴史学においては、中世後期における天皇権威の浮上や天皇の〈汎用性〉が指摘されるなど、天皇の存続を可能ならしめた諸現象の解明が試みられている[5]。そしてこれらの議論が、現在の象徴天皇制の歴史性の解明を暗黙に前提していることは、言うまでもなかろう。かつて網野善彦の『無縁・公界・楽』[6]が歴史学を超えて脚光を浴びたのも、現在の天皇制を支えている不可視の領域を、中世史研究という形を借りながら暗喩したからであった。しかしながら本章では、この試みの重要性を認めつつも、研究そのものが〈汎用性〉を汎用して、つまりは問題構制そのものが一つの天皇制的言説を産出してしまうことを避けたいと思う[7]。

中世王権を「都市王権」と規定することの利点は、この規定の内包する都－鄙《交通》の構造が、王権統治の直接性から見た《結界》の同心／多重性、[8] つまりは国家、ないしは国家の幻像の照射に有効なことである。そして〈汎用性〉の言説とは裏腹に、王権統治の直接性は都城（都市京都）ないし畿内という限定性を持っており、それは古くは畿内（ウチツクニ）と四方国（ヨモノクニ）という王権統治の二元的編制にまで行き着くであろう。[9]〈畿外〉という問題は転形しながら中世社会にも伏流しており、この問題を基軸に据えたいと思う。

加えてもう一点、本章が基底に据えたい視角がある。この「都市王権」の構造に鎌倉幕府の草創と滅亡という二つの転機がどう絡んでくるのか、その検討を通じて中世国家論の新たな展開に寄与したい、という点である。鎌倉幕府草創期については別に若干の考察を行なったことがあるが、[10] ここでは「都市王権」論を軸に寿永二年十月宣旨から守護・地頭問題までを再構成し、さらに幕府成立とこの構造の聯関を、その滅亡期において再照射したいと思う。

1　中世王権と「四方国」思想

(1)　飢饉と王朝都市の特質

治承・養和・寿永と続いた京都の飢饉にあって、九条兼実の日記『玉葉』の寿永二年（一一八三）閏十月十八日条に、次のような記述が見える。

A此次件男云「四方皆塞、中国之上下併可二餓死一」、此事一切不レ可レ疑、於二西海一者、雖レ非二謀叛之地一、平氏在二四国一不レ令レ通之間、又同事□（也）、[11]

この「四方皆塞」という表現は、別の箇所にも用いられていて、[12] 当時の状況下で特別の意味を担っていたことは間違いない。他方これと対をなす「中国」とは、別に「大略、天下之体、□（参カ）国史歟、西平氏、東頼朝、中国已無二剣璽一」[13]

とあるように、ウチックニ、畿内、王権の所在を意味する。すなわち、四方（ヨモノクニ）が塞がり中国（ウチックニ）が飢えるという修辞が、平安末期の貴族社会にあってなお用いられているのである。そしてこの事態は、平氏の「謀叛」によって引き起こされた王権の危機（「無二剣璽一」）をも意味した。ではそもそも四方国とは何なのか。淵源は天皇の畿外統治にある。

食国天下の政とは、天つ日嗣高御座の業と対をなす形で聖武天皇の即位宣命に見え、古代天皇の地方統治のキー・ワードとして知られるが、この食国（オスクニ）、すなわちその土地の食物を供して天皇に食してもらう国こそが、畿外＝四方国であった。律令制の地方支配の展開によって、食国など地方豪族の服属儀礼を要さなくなって以降も、贄人から中世の供御人にいたるまで、食物貢進が王権と密接に関わっていたことはよく知られるところである(14)。右の史料は、降って平安末期、王権が〈都市化〉した段階における「食国」の痕跡として「四方国」思想が呼び起こされているのが興味深い。

さてこの「四方皆塞」という事態を、同時代人の鴨長明はもっと平明に表現している。次に引くのは、前年、養和二年（一一八二）の飢饉を描写した『方丈記』の有名なくだりである(15)。

京ノナラヒ、ナニワサニツケテモ、ミナ、モトハヰナカヲコソタノメルニ、タヘテノホルモノナケレハ、サノミヤハミサヲモツクリアヘン、

王朝都市の特質を簡潔に言い表したこの一節を、もう少し具体化してみよう。『吾妻鏡』養和二年四月十一日条には、鎮西に下った平貞能が肥後の菊池高直を兵粮米点定によって降伏させた記事を載せるが、『源平盛衰記』はこの貞能による「西海道運上ノ米穀」の点定に絡めて、

東国・北国・西海運上ノ土貢、悉京都ニ不レ通ケレハ、老少上下ヲ云ス、餓死スル者道路ニ充満セリ(16)、

と記している。さらに東国・北国に関しては、『養和二年記』正月二十五日条に、

従二去年養和元年辛丑冬比一北国謀反也（之）輩発起、寒（塞）レ路之間、京中貴賤上下定（之）二衣食一者也、云二東国一云二此（北）国一一切人
幷消息不レ通、大体四、、夷起、運上絶了、(17)

と見え、ここにも「四方皆塞」（史料A）と相似の表現を見ることができる。「四夷」の「謀反」＝「路ヲ塞グ」行為によって京中飢饉がもたらされた、とするこの史料を裏返せば、都市王権にとって「四方」統治＝七道支配権への反逆こそが死活問題となる。謀反と流通途絶こそは、中世国家と王権の問題を考える上で最大の問題と言えるだろう。寿永二年十月宣旨から守護・地頭問題にいたる鎌倉幕府の台頭は、この問題を基軸に考察していかなければならない。

そして、『延慶本平家物語』が「小魚ノタマリ水ニ集レルカ如ク」(18)とまで呼んだ、王権のこの都市的構造は、早くも九世紀にはその片鱗を見せ始める。

己酉、（中略）是日、春宮坊帯刀伴健岑、但馬権守従五位下橘朝臣逸勢等謀反事発覚、令三六衛府固二守宮門幷内裏一（中略）仰二左右京職一警二固街巷一、亦令レ固二山城国五道一（後略）
丙辰、（中略）是日遣三使賑二贍京中一、以下被レ問二警固一飢者衆上也、(19)

右は謀反にともなう警固というだけで飢饉が生じたケースである。米を自足しえない都市化した住人の存在がすでに指摘されている、この承和の変（八四二）に際しての賑給は、都城の王朝都市化の先駆をなす事例と言えるだろう。以後王権は、都市化した住人を都城に多数抱え込んでいくことによって、住人の食を満たす都市王権へのシフトを余儀なくされる。(20)かつて国家の仁政イデオロギーを担った賑給が十世紀以降京中賑給に限定化され、やがては形骸化していく一方で、保立の取り上げた沽価法をはじめとする市場・貨幣・財政統制が展開していくことになるのである。

(2) 寿永二年十月宣旨

食糧難に苦しむ荘園制下の王朝都市京都にあって、九条兼実が「四方皆塞」という特色ある表現を日記に記したのには、実はそれなりの前提があった。兼実が同じ「四方皆塞」という文言を最初に用いた史料を見てみよう。

B凡近日之天下、武士之外無㆓一日存命計略㆒、仍上下多逃㆓去片(マヽ)山田舎等㆒云々、四方皆塞、［四国、及山陽道安芸以西、鎮西等、平氏征討以前不㆑能㆓通達㆒、北陸・山陰両道、義仲押領、院分已下宰吏一切不㆑能㆓吏務㆒、東山・東海両道、頼朝上洛以前又不㆑能㆓進退㆒云々、］畿内近辺之人領、併被㆓苅取㆒了、段歩不㆑残、又京中・片(マヽ)山、及㆓神社仏寺㆒人屋在家悉□(以)追捕、其外適所㆑遂㆓不慮□前途之前途㆒之庄公之運上物、不㆑論㆓多少㆒不㆑嫌㆓貴賤㆒皆以奪取了、此難及㆓市辺㆒、昨今失㆓買売之便㆒云々、[21]

右の［　］内は原文細字双行を示し、「四方皆塞」の内容を具体的に註記したものである。そしてその註記以降、「昨今失㆓買売之便㆒」までを見れば、市場機能はストップし、まさしく「中国之上下併可㆓餓死㆒」（史料A）にいたる事態であった。とすれば、ここで注目されるのは、「四方」のうち「東山・東海両道」に触れた傍点部分であり、ここに、寿永二年(閏)十月宣旨の逸文、

C東海・東山諸国年貢、神社仏寺幷王臣家領庄園、如㆑元可㆑随㆓領家㆒之由、被㆑下㆓宣旨㆒、依㆓頼朝申行㆒也、[22]

が絡んでくるのである。そして兼実が再度「四方皆塞」という表現を引用した閏十月十八日条前後の『玉葉』には、十三日、二十日、二十二日条というように宣旨の逸文が密集している。「四方皆塞」認識と寿永二年（閏）十月宣旨との関連は明らかと言ってよく、宣旨は「於㆓西海㆒者、雖㆑非㆓謀叛之地㆒、平氏在㆓四国㆒不㆑令㆑通之間、又同事□(也)」（史料A）という、西国が塞がれた状況下での、京中飢饉の東国・北国への打開策と言うべきものであった。

ところで十月宣旨については最近、田中克行の紹介する九条家重書目録によって、当初、すなわち十月十四日段階においては北陸道を含むものであったことが確証され[23]、浅香年木の言う閏十月九日宣旨[24]においてこれが削除されたと

考えられるが、同時にこの目録から東国・北国の九条家領を保全する「御庄々諸国各別宣旨案」が「十五通」も確認されたことによって、九条家の利害と頼朝の宣旨申請の緊密な関係が浮かび上がることにもなった[25]。とすれば、ますます「四方皆塞」という表現は興味深く、十月宣旨の申請・発給に九条家領の保全という私的利害が絡む一方で、それを「四方皆塞」、つまりは京中飢饉（ウチックニの危機）という、普遍性のある問題にまで高める必要があったことを窺わせる。実際、「四方皆塞」という一種の成語は、飢饉下の王朝都市において共有された意識を表現するものであったと思われる。例えば次の後白河院庁牒に見える賀茂別雷社の場合などは、その好例と言える[26]。

D〔院〕庁牒　賀茂別雷社衙

　可丁早令丙停ヨ止官兵幷国中武士等狼藉一、安ヨ堵庄民一、運乙上供祭年貢物甲、社領遠江国比木庄事

右、得二彼社司等今月三日解状一偁、謹検二案内一、自二去年秋之比一、為三平家等打ヨ塞西海道一、云二御米一云二供菜一不レ令二運上一之間、擬レ及二御相折闕如一之処、社司等奔ヨ営東西一、借ヨ用借上物一、于レ今支二御料闕乏一、（中略）然者彼大将軍之許、停二件狼藉一、所レ残御米可レ令二運上一之由、欲レ被二仰下一者也、望ヨ請庁裁一、早可レ停ヨ止件乱入一之由、被レ下二庁御下文於彼御庄庄一、令下安ヨ堵土民等一、進中済御米上、令レ備ヨ進日供御料一者、将下仰二憲〔法之貴〕、弥欲〕ヒ奉レ祈二万〔歳之〕御算一矣〔者、任二申請旨一、官兵幷使者相〕共停ヨ止庄内之狼藉一、安ヨ堵土民一、宜レ令レ運ヨ上〔供祭雑物一之状〕、牒送如レ件、衙宜二察レ状、依レ件行ヒ之、勿二〔違失一、故牒、〕

　　寿永三年二月七日

　　〔署名略〕[27]

傍点部分に「自二去年秋之比二」とある通り、問題が生じたのは、ちょうど寿永二年十月宣旨の前提となる時期であることがわかる。そしてそこに「為三平家等打ヨ塞西海道一云二御米一云二供菜一不レ令二運上二」と見える事態は、右に見た兼実の「四方皆塞」のパラフレーズと言ってよく、ここからも、寿永二年十月宣旨が、平氏によって西海道の流

通を「打塞」がれた飢饉下で選択された、東国、そして北国への窮余の打開策だったことがわかる。事実、ここで保全が要請されている年貢米・供菜は遠江国比木庄、すなわち東海道のものであり、なおかつ右と同日付・同内容のもう一通の後白河院庁牒D′[28]が対象としているのは若狭国宮河庄・矢代浦、すなわち北陸道であった。それは決して偶然ではない。西国が塞がれた状況下でこそ、東国・北国社領の保全は意味を持ってくるのである。兼実が宣旨の前日「解状」を捧げて保守しようとした、東国・北国の九条家領の場合と全く同様であった。それにしても従来、十月宣旨の検討は政治的駆引のレヴェルで論じられ、頼朝への授権、鎌倉幕府が獲得したものが何であるか、に重きが置かれてきたが、王朝国家側から見た場合、宣旨発給はまさにこの「四方皆塞」状況に規定されたものであった、と言うことができよう。

(3) 謀反と流通問題――国家公権の転倒と検非違使

寿永二年(閏)十月宣旨が王朝都市京都の飢饉の打開を東国・北国に求めるものであり、頼朝の宣旨申請がこれを請け負うものであったとして、それは具体的にはどのように遂行可能だったのか。

E又聞、「頼朝使雖レ来二伊勢国一、非二謀叛《ママ》之儀一、先日宣旨云『東海・東山道等庄公、有二不服之輩一者、触二頼朝一可レ致二沙汰一』云々、仍為レ施二行其宣旨一、且為レ令レ仰二知国中一、所レ遣二使者一也」云々、[29]

右は閏十月宣旨後の二十二日、東海道の最前線である伊勢国の事情を伝聞したものである。ここでの「頼朝使」とは源義経であり、[30]閏十月宣旨の施行に当たっている。明けて寿永三年(一一八四)二月、前項に引いた史料DおよびD′でも、「官兵」＝遠江守護安田義定、鎌倉殿勧農使比企朝宗[31]らの遵行を統括する立場にあるのは「大将軍」、すなわち一の谷の勝将たる源義経(ないし範頼)であった。義経はこれよりのち、頼朝と決裂した文治元年(一一八五)十一月にも、すでに得た頼朝追討宣旨に加えて、さきのCに対応する権限、

C′抑、山陽・西海等庄公共、為二義経之沙汰一調庸租税年貢雑物等、慥可二沙汰進上一之由、欲レ被二仰下一、(32)

を主張し、持てる軍事力を背景とした自身の流通統制能力を売り込んでいるが、実際、武力による強制力行使こそは、謀反を鎮圧し、王朝都市への流通を保障するために欠かせないものであった。そして当時にあって、こうした能力にかけて義経の右に出る者はなかったと言える。

ところで、この謀反と市場・流通統制に関し、さしあたり朝廷が恒常的(33)に保有していた武力装置が検非違使である。石母田正が注目した平氏政権下の治承五年（一一八一）二月七日宣旨(34)には、飢饉対策・兵粮米確保策として、①「京中在家」の計注＝有徳役賦課(35)とともに、②交通要路（渡）の掌握が見え、後者に関しても、

遣二官使検非違使於美乃国一、点二渡船等一、可レ渡二官軍一(36)

のごとき検非違使の軍事行動を見ることができる。この時、検非違使は、右の美濃国に加えて伊勢国にも派遣されたと見られ(37)、京中はもとより、東山・東海道の前線にまで出張して京都への流通を確保しようとするものであった。

この検非違使という武力装置の、非違を検じ、オフィシャルな規範を維持するという、国家的性格が前面に顕れるのが、「官」に没する収公機能、すなわち没官刑の執行である。そして、早くも貞観十六年（八七四）十二月二十六日官符や翌年撰進の検非違使式に明らかな通り、「私」的な貨幣鋳造である私鋳銭の罪は、謀反・大逆と同等の扱いを受けて、検非違使による没官刑執行の対象となっていた(38)。「私」の対極にあるところの「官」というオフィシャルを転倒するものとして、貨幣＝市場流通の問題は国家反逆罪と同じ問題系に位置づけられていたのである。同時代の治承三年（一一七九）にあっても、私鋳銭は「皇憲」に背くものとして「八虐」に相当させられていた(39)。とりわけ飢饉時には穀価の調整が急務であり、同年の沽価法においても、厳制を守らぬ「高賈之輩」を検非違使が取り締まっている(40)。ただ日本にあっては、中国と違って飢饉時の穀価高騰を銭貨量の増大によって緩和することはできず、市における沽価統制の一方で食糧搬入の阻害因子の統制が重視された。右に見た交通要路への検非違使の派遣は、こうした事情によるの

であり、京都への交通要路を「塞グ」行為こそは、流通途絶の因であるとともに、それはそのまま国家への反逆と見做された。例えば史料Eの冒頭にわざわざ「頼朝使雖レ来二伊勢国一、非二謀叛（マヽ）之儀一」と断っているのも、伊勢国内の反・義仲勢力が頼朝使に事寄せて「切二塞鈴鹿山一」という挙に出ていたからで、これと峻別するためであったが、北陸・東山・東海道から畿内へ通じる「三関」の一つであった鈴鹿関の遮断行為には、国家への反逆が含意されていたのである。[41] 史料A、「四方皆塞」認識にあっても、「於二西海一者、雖レ非二謀叛之地一、平氏在二四国一不レ令レ通之間、又同事□（也）」として、流通途絶の問題に「謀叛」がリンクされる所以である。

さて、以上を踏まえるならば、朝廷がやがて義経を検非違使に補任した、という事実は極めて興味深い。謀反＝流通途絶への対処に、強大な武力を要したのは言うまでもない。一方で武家が、勢力伸張のためにこの検非違使補任を求めるのも当然であった。平氏による検非違使庁掌握についてはつとに知られるところである。[42] そしてこの、義経の検非違使補任と、十月宣旨以来の伊勢国問題との聯関が見えてくれば、その後頼朝が対朝廷交渉において、なぜあそこまで伊勢国問題に固執しなければならなかったのかも、自ずと明らかとなるであろう。それは、東海道最前線の伊勢国における謀反＝流通途絶こそが、都市王権の死命を制するものだったからである。寿永二年十月宣旨以降、この伊勢国問題を決定的としたのが、元暦元年（一一八四）七月の次の事件であった。

伊勢国信兼和泉守已下、切二塞鈴鹿山一、同謀叛（マヽ）了云々、[43]

そこで以下、頼朝の国家公権をめぐる闘争を、この伊勢国問題を軸に考えていくことにしよう。

2　義経排除の構想――伊勢国問題と国家

(1)「腰越状」の虚像

世に「腰越状」と称されるものがある。『吾妻鏡』元暦二年（一一八五）五月二十四日条に引かれ、『義経記』をはじめ、後世さまざまに脚色された義経伝説の源となる、この大江広元宛の義経書状については、頼朝から鎌倉入りを拒否された義経悲劇のプロローグとして、世上あまりにも名高い。なかでも、

剰義経補ニ任五位尉一之条、当家〔之面目、希代之〕重職何事如レ之哉、(44)

という一節は、頼朝不興の原因として、義経が勝手に検非違使補任を受けたことを言う上での、格好の論拠となっている。

ただ、右の〔　〕部分は江戸時代の版本による加筆であって、古写本には見えない。加えて当文書自体の信憑性にも疑問があるが、いまこれが偽文書であるかどうかを問う必要はないだろう。仮に偽文書でなかったとしても、そこから通説のような理解を引き出すことはできない。なぜなら、前年八月の検非違使補任は、頼朝の不興であるどころか、むしろ頼朝の筋書き通りであって、義経は検非違使補任を契機に、頼朝からより大きな権限を与えられているからである。(45) 反証としてここでは、義経が元暦元年（一一八四）十一月に、

F左衛門尉朝綱・刑部丞成綱以下宛ニ賜所領於西国一之輩多レ之、仍存ニ其旨一、面々可レ被ニ沙汰付一之由、武衛今日被レ遣ニ御書於源廷尉之許一云々、(46)

として、御家人に西国所領を沙汰し付ける権限を付与されている一事を挙げておきたい。

それでは、「腰越状」の翌月（元暦二年六月）、一挙に断行された〈義経排除〉の核心はどこにあったのであろうか。

以前に提出した「義経沙汰」没官領なる概念を、ここで再考しよう。

(2)「義経沙汰」没官領

最初に、頼朝による「謀叛人所帯跡地頭」補任の画期として注目され、また最も確実な頼朝文書として古文書学の教科書にも引かれる(47)、大変有名な史料を引こう。

G　　（花押）

　下　伊勢国波出御厨
　　補任　地頭職事
　　（異筆）「左兵衛尉惟宗忠久」
右件所者、故出羽守平信兼党類領也、而信兼依レ発二謀反一、令二追討一畢、仍任二先例一、為レ令レ勤二仕公役一、所レ補二地頭職一也、早為二彼職一可レ致二沙汰一之状如レ件、以下、
　　　元暦二年六月十五日

右の史料に関する既往の研究史の弱点は、前年七月の伊勢・伊賀謀反の首謀者の一人、平信兼の党類領に対し、なにゆえ一年も経過したこの段階で地頭職が設置されるのかについて、明確に説明できないところにあった(48)。ところが元暦元年九月、謀反鎮圧後の頼朝書状には、「平家没官領内京家地事」の処分について、それを「院御定」によるべしとした上で、

H於二信兼領一者、義経沙汰也(49)、

と見える。つまりこのHから、右のGに見える伊勢国内の信兼領についても、「義経沙汰」として義経の処分権に属していたとする解釈が成り立つ。そうするとGの二日前、『吾妻鏡』元暦二年（一一八五）六月十三日条の記事に、

Ｉ十三日甲子、所レ被レ分二充于廷尉一之平家没官領二十四ケ所、悉以被レ改レ之、

と見えることとも整合してくるのである。廷尉、すなわち検非違使義経の沙汰となっていた平家没官領が改替され、そのうちの波出御厨（史料Ｇ）などに地頭職が置かれた、というわけである。詳細は省くが、「義経沙汰」没官領とは、謀反の追討に当たった義経が没収し、これを預かって警衛し、さらに給与する権限までを有した所領であった。[50] そしてこの「義経沙汰」没官領が停廃されたのが、元暦二年六月であった。この停廃は徹底的なもので、伊勢・伊賀・京中の没官領にとどまらず、十三日に先立つ六月八日にはすでに、

大夫判官沙汰にてしらせ給所知とも、いまハしらせ給まし、これより人にたひ候はんするに、（後略）[51]

と見えるように、「大夫判官沙汰」（義経沙汰）として給与権が義経にあった摂津国多田行綱領が、頼朝によって改替され、大内惟義に給与されていた。この事例を踏まえると、さきにも指摘した前年十一月段階での西国所領の沙汰付権（史料Ｆ）が、伊勢・伊賀謀反の関係所領を超える極めて広範な権限の付与であったことが、改めて見えてくる。[52] すなわち頼朝は、いったんそれらを義経に与えた上で、これを一挙に解消したのである。

(3) 検非違使と惣追捕使の間

義経が検非違使に補任されたのは、実は、伊勢・伊賀謀反の戦後処理が始まったばかりの八月六日であった。[53] そして十日夜には平信兼および子息三名の解官宣旨がおり、[54]「新廷尉」義経は子息三名を「宿所」に「召寄」せ、「自害」と見せかけて「切殺」し、十二日には信兼の最終的な追捕のため伊勢国に発向しているのである。[55] 義経の検非違使補任は、頼朝の不興の種であるどころか頼朝の構想通りであって、[56]「義経沙汰」による没官の正当化に必要な手続きであったと言えるだろう。かくて検非違使補任を、もはや義経伝説のように解釈する必要はないとするならば、この義経の検非違使補任が、頼朝権力の国家化のプロセスにおいていかなる意味を持ったか、が問題となる。

そこでこの問題への手始めとして、再度史料G、頼朝袖判下文を見てみたい。平信兼は「発二謀反一」したことによって追討されたのであるが、これはあくまで「謀反」であって「謀叛」とは書かれていない。養老名例律6八虐条の本註に明らかな通り、「謀反《むへん》」とは「謂、謀レ危二国家一」であり、「謀叛《むほん》」とは「謂、謀二背レ圀従レ偽」であって、本来区別せらるべきものであった。(57) 日本における「謀反」「謀叛」の混同と後者の主流化という問題は、日本における国家概念とその変動の指標となりうるが、右の文書においてなお「謀反」と明記されていることは偶然とは思われない。なぜなら「没官」とは、(「謀叛」ではなく)「謀反・大逆」という最重大犯罪に対し、主刑(斬)に付加する形でその者の社会的・物的痕跡のすべてを根絶する刑罰であったからである。(58)「義経沙汰」による「没官」は、伊勢・伊賀の乱を紛れもなく「謀反」と認識することに支えられていたのであり、この認識は、(正文は残らないが)文治元年(一一八五)十二月六日付の著名な頼朝言上状、(59) そして同二年六月二十一日付頼朝奏状(60)においても貫かれているのである。こうして最も確実な頼朝文書において伊勢・伊賀の乱が「謀反」と記されているということは、義経の「没官」が頼朝権力下の鎌倉武士による恣意ではなく、あくまで後白河を加刑主体とする朝廷による「没官」であることを表明するものであった。従って既往の研究者が用いてきた「謀叛人所帯跡地頭」なる概念は、ひとまず「謀反人所帯跡地頭」と訂正を要するし、(61)「謀叛《(ママ)》人所帯跡」を強いて「平家没官領」から峻別することで、これを武士の戦争慣行である敵方所領没収と見る川合康の実態論(62)についても、改めて国家論に接続していく視角が求められるのである。すなわち、義経を検非違使に補任させて「没官」行為を正当化しつつ、そこで培養された謀反人所帯跡の警衛—給与のシステムを、頼朝権力下に一挙に置換する試みこそが、「義経沙汰」没官領の停廃だったのである。義経のスケープゴート化は、頼朝権力が国家反逆罪を吸収して自己を国家化していく上で、不可避的に通らざるを得なかったプロセスであった。

さて、右の理解を得たところで次に考えなければならないのは、義経の権限が公武に二重化しているという問題である。元暦二年(一一八五)六月十三日前後の「義経沙汰」没官領停廃(史料I)の経緯は、『百練抄』では、

J六月十二日、源二位状云「謀反之輩所知所帯、改二替他人一可二計置一」云々、十九日、同状到来云「諸国摠(惣)追捕使事、

平家追討未断之間、暫雖レ成二置其職一、於レ今者可レ令二停止一之間(由)、所レ令二下知一也」云々、

とされており、このJとIの比較から、剝奪された義経の権限には、頼朝権力下では「諸国惣追捕使」の呼称が与えられていたと見ることができる[63]。義経は、検非違使として朝廷に包摂される一方で、惣追捕使としての相貌をも有していたのである。この二重性は重要である。なぜなら、右に停廃された惣追捕使こそは、やがて常置される守護の前身であり、周知の通り御成敗式目に「右大将家御時所レ被二定置一」として、「謀叛人」追捕—「罪科跡」の「没収」刑執行が守護職権として見えるからである。実態としては戦争慣行であるこの職権を正当づける源泉は、もともと惣追捕使義経の、検非違使としての〈「謀反人」追捕—「没官」刑執行〉権にこそ求められるのである。従って文治元年（一一八五）十一月の義経「謀反」ののち、これを「追捕」する職が再び「惣追捕使」と呼称され、再生産されたことは、鎌倉幕府が〈義経という二重性〉を克服し、「謀叛人」追捕を守護職権としてわが物とし確立させる上での、大きなステップであったと言えよう。

3　国家反逆罪[64]の転回

(1)「謀反」と「謀叛」の間

すでに述べたように、「謀反」と「謀叛」が混同され、概ね後者が一般的に用いられていく流れは、日本における国家概念とその変動、という問題に密接に関わっている。従ってここではまず、これらの原理上の相違点を明らかにしておくことが必要であろう。

改めて引用すれば、「謀反」とは「謂、謀レ危二国家一」であり、「謀叛」とは「謂、謀二背レ圀従一レ偽」である。すな

わち前者は国家に対する反逆であり、後者は国家からの反逆であった。ただしここで注意を要するのは前者「謀反」条の疏議部分である。唐律が「指二斥尊号一」することを憚って「謂、謀レ危二社稷一」としたのに対し、日本律では天皇への反逆を「国家」への反逆と等置してしまったのである。この日本律に「大逆罪 Hochverrat と叛国罪 Landesverrat という観念的区別の東洋的原型」を見出したのは丸山眞男であるが[65]、しかしこれをもって君主への反逆と国家への反逆とが区別されていたとするのは、早計に過ぎるのではないだろうか。そもそも丸山の「忠誠と反逆」が、何よりも忠誠・反逆の「対象の転移」（＝謀叛）を問題にして、対象そのものの転覆（＝謀反）を問題にしえないのはなぜか。丸山において反逆類型の差異が捨象されてしまうのは、律の疏議どおりに「国家」を天皇の換喩と解することどまり、〈天皇＝国家〉が等号で結ばれてしまったことの重大さが軽んじられてしまったからではないか。そして実を言えば、この〈天皇＝国家〉の論理こそが、のちに本書の第Ⅴ章で論じるように、大日本帝国憲法制定過程において極めて重い意味を帯びることにもなるのである。〈天皇＝国家〉、すなわち王を共同体の人格化と見る日本律の論理は、丸山の想定とは逆に、むしろ十八世紀以前のヨーロッパ――ローマ法やゲルマン法の反逆カテゴリーに通じるものなのである。

それでは、丸山が捨象してしまった反逆類型の差異とは、本来いかなるものであったのだろうか。「謀反」と「謀叛」の原理的に決定的な差異とは、前者が単一国家の〈内部〉で生じる反逆であり、後者が複数国家の〈間〉で生じる反逆である、という点に求められよう。『左伝』の用例を分析した小倉芳彦によれば、「叛」とは「貳」と同義に用いられる語であり、甲から離れることを「叛レ甲」と言い、乙にくっつくことを「叛二於乙一」と言う[66]。つまり「叛」とは、いかにも春秋時代に相応しく、本来、国家の〈複数性〉を前提にした表現であった。そしてそれは、そのまま律の「謀叛」条へと受け継がれているのである。従って、こうも言えるであろう。「謀叛」が問題化するということ自体、国家の同一性や単独性が脅かされていることを意味するのだ、と。

さて、以上の原理的な相違点を確認したところで、課題はより鮮明なものとなった。日本において「謀反」「謀叛」が混同されるという、その一般的趨勢のなかで、源頼朝が敢えて厳密に「謀反」概念を用いたことは、決して看過されるべきではないということ。そして伊勢国事件の「没官」と連動する形で採られたこの「謀反」概念の厳密な使用が、どの段階まで続けられ、いかにして放棄されるのか。これは約言すれば、鎌倉幕府を朝廷とは別なるもう一つの国家と見做しうるのかどうか、単一国家か複数国家か、という国制史上の最重要課題へと繋がっているのである。以下このことを検討していきたい。

(2) 鎌倉幕府における「謀叛」の成立

ここで取り上げられるのは源頼朝文書である。が、周知の通り、頼朝文書の確実な正文と言えるものは極めて少なく、分析には困難が予想される。例えば、基本史料と言うべき『吾妻鏡』所収文書に限ってみても、北条本と吉川本とでしばしば用字が違っている。ただ、さきにも触れた文治元年（一一八五）十二月六日付の著名な頼朝言上状において、『玉葉』の記述と一致するのが吉川本であることから、ここでは吉川本に拠ることにし、まずは一覧してみよう。[67]なお文書自体の信憑性や原文書の用字への忠実性が危ぶまれる史料群の用例には、×印および▒による抹消を加え、分析の対象からは外すこととする。

表1を一見してまず、次のことに気づく。

(a)「謀反」も「謀叛」も寿永二年十月宣旨以前、すなわち朝廷による頼朝公認以前には見られないこと。

(b)全体として、「謀反」の用例が多いこと。

(c)特に史料④から⑪までの時期は、「謀反」で占められていること。

さしあたり(a)からは、「謀反」であれ「謀叛」であれ、朝廷に対するそれであり、頼朝権力への反逆をそう呼称した

表1　源頼朝文書における「謀反」と「謀叛」

No.	年　月　日	文　書　名	謀反／叛人名	表記	出　典
①	寿永2(1183)・11・13	請文案	源義仲	謀叛	九条家文書201
②	寿永3(1184)・2	言上状写	東国・北国	謀叛	吉川本『吾妻鏡』2月25日条
③	寿永3(1184)・3・1	下文写	平家	謀叛	吉川本『吾妻鏡』
	同上	同上	源義仲	謀反	同上
④	寿永3(1184)・4・23	御教書写	志太義広	謀反	吉川本『吾妻鏡』
⑤	元暦1(1184)・8・13	袖判下文写	常陸国奥郡輩	謀叛	塙文書・『楓軒文書纂』37
⑥	元暦2(1185)・6・15	袖判下文	平信兼	謀反	島津家文書＝波出御厨
⑦	元暦2(1185)・6・15	袖判下文	平信兼	謀反	島津家文書＝須可御庄
⑧	文治元(1185)・12・6	言上状写	(平信兼ら)	謀反	『玉葉』12月27日条
	同上	同上礼紙状写	源行家・義経	謀反	同上
	同上	同上添付折紙状写	源行家・義経	謀反	同上
×	文治2(1186)・2・欠	伝・下知状案	(平家)	謀叛	醍醐寺文書4函
⑨	文治2(1186)・5・5	袖判下文案	源義経・行家	謀反	崎山文書
⑩	文治2(1186)・5・6	書状案	源義経・行家	謀反	崎山文書
⑪	文治2(1186)・6・20	下文写	(平信兼ら)	謀反	吉川本『吾妻鏡』文治3年同月同日条
⑫	文治2(1186)・6・21	奏状写	(平信兼＝既成事実)	謀反	吉川本『吾妻鏡』
	同上	同上	(一般化文言)	謀叛	同上
⑬	文治2(1186)・6・29	下文写	平家資	謀叛	吉川本『吾妻鏡』
⑭	文治2(1186)・閏7・2	書状写	平家	謀反	吉川本『吾妻鏡』
⑮	文治2(1186)・8・5	書状写	豊西郡司弘元	謀反	吉川本『吾妻鏡』
⑯	文治2(1186)・8・9	下文写	平家・平家方人重実	謀反	『諫早家系事蹟集』1
⑰	文治2(1186)・8・11	袖判寄進状写	源義経	謀叛	『手鑑(摸写)』
⑱	文治2(1186)・11・24	請文写	平氏	謀叛	吉川本『吾妻鏡』
⑲	建久元(1190)・11・2	御教書写	山田重隆・高田重家	謀反	吉川本『吾妻鏡』
⑳	建久2(1191)・5・3	言上状写	源義仲	謀反	吉川本『吾妻鏡』
㉑	建久3(1192)・6・3	前右大臣家政所下文写	平知盛	謀反	『正閏史料外編』1
㉒	建久3(1192)・9・12	将軍家政所下文写	志太義広	謀叛	吉川本『吾妻鏡』
㉓	建久3(1192)・9・18	将軍家政所下文案	鎮西住人	謀叛	八幡宮関係文書22，宇佐八幡宮古文書
×	建久3(1192)・10・22	伝・御教書案	平家	謀反	島津家文書，御文書廿五通，一之巻

わけではない、という点が明らかとなる。従って治承四年（一一八〇）の挙兵以降、寿永二年（一一八三）十月宣旨以前の頼朝権力を国家と呼ぶことには大いに躊躇されるし、宣旨以降についても、(b)を踏まえるならば、「謀叛」概念が誤用されて一般的に用いられるようになる――などという常識は、こと頼朝文書にあっては妥当するとは言えないようである。ここではやはり、(c)の時期が際立っていることに注意すべきであろう。特に、確実な正文である史料⑥⑦が「謀反」となっていることは、ほとんど決定的に重いはずである。

そこで史料④～⑪を具体的に見ていただきたい。これらは実は、前節で見た元暦元年七月以来の伊勢国問題で占められているのである。常陸国の志太義広の乱（史料④⑤）でさえも、伊勢国事件と無関係ではなく、実際義広はこの年の五月四日、伊勢国羽取山の合戦で滅ぼされているのである。[68] 従って改めて確認すれば、頼朝は、〈平信兼－源義経〉問題を、周到にも、そして一つの例外もなく「謀反」の概念で表現していたわけである。

こうして前節で述べた伊勢国問題――「義経沙汰」没官領の設定と停廃――の持つ意義が、動かしようもなく明らかとなったところで、次に考えたいのは、史料④～⑪というこの〈謀反時代〉の前後を、どのように位置づけうるかという点である。史料③の考察は、そのまま「謀反」概念導入の画期を解明することになろうし、史料⑫の考察は、「謀反」概念を放棄することの国制史的意義の解明に繋がっていよう。

史料③が注目されるのは、この時初めて「謀反」概念が用いられたという点である。もちろんここで平家を「謀叛」と言い、義仲を「謀反」と言ったのは、いわば一文書中での文飾であって、これらを書き分けることによって、何らかの政治的効果を狙ったわけではあるまい。[69] しかしここで重要なのは、頼朝がここで初めて「謀叛」とは区別される「謀反」の存在を知ったという、まさにそのことである。史料③が出されたのは寿永三年（一一八四）三月であり、実はちょうどこの時期から、大江（中原）広元が鎌倉に下って源頼朝の執筆（書記）を務めることになるのである。[70] つまりは広元の参画を契機として、以後「謀反《むへん》」が「謀叛《むほん》」から分節《アーティキュレイト》され、用いられるようになったと考えられよう。

これに対して史料⑫も大江広元の執筆によるものであるが、ここでの「謀反」と「謀叛」の書き分けは、（もはや史料③の段階とは違って、）より周到に行なわれているようである。そこではまず、

於二伊勢国一者、住人挾二梟悪之心一、已発二謀反一了、

として、伊勢国事件をここでも「謀反」と確認した上で、「義経沙汰」没官領の設定と、その停廃による「其替之地頭」の補任以下のことについて述べる。そして文書の後段、伊勢国「謀反」という既成事実から、一般論へと敷衍する部分において、まさに「謀叛」の語が用いられているのである。[71] 次に引くのがその部分である。

凡不レ限二伊勢国一、謀叛人居住国々、凶徒之所帯跡にハ所下令レ補二地頭一候上也、

すでに別の機会に詳しく分析したように、史料⑫の該当部分は、『吾妻鏡』文治元年十一月十二日条の、いわゆる〈文治勅許の大江広元建策〉と、文言や論理構成が酷似しており、実はそこでも伊勢国での既成事実――「義経沙汰」没官領の被給者であった河越重頼所領の没収と新地頭大井実春への給与――を根拠として、義経「謀反」後における新地頭の正当化＝奏請へと、論理展開されていたのである。[72] ただ史料⑫がこの〈大江広元建策〉と決定的に異なるのは、「謀反人」所帯跡地頭の権限について、院宣による荘園領主権保護の前に、大きく譲歩せざるを得なくなった、ということであった。従ってその限りでは、頼朝権力は後退したとも言える。だが大江広元の画策はもっと狡智に長けていた。この、一見偶然に等しい「謀叛人」用例の登場以降、それまで例外なく死守してきた「謀反人」所帯跡地頭の概念への拘泥が、事実上放棄されてしまうのである。

このことが最も端的に表れるのが史料⑱であった。すなわち⑱は、文治二年十月八日太政官符・同九日後白河法皇院宣に対する頼朝の請文なのであるが、朝廷側が「平氏追伐跡」の地頭を「謀反人跡」と呼ぶのに対し、頼朝側ではこれを、「現在謀叛人跡之外者」と承けてしまうのである。[73] つまり「謀反人跡」を「謀叛人跡」に読み替えることは、むしろ積極的なずらしとして行なわれているのだと言えよう。

これはいわば、確信犯的な〈概念転換〉である。そしてこの〈概念転換〉を実質的に準備したものこそ、史料⑪に見える「光員注文」、すなわち頼朝権力独自の没官領注文であった。この⑪は、史料⑫の前日の日付を持つことからして文治二年（一一八六）のものであり、『吾妻鏡』編纂上の錯簡により翌年に誤入されたものであった(74)。この加藤太光員注文こそは、「義経沙汰」没官領を停廃し地頭職を補任していく具体的作業であり、⑫という院側との交渉過程において院に譲歩し、伊勢国事件で用いた「謀反人」概念を放棄しつつ、実質的には〈義経排除〉の完成＝頼朝による「謀叛人」地頭職補任の確立、を果たしたものと言える。伊勢国事件の「謀反人」所帯跡であったはずの平家資跡が、まさに「謀叛人家資知行之所」と言い換えられた史料⑬は、その最初の実例と言うべきであった。つまるところこれは、天皇・院への「謀反」（史料⑭⑲）と区別される頼朝への「謀叛」を新たに創出したと言うに等しく、すでに頼朝以前から見られた〈混同〉という事態とは本質的に異なったものである、と言うべきであろう。やがて鎌倉幕府が「謀反」ではなく「謀叛」を御成敗式目の法理に組込みこれを一般化していく根拠は、ここにこそあったのである。そしてこの「謀叛」＝「従ㇾ偽」という〈離反〉概念がもともと他者認識、すなわち律の疏議に言う「本朝」―「蕃国」という国家の〈複数性〉を内包した表現であったことを想起するなら、これは鎌倉幕府が朝廷とは別なる国家公権を標榜したことを意味しよう。この〈反逆〉概念から〈離反〉概念への転回こそが、のちに「聖主之謀叛」なる逆転表現(75)をすら可能にしたのである。

(3) 謀叛／没収と「時議」――鎌倉幕府の国家公権

鎌倉幕府が「謀反」＝朝廷の論理に依拠しつつそれを揚棄し、「謀叛」という形で新たな国家反逆罪の編制を試みた――文治二年（一一八六）六月におけるその転回こそが、鎌倉幕府国家化の転換点と言うべきであった。以後鎌倉幕府の歴史のなかで、御成敗式目はもとより追加法のいずれにあっても、「謀反」ではなく一貫して「謀叛」の語が用いられていることと[76]は興味深い。そして、鎌倉幕府における脱「謀反」のいま一つの指標として、「没官《もっかん》」に代替する「没収《もっしゅ》」の語がある。式目第四条の「没収」に関し斎藤唯浄は、

官、公也、公家限、武家没官アルヘカラス、没収可レ宜歟[77]、

として、幕府を「公家」に対する非「公」的権力と説明するが、他方、第四条自体は「私令ニ没収ニ」むることを戒めるものであり、幕府にあって「没収」とは、非「私」的に行なわるべきものであった。つまりは幕府が朝廷に対し建て前として「官」であり「公」であることを譲歩し、これを侵犯しない一方で、朝廷とは異なる非「私」的な規範をここに示すものであった。かつて平信兼を「謀反」人と見、その所帯跡を「平家『没官』領」範疇に言い包めざるを得なかった段階からすれば、この謀叛／没収こそは、鎌倉幕府の新たなオフィシャルの基底をなすと見るべきであろう。

他方、このような置換、すり替えが、いとも簡単に可能であった背景には、この「官（ヤケ）」ないし「公（オホヤケ）」に、天皇の家産機構と直結した独特の性格のあったことを指摘しておかなければならない。古尾谷知浩が、

このこと（平治の乱における源義朝没官領の処分……引用者）は後に源頼朝が行った平家没官領の処分につながるものと考えられるが、（中略）ただ、武家政権が朝廷から奪った権限の所在が、平安時代の朝廷のいわゆる官方の支配原理には抵触せず、かつて天皇の家産機構のなかで処理・集積され、保元・平治の乱以後、後白河院の下に集約されてきたところの没官領処分権にあったことを最後に指摘しておきたい。[78]

と的確に展望したように、没官物は太政官の官僚制機構とは独立の、家産制的官司に集積され処分されるのであり、実際その処分先は天皇近親者への賜与、御願寺等の寺院への施入、道橋修造[79]・賑給費などであった。そして鎌倉幕府が御成敗式目第九条で、

一、謀叛人事

右、式目之趣兼日難レ定歟、且任二先例一、且依二時議一、可レ被レ行レ之、

として、「謀叛人」の処置をアド・ホックな判断に委ね、そこに「時ギ」＝時の権力者の随意を措定したところに、あるいは天皇の人格的支配の〈影〉を見ることができるのかもしれない。これは他方で、中世後期、禅林の「公ギ」が《江湖之義》＝パブリックの可能態を内包しながら、「公儀」という首長人格に実体化してオフィシャルを構制していく事態（＝《オホヤケ構造》）とも、パラレルな方向を指し示していると言うべきであろう。(80) (81)

4　建武政権と国家

(1)　後醍醐天皇と「四方国」思想

『太平記』(82)の巻一は、序につづき「後醍醐天皇御治世事付武家繁昌事」で始まるが、公武の盛衰を記すこの章では、とかく「四海」という領域概念が強調されている。まず冒頭からして、後醍醐天皇の代は、北条高時の弊により、

此時上乖二君之徳一、下失二臣之礼一、従レ之四海大ニ乱テ、一日モ未レ安、

という時代として描かれる。頼朝以来のその濫觴を尋ぬるに、北条義時が、

執二天下権柄一、勢漸欲レ覆二四海一、

と勢をふるっており、承久の乱を経、元寇に際しては、

四海ノ外モ、均ク其権勢ニ服セズト云者ハ無リケリ、

として、北条氏の権勢は国外にも及んだとされる。後醍醐はまさにこうした状況下で、

四海風ヲ望デ悦ビ、万民徳ニ帰シテ楽ム、

という、待望の「聖主」「明君」として登場させられるのである。この著しく名分論的なコンテクストにおいて設定さ

れる「四海」概念は、つづく「関所停止事」において「四境七道」の問題へとパラフレーズされている。「四境」がウチックニ、「七道」がヨモノクニに相当することは言うまでもない。

α夫四境七道ノ関所ハ、国ノ大禁ヲ知シメ、時ノ非常ヲ誡ンガ為也、然ニ今壟断ノ利ニ依テ、商売往来ノ弊、年貢運送ノ煩アリトテ、大津・葛葉ノ外ハ、悉ク所々ノ新関ヲ止ラル、

β又、元亨元年ノ夏、大旱地ヲ枯テ、田服ノ外百里ノ間、空ク赤土ノミ有テ青苗無シ、餓莩野ニ満テ飢人地ニ倒ル、此年銭三百ヲ以テ粟一斗ヲ買、君遙ニ天下ノ飢饉ヲ聞召テ、「朕不徳アラバ、天予一人ヲ罪スベシ、黎民何ノ咎有テカ此災ニ逢ル」ト、自帝徳ノ天ニ背ケル事ヲ歎キ思召テ、朝餉ノ供御ヲ止ラレテ、飢人窮民ノ施行ニ引レケルコソ難レ有ケレ、是モ猶万民ノ飢ヲ助クベキニ非ズトテ、検非違使ノ別当ニ仰テ、当時富祐(裕)ノ輩ガ利倍ノ為ニ畜(蓄)積ル米穀ヲ点検シテ、二条町ニ仮屋ヲ建ラレ、検使自断テ直ヲ定テ売セラル、サレバ商買共ニ利ヲ得テ、人皆九年ノ畜有ガ如シ、（後略）

まず右のβ段は、基本的に元徳二年（一三三〇）の飢饉について記すものであり、これに元亨元年（一三二一）の大旱が挿入的に合成されてできたものである。[83] 元徳二年の飢饉については次の『東寺執行日記』所引文書に明らかで、これをもとに以下検討を加えよう。

①五月二十二日[84]記録所下文写
②六月九日後醍醐天皇綸旨写
③六月九日宣旨写
④六月十一日条（地の文）

いずれも飢饉対策に関するものであり、①〜③は沽酒法による米価統制、④は①〜③に効果がないのを承けての、二条町東西市での「責売」である。これらは内閣文庫所蔵写本（和学講談所本）では、①〜④の順に、二十丁オモテ〜

二十二丁オモテに写されるが、どうも据りが悪い。①は五月二十六日条の続きとしては明らかに浮いており、おそらく記主が④の地の文を記すに際して、関連文書を一括列挙して十一日条に前置し、日付を割り振ったもの、と見るべきであろう。この①〜③の一括性に注意すると、③の遵行を命じた②の上所・宛所は、

謹上　別当殿 私云、四条宰相隆資

となっており、しかもこの参議四条隆資が、万里小路藤房に替って検非違使別当となったのは、実に①と同じ五月二十二日であった。(85) つまり、今次の飢饉対策の展開と隆資の使別当補任はリンクすると見てよく、後醍醐はいわば、飢饉収拾の梃子入れ策として検非違使別当を新命したのである。だがこの検非違使庁の流通統制能力には限界があり、かわって打ち出された施策④では、「勅裁」による「法」の限界において、二条町の仮屋設営に「公方ノ沙汰」(ここでは六波羅探題)の助力を必要としていた。それだけに、この④を承けた六月十五日に、後醍醐が『太平記』α段に対応する関銭停止を打ち出したことは、この「公方ノ沙汰」を相対化する施策として注目されてよい。

⑤六月十五日後醍醐天皇綸旨案

(端裏書)「綸旨の(案)、依二飢饉一被レ止二諸関升米一由事元徳二壬(ママ)六十五」

近日民間有二飢饉之聞一、仍為レ被レ休二衆庶之愁一、至二于来八月一、所レ被レ止二諸関升米幷兵庫嶋目銭一也、可二存知一之旨、可レ被二下知一之由、

天気所レ候也、仍執達如レ件、

六月十五日　　　左中弁光顕

表書 進上　東大寺別当僧正御房

奥書 東大寺大勧進上人御房 不審云々

追言上、

被レ申二関東一雖レ可レ有二左右一穀価騰躍、民愁已急々間、依レ可レ経二日数一先所レ被レ仰也、可レ被レ存二其旨一由、同所下被二仰下一候上也、重謹言、[86]

この①～④と⑤の連関を踏まえれば、『太平記』がαとβを一連のコンテクストに収めて叙述したのは、偶然ではなかったと言えよう。元徳二年（一三三〇）における後醍醐の新関停止とは、第1節の史料B、「四方皆塞」認識下に選択された寿永二年十月宣旨と、本質的には同根の施策であった。ただ一点注意すべきは、史料Bでは「頼朝上洛以前又不レ能二進退一云々」という状況であったが、右の綸旨においては、その追而書に、鎌倉幕府へ申し入れをしない理由として飢饉の「急々」を挙げていることである。これは、過日の仮屋施行のように幕府側の力を借りることなく、急迫する「民愁」に独自に対処しようとする新たな都市王権の自立、後醍醐のマニフェストと言うべき施策であった。

なお、このような追而書が付された背景には、史料⑤に先立つ元徳二年四月に、東大寺が右の「兵庫関沙汰」について関東に下向させる使者の差定にあたり、通常「衆議」で決めるべきところ、今回に限っては「公方御沙汰」すなわち幕府の意向を気にしていた[87]、という事情があった。この東大寺の例に見るように、当時、交通路支配権は幕府に帰属すると認識されていたのであり、それだけに史料⑤は、かつての寿永二年十月宣旨の論理を反転するものであった、とさえ言えるだろう。

「四海」―「四境」という《結界》の同心／多重性から書き起こす『太平記』は、後醍醐王権における〈ヨモノクニ―ウチツクニ〉思想の再編を捉えており、やがてその巻十二において、神泉苑という《結界》の核が必要とされること[88]を暗示している。領域観において国家の幻像が示されたのである。

(2) 後醍醐天皇と国家公権

では「没官」という、国家のオフィシャルな規範においてはどうか。俗に「元弘没収地」と呼ばれる北条氏旧領は、

元弘三年（一三三三）七月二十五日および二十六日の官宣旨において、

除二高時法師党類以下朝敵与同〔輩〕一外、[89]

として、安堵の埒外とされていた。この「党類」という呼称は、ただちに第2節史料Gの「信兼党類領」という、「謀反」人所帯跡を想起させるが、ここではいまだ「没官」の語は用いられていない。「没官」の語が明確に用いられるのは、建武元年（一三三四）四月以前の立法とされる『建武記』所引建武二年「条々」[90]であり、その第五条は「没官地」の範囲を、

高時法師一族以下朝敵之輩知行之地、悉没官之上者、不レ可レ依二与奪之遠近一可レ為二没官之内一、

と規定する。ここに「没官」というオフィシャルな規範の再浮上を見ることができよう。

そしてこの「没官地」の「収公」のあり方を見るに、ここでもやはり太政官機構に編入されることはなく、かつての平家没官領が頼朝に与えられたのにも似て、天皇人格のレヴェルで容易に所有権の移転、再配分が可能であった。北畠顕家が死に及んで後醍醐に諫言した、著名な延元三年（一三三八）五月十五日奏状[91]の第四条に、

凡以二元弘以来没官地頭職一者、被レ閣二他用一配二分有功之士一、（中略）朝礼不レ廃、勲功不レ空者歟、

と見えるように、没官地は「地頭職」補任という形で、文字通り「配分」されていったのである。さらに同奏状の第二条においては、この地頭職は「没官領新補地頭」と呼称されており、ここから、いわゆる〈承久兵乱時没収地―新補地頭〉を逆手に取った、積極的な概念が創出されていたことをも知りうるであろう。後醍醐による「没官」の再創出は、承久の乱における幕府の「没収」に対し、明らかに自らのオフィシャルを対置するものであったと言ってよい。

実際、この「没官」の再創出と時期を同じくする建武元年（一三三四）三月に、後醍醐は「改銭」の詔を発して「銅楮」（乾坤通宝と紙幣）による「交易」を企図している[92]。すでに第1節(3)項において、「没官」の対象となる犯罪には、謀反・大逆のほかに「私鋳銭」のあったことを述べたが、この貨幣こそは国家のオフィシャルの媒体であり、『太平記』

巻十二に従えば、後醍醐はこの「改銭」を通じて大内裏造営＝王権の再構築を目指したのである。[93]
　だが、このオフィシャルとしての「没官」の再創出には、大きな限界があった。かつて源頼朝が〈義経排除〉によってわが物とした、この「地頭職」というシステムの踏襲なくして「没官」を執行・運用することは、事実上不可能だったのである。そして、さきの「条々」第五条において、幕府＝北条氏があくまで「朝敵」であって「謀反人」とは呼ばれない点に、「没官」概念の不完全さが付き纏う。この「朝敵」なる他者認識は、「没官地代官職」が安堵されるべきかどうかについて規定する「条々」第四条の場合でも全く同様であり、ここに、第3節に見た国家反逆罪の〈転回〉が後世に落とすことになった、長い影を見ざるを得ないのである。「謀反」概念に見られる国家の絶対性は、国家の〈複数性〉の表現である「謀叛」概念を経由することで、いまや「敵」という、相対的関係に置き換えられてしまったのである。
　では、この没官領新補地頭職は、実際にはどのような「配分」に帰したのであろうか。幕府滅亡の元弘三年（一三三三）においては、次のような徴証がある。[94]

①五月二十九日後醍醐天皇綸旨案　　壬生家文書若狭国当庄事
②七月十九日後醍醐天皇綸旨　　由良文書
③十一月三十日後醍醐天皇綸旨　　備後浄土寺文書
④（六月十二日以降）足利尊氏・直義所領目録　　比志島文書

元弘三年六月十五日宣旨[95]による個別安堵法で綸旨が多発されたにもかかわらず、没官「跡」地に対する地頭職補任状の遺例は、実はそれほど多くはない。だが④は、尊氏三十カ所、直義十五カ所の没官「跡」地を書き上げる大部なもので、注目に価しよう。すでに桑山浩然は④を検討して、足利氏との関係を確認できるのは僅かに七例のみであるとし、室町幕府直轄領、幕府料所への連続性を疑問視しているが、[96]これに従うならば、その地頭職は再び配分に付されたと見てよい。没官領の下方分散とこれを一時的に繋留する足利氏の位置は、あたかも鎌倉幕府草創期の頼朝や義経の位置を連想させる。だが尊氏にあっては、もはや「没官」―「謀反」というような、国制概念の根幹をめぐる闘争を展開することはなかった。[97]南北朝の内乱を通じて、国家の単一性を表象する「謀反」概念は、すでに再結晶しえないまでに崩落し尽したと言ってよいであろう。

(3) 複数国家、あるいは〈内なる華夷秩序〉

本章を閉じるにあたって、中世後期への展望を簡単につけておきたい。『太平記』がその巻末に足利義詮・基氏兄弟の死を置いていることは周知のとおりだが、そこにおいて

二翼両輪ノ如クニ華夷ノ鎮撫ト成給シカバ、

と評されるごとく、京都―鎌倉(関東)が、〈華―夷〉として秩序づけられているのは興味深い。たしかに京都は〈華〉＝畿内であって、〈夷〉＝畿外の支配を幻想として抱き続けるのであるが、他方でこの〈華―夷〉こそは、明らかに国家の複数性をも表現しているのである。『太平記』の表現に準えれば、中世国家の範型は、基本的に「四海」のうちに立ち現れる〈内なる華夷秩序〉としてあったと言えよう。

そして教科書的表現に従うならば、この二つの国家は〈室町幕府〉＋朝廷と〈鎌倉府〉ということになるのであろう。ただ残念ながら、この〈鎌倉府〉なる呼称は、国家を指し示す表現としては甚だ曖昧なものと言わざるを得ない。むしろ、〈幕府〉の下位に位置づけるための便宜として〈鎌倉府〉と呼ばれているのが実情ではあるまいか。しかしながら同時代の史料として例えば義堂周信を繙くならば、この〈鎌倉府〉なるものが実は「関東幕府」と呼称されていた、[98]ということは明白である。〈鎌倉府〉なるものの曖昧さは、発給文書の問題に、より端的に表れており、従来の古文書学の教科書で〈鎌倉府〉文書を正当に取り上げたものは皆無に等しい。[99]その結果、例えば関東公方が発給した直状に

ついても、将軍の御判御教書と様式的には選ぶところがないにもかかわらず、しばしば「関東公方御教書」[100]のような奉書めいた呼称が与えられて、曖昧に済まされている。だが『喜連川判鑑』[101]に明らかなように、関東公方の花押もまた「御判」と呼ばれているのであり、「御判始」の存在をも確認しうるのである。「関東公方御判御教書」[102]と言って何ら問題はあるまい。

さて従来、このような東国の独立性に着目し、東国と西国の差異を強調したのが網野善彦であるが[103]、最後に東西両幕府の〈国境〉を明確に示す一事例を紹介して、結びに代えたい。それは、駿河国佐野郷（現・静岡県裾野市）の遵行をめぐる両幕府の「管領」権の問題として立ち現れる。

佐野郷の属した駿河郡は、三方を伊豆・相模・甲斐に囲まれた駿河国の東端に位置した。そのため南北朝期には、早くも建武年間において分郡守護の置かれた形跡があり[104]、また永享の乱（一四三八）前夜には、今川家内訌による軍事情勢上、半国守護が追置されるなど[105]、常に駿河府中からマージナルな存在であった。この傾向はすでに鎌倉時代においても見られ、宗尊親王の将軍下向時の接待役が、なぜか駿河郡域だけは駿河守護の担当とならず、現地の地頭ばかりか隣国守護までがこれを負担していた[106]。こうして駿河国から強い独立性を有した佐野郷にあっては、「沙汰付」のような紛争解決のあり方、つまりは「管領」権の帰属先も変則的なものとなっており、南北朝期には関東分国でもないのに関東管領奉書によって遵行されていたのであった[107]。ここで駿河守護への施行が見られないのは、関東管領が自ら同地の分郡守護を兼ねていたからであり、一方で「駿河ハ京都御管領之間」[108]とまで言われた〝原則〟をここに想起するなら、関東の「管領」権に属する佐野郷は、駿河国にあって駿河国でない地域、とも言うべきであった。が、十五世紀に入ると、ようやくにして守護今川氏の「遵行」権がこの地にも及ぶようになり[109]、紛争解決を「管領」する主体として室町幕府の力が要請されるようになる[110]。ここに佐野郷は、名実ともに駿河国に包摂されたと言えるだろう。これに伴い、佐野郷に勢力を有する在地領主についても、関東公方奉公衆であった大高氏や大森氏に替って、やがて室町幕府将軍奉公衆の葛山氏がその地位を確立していくことになるのである。[111] 駿河郡こそは、東海道において東西両幕府の対峙する〈国境〉地帯であった。[112] そして上杉禅秀の乱や永享の乱を契機とするその後の東国の激動を通じて、列島の分断、戦国大名の登場は、もはや時間の問題となったのである。

おわりに

本章は、国家公権の源泉としてのオフィシャルな規範に係わる二つの事象、すなわち流通問題と国家反逆罪を軸に考察したものである。ここで敢えて原理的問題にこだわったのも、国家について論ずる場合には、畢竟、国家の自己認識の構造こそが問われなければならない、と考えるからである。

ヨモノクニに出現した鎌倉幕府が、ひとまず「謀反」に依拠してウチックニの自己像（都市王権）を補完しつつも（第1～2節）、そこから異他なる自己を析出させるに当たってはこれに譲歩し、結果として「謀叛」という別の論理によってしか国家反逆罪を構築しえなかった（第3節）ことは、一面で頼朝の限界と言えるかもしれない。鎌倉幕府の国家化のプロセスにおいて、「謀反」という問題を担わせてきた義経を一挙にスケープゴート化して、ついに「謀反」そのものには手を付けなかったことによって、天皇を国制上温存することにもなったからである。だが一方、ここで〈離反〉概念としての「謀叛」を基軸に据えたことによって、国家の〈複数性〉が記述可能となり、それはひいては幕府への「違背」[113] という独特の法理をも可能にしたと言える。そしてここに選択された国家反逆罪の〈転回〉こそは、予想以上にその後の国制を規定することにもなったのである。後醍醐によるオフィシャルの再構築にあっては、もはや「謀反」という国家の絶対性は実現しえず、あくまで相対的な表現、相対的な関係性にとどまらざるを得なかった。そして中世後期において、この中世国家の〈複数性〉という事態は、「四海」のうちに立ち現れる〈内なる華夷秩序〉として自己完結してしまう。このはじめから〈複数〉であることの安定性[114]こそが、天皇存続の国制上の温床となったのである。もしもこの中世国家の範型を突き崩し、王権の構造に変動を与えうるとすれば、それはこの〈内なる秩序〉が異朝との交通によって侵犯されようとする瞬間であり、中世後期には義満や秀吉がこの越境に挑戦した。とすれば、近世においてこの「四海」が、鎖国という《結界》によって制度化されてしまうことの意味は、今後の課題として改めて問い直されなければならないであろう。

註

(1) 櫛木謙周「平安京の生活の転換」(『新版［古代の日本］』⑥、近畿Ⅱ、角川書店、一九九一年)。

(2) 保立道久「中世前期の新制と沽価法——都市王権の法、市場・貨幣・財政」(『歴史学研究』六八七号、一九九六年)。なおこの問題に関わる保立の論考として「律令制支配と都鄙交通」(『歴史学研究』四六八号、一九七九年)、「町の中世的展開と支配」(高橋康夫・吉田伸之編『日本都市史入門』Ⅱ、町、東京大学出版会、一九九〇年)などがあり、さらに『平安王朝』(岩波新書、一九九六年)でも展開されている。

(3) 戸田芳実『初期中世社会史の研究』東京大学出版会、一九九一年。なお関連論文の初出は概ね一九七〇年代半ばであるが、戸田における「都市と農村の交通様式」の問題は、早く「中世文化形成の前提」(『日本領主制成立史の研究』岩波書店、一九六七年、初出一九六二年)にまで遡る。

(4) 本章では、畿内‐畿外の分割を前提としつつ、《交通》を(双方向ではなく)もっぱら中心に聚める作用をもって、王権の都市的構造と捉えている。

(5) 研究史の傾向については、さしあたり新田一郎「日本中世の国制と天皇」(『思想』八二九号、一九九三年)、「中世後期の秩序構造の特質——『公界』の国制史的位置づけをめぐって」(『日本史研究』三八〇号、一九九四年)を参照。

(6) 網野善彦『無縁・公界・楽——日本中世の自由と平和』(平凡社、初出一九七八年、増補版一九八七年)。

(7) 酒井直樹「歴史という語りの政治的機能——天皇制と近代」(『死産される日本語・日本人——「日本」の歴史‐地政的配置』新曜社、一九九六年、初出一九九二年)。

(8) 《結界》概念については、垂水稔『結界の構造——一つの歴史民俗学的領域論』(名著出版、一九九〇年)、本書第Ⅳ章などを参照。

(9) 大津透『律令国家支配構造の研究』(岩波書店、一九九三年)。同「古代天皇制論」(『岩波講座日本通史』第4巻、古代3、岩波書店、一九九四年)。なお「四方国」を扱ったものとしては、他に前田晴人『日本古代の道と衢』(吉川弘文館、一九九六年)もある。

(10) 東島誠「『義経沙汰』没官領について——鎌倉幕府荘郷地頭職の制度的確立に関する一試論」(『遙かなる中世』一一号、一九九一年)。

(11) 以下『玉葉』を引用する際、寿永二年巻については〈九条家本(清書本)〉により、それ以外の年次については国書刊行会刊本を用いた。

(12)『玉葉』寿永二年九月三日条。詳細は本節第(2)項を参照。

(13)『玉葉』寿永二年八月十二日条。

(14) 網野善彦『日本中世の非農業民と天皇』(岩波書店、一九八四年)。

(15) 以下の叙述に関しては、東島誠「日本中世の都市型飢饉について——京都を素材として」(『比較都市史研究』一二‐一号、一九九三年)を基盤にしている。なお、『方丈記』の引用は〈大福光寺本〉の影印(岩波文庫、一九八九年)に拠った。

(16)『源平盛衰記』(国立公文書館内閣文庫所蔵版本〈慶長古活字本〉)二十八、天変。

(17) 国立公文書館内閣文庫所蔵写本〈和学講談所本〉。なお同史料については、宮内庁書陵部所蔵の〈柳原本〉の翻刻を含む山下克明「『養和二年記』について」(『平安時代の宗教文化と陰陽道』岩田書院、一九九六年)も参照。

(18)『延慶本平家物語』(汲古書院影印本)八(第四)、卌七「法皇五条内裏ヨリ出サセ給テ大(膳)大夫業忠カ宿所へ渡セ給事」に、東ハ近江国、西ハ摂津国マテ塞リテ、君ノミツキ物モ奉ラス、私ノ年貢モ所当モノホセス、京中ノ貴賤上下、小魚ノタマリ水ニ集レルカ如ク、ホシアケラレテ命モ生カタクソ見ヘケル、

と見える。なおこれは寿永二年の状況説明である。

(19)『続日本後紀』（新訂増補国史大系）承和九年七月己酉・丙辰条。

(20) 寺内浩「京進米と都城」（『史林』七二―六号、一九八九年）。前掲註（1）櫛木論文。なお前掲註（15）拙稿で飢饉の原因を「固関警固」と書いたが、謀反発覚は開関後であるため、単に「警固」と正しておく。

(21)『玉葉』寿永二年九月三日条。なお底本の「片山」に「ママ」と傍註したのは、佐藤進一『日本の中世国家』（岩波書店、一九八三年）七一頁のように「洛中辺土」、すなわち「片土」と見る解釈があり、近くは高橋慎一朗「洛中と六波羅」（『中世の都市と武士』吉川弘文館、一九九六年、初出一九九二年）が注目したように、「辺土」自体きわめて重要な歴史的概念だからである。しかし兼実は、一方で「片山里」（寿永三年正月廿八日条）という語彙を持ち合わせているので、ここは「片山」のままでよいと思われる。

(22)『百練抄』（東京大学史料編纂所架蔵写真帳〈神宮文庫本「百錬抄《ママ》」〉）寿永二年十月十四日条。

(23) 田中克行遺稿集編集委員会編『虹の記憶――田中克行遺稿集』（東京大学史料編纂所内同委員会、一九九七年）四六頁。なお氏の生前、この問題を議論する機会を得られなかったことは寔に残念である。

(24)『延慶本平家物語』所収寿永二年十一《ママ》月九日宣旨写。なお上横手雅敬「寿永二年十月宣旨」（『日本中世政治史研究』塙書房、一九七〇年、初出一九六七年）によって脚光を浴びたこの宣旨については、浅香年木「義仲軍団と北陸道の『兵僧連合』」（『治承・寿永の内乱論序説』法政大学出版局、一九八一年）において、これを閏十月九日宣旨の誤りと見る整合案が提出されており、これに従う。他方、これを日付どおり十一月のものとして扱おうとするものに、松島周一「寿永2年10月宣旨の周辺」（『愛知教育大学研究報告』四七輯〈人文・社会科学〉、一九九八年）があるが、浅香論文の整合案については言及されていない。

(25) 前註上横手論文がいちはやく紹介した、能登国若山庄を九条家に領掌させる寿永二年十月十九日官宣旨は、九条家重書目録に見える「十五通」のうちの一点であり、これに「右、得彼家今月十三日解状偁」と見える。つまり十三日に九条家の方か

ら解状が出され、その翌十四日に十月宣旨が下っているわけである。『玉葉』十四日条が宣旨そのものに関して沈黙を保ち、平氏の鎮西入り、放火という、西海道閉塞状況の原因だけを記していることは、その点でも興味深いと言える。

(26) 前掲註（15）拙稿。

(27) 賀茂別雷神社文書（東京大学史料編纂所架蔵影写本）・鳥居大路文書、乾（同写真帳）。二紙にわかれて伝存。なお欠損部は次註文書によって補い、〔　〕を付した。

(28) 反町茂雄氏所蔵文書、一（東京大学史料編纂所架蔵影写本）。

(29) 『玉葉』寿永二年閏十月廿二日条。

(30) 兼実はこの段階では義経を知らず、よってその名は記されていない。兼実の義経認知に関しては、『玉葉』寿永二年十一月二日条参照。

(31) 鎌倉殿勧農使の研究史も厚いが、最新のものとして松島周一「若狭における鎌倉殿勧農使――鎌倉幕府成立期の地域支配をめぐる一事例として」（『愛知教育大学研究報告』四六輯（人文・社会科学）、一九九七年）を挙げておく。

(32) 『玉葉』文治元年十一月二日条。この西国沙汰権C′を、寿永二年十月宣旨の東国沙汰権Cに比すべきものとする解釈は、すでに五味文彦「初期鎌倉幕府の二つの性格――守護・地頭関係史料を中心に」（『日本歴史』三四五号、一九七七年）が提出している。また最近この史料をめぐって義経九国地頭職補任の内実を探るものに、松島周一「源義経の九国地頭職について」（『日本文化論叢』四号、一九九六年）がある。

(33) ここで「恒常的」と表現した理由は、臨時的には追討使を挙げうるからで、この点では保延元年（一一三五）の飢饉が興味深い。この飢饉は、前年の霖雨による「往反不通」（『百練抄』長承三年五月条）に加えて、「海賊」による「上下船不通」（『中右記』保延元年四月八日条）、「海路済物併停滞」（『長秋記』同日条）＝流通途絶がもたらしたものであったが、関白直廬で海賊追討使（追罰使）のことが議された結果、検非違使源為義ではなく、西海に通じている備前守平忠盛が、敢えて選ばれているのである。

(34) 石母田正「鎌倉幕府一国地頭職の成立――鎌倉幕府成立史の一節」（石母田正・佐藤進一編『中世の法と国家』東京大学出版

会、一九六〇年)。

(35) この有徳役の歴史的意義に関しては、本書第Ⅰ章1節を参照。

(36)『玉葉』治承五年二月八日条。

(37) 治承五年二月廿日伊勢国留守所下文(書陵部所蔵壬生古文書、『平安遺文』三九五三号)。この文書は「二月七日宣旨」を請けたものであるから、前註史料を踏まえれば、ここで点定に当たった検非違使は中央から派遣されたそれと見てよい。ただし『平安遺文』三九五四・三九五六号文書に見える「検非違使」は、前掲註(34)石母田論文も指摘するとおり、神宮検非違使である。

(38) 義江彰夫「院政期の没官と過料」(土田直鎮先生還暦記念会編『奈良平安時代史論集』下巻、吉川弘文館、一九八四年)。

(39)『玉葉』治承三年七月廿七日条において兼実は、「渡二唐土一之銭」の売買を「八虐」に相当する「私鋳銭」と同じき所行だとしている。ところが、これにさきだつ「職事御教書」＝七月廿五日高倉天皇綸旨(『同』七月廿五日条所引)に見えるように、就レ中銭之直法、還背二皇憲一、雖レ宜二停止一、漢家・日域以レ之為レ祥、私鋳銭之外、交易之条、可レ被二寛宥一歟、として、「漢家」の銭による「交易」は許容されるべきではないか、との異見もあった。ただこの異見においても、「日域」の私鋳銭は堅く厳制すべきものであって、私鋳銭こそは「皇憲」という国家公権を転倒するもの(＝「没官」すべきもの)である、と認識されていたことがわかる。

(40)『大夫尉義経畏申記』(『群書類従』第七輯)所引、治承三年十月廿六日検非違使庁市廛結番廻文写。

(41) なお、兼実がこの風聞に敏感であったのは、同じく三関の一つ美濃国不破関について、これよりさき十月二十四日段階で、頼朝が「天下者　君之令レ乱給ニコソトテ攀縁」し、「即塞二其路一、美〔乃以東欲二〕虜掠二云々」という風説が届いていたからである(『玉葉』寿永二年十月廿四日条)。これを頼朝側が「ルーマーの形をかりて京都方面へ流した」恫喝とみる前掲註(21)佐藤著書の見解は、王朝国家の屈伏、公権委譲を強調する上での読み込みすぎの感もあるが、そこに公道管理権の問題を看取される点で重要である。

(42) さしあたり白川哲郎「平氏による検非違使庁掌握について」(『日本史研究』二九八号、一九八七年)を挙げておく。

(43)『玉葉』元暦元年七月八日条。
(44) 以下、『吾妻鏡』は吉川本（東京大学史料編纂所架蔵写真帳）を用いた。
(45) なお、のちの御成敗式目三九条にあっても、幕府は、検非違使の官を求める御家人に対しては「理運」があれば「挙状」の発行なしにこれを認める、という方針を取っていることを付言しておきたい。
(46)『吾妻鏡』元暦元年十一月十四日条。なお義経がこの権限を遂行した旨を頼朝に報告する請文のことが、同年十二月廿日条に見える。
(47) 佐藤進一『古文書学入門』（法政大学出版局、初出一九七一年）口絵。
(48) 大山喬平「没官領・謀叛人所帯跡地頭の成立——国家恩賞授与権との関連をめぐって」（『史林』五八—六号、一九七五年）第三節など。なお一九九四年に発表された上横手雅敬「封建制と主従制」（『岩波講座日本通史』第9巻、中世3、岩波書店）は、その八六〜八七頁において、一九九一年に発表した前掲註（10）拙稿と酷似した史料操作による史料GHIの整合的解釈を試みている。また同論文では、義経領（河内祥輔『頼朝の時代——一一八〇年代内乱史』平凡社、一九九〇年、二七〇〜二七三頁）か、義経が警衛・給与権を持つ「義経沙汰」没官領（拙稿）か、という最重要事項についての判断を欠いており、研究史に照らして遺憾である。
(49)『吾妻鏡』元暦元年九月九日条。なお北条本に拠った『新訂増補国史大系』ではこの文書を地の文に追込で掲出しているが、吉川本（写真帳）ではこの文書を、事書二行、本文三行というように改行して掲出している点で注目される。つまりこの吉川本に拠れば、当文書が『吾妻鏡』編纂段階ですでに日付を欠いていたことが明らかとなるのである。他方、この源頼朝書状については四月十一日付のものが「島津家文書」（『平安遺文』補四一六号）に伝わっているが、信兼謀反の以前では整合しない。黒川高明『源頼朝文書の研究　史料篇』（吉川弘文館、一九八八年）所掲の写真版七八号に明らかな通りこれは正文ではなく、四月十一日という日付は根拠を失う。おそらく『吾妻鏡』四月六日条の「平氏没官領注文」に仮託したものであり、「十一」は「六」の草書体を誤写したものと判断される。
(50) 以上の経緯の詳細は、前掲註（10）拙稿を参照されたい。

(51) 元暦二年六月八日源頼朝袖判御教書案（多田院文書〈彰考館本〉、東京大学史料編纂所架蔵謄写本）。

(52) かくも広範な権限付与である史料Fが、しかし一方で明らかに伊勢・伊賀謀反の鎮圧を踏まえたものである点については、Fに宇都宮朝綱の見えることがこれを裏づけている。伊勢・伊賀謀反における朝綱の動静については、前掲註（10）拙稿第二節を参照。

(53) 『山槐記』（増補史料大成）元暦元年八月六日条。『大夫尉義経畏申記』。

(54) 『百錬抄』元暦元年八月十日条。『山槐記』同日条。

(55) 『山槐記』元暦元年八月十二日条。

(56) なお、『吾妻鏡』元暦元年八月八日・九月十二日条によれば、八月八日鎌倉を発った範頼は、二十九日に京都で「追討使官符」を受け、九月一日に西海へ下向している。つまり範頼は、一の谷の戦に続いてこの年再度の追討使となっているわけである。一方の義経はと言えば、頼朝が義経の検非違使補任に不興で追討使任命を保留したのだ、と『吾妻鏡』の編者は推測する（八月十七日条）が、これは眉唾である。義経の実情は伊勢・伊賀謀反の乱後処理の最中で、九月九日には京中信兼領を「義経沙汰」として頼朝から預かっており（史料H）、西海に下向できる状況にない。そして九月十四日には妻となる河越重頼の息女を京都に迎えさせる（『吾妻鏡』同日条）など、頼朝は明らかに義経を京都に引留めておきたかったようだ。義経の在京は頼朝の必要性から説明しなければならず、範頼を西海道追討使に、義経は畿内近国で検非違使に、というのが当該期の頼朝の構想だったのである。

(57) ちなみに同時代の法書である『法曹至要抄』（『群書類従』第六輯）も、これらの条文には独自の按文（「案レ之」）を用意しておらず、律条どおりである。

(58) 前掲註（38）義江論文など。

(59) 『玉葉』文治元年十二月廿七日条所引。

(60) 『吾妻鏡』文治二年六月廿一日条所引。

(61) 前掲註（48）大山論文。むろん前掲註（10）拙稿も批判の対象となる。

(62)　川合康「鎌倉幕府荘郷地頭職の展開に関する一考察」(『日本史研究』二七二号、一九八五年)、「鎌倉幕府荘郷地頭制の成立とその歴史的性格」(『同』二八六号、一九八六年)などの諸論考。なお、両者を峻別する川合の方法には、前掲註(48)上横手論文による批判があり、概ね同意見である。ただし、上横手が史料Gを「朝廷に対する謀反ではなく、頼朝に対する謀反」と見る点には首肯けず、「謀反」という表記を看過すべきではない、と考える。

(63)　ここで停止された「諸国惣追捕使」が置かれていた「平家追討未断」の地域とは、松島周一「頼朝の『東国北国』と後白河の『東国』」(『日本文化論叢』三号、一九九五年)も指摘するように、寿永三年二月日源頼朝言上状(『吾妻鏡』同年二月廿五日条所引)第二条の「畿内近国」、およびそれ以西に対応すると見るべきであろう。

(64)　ここで、国家反逆罪を取り扱うことについて一言しておきたい。歴史学、就中「日本史」学において〈反逆〉の問題に一貫して取り組んでいる研究者に義江彰夫がいるが、義江は「史料——日本的反逆と正当化の論理」(小林康夫・船曳建夫編『知の技法』東京大学出版会、一九九四年)で、その問題意識が一九六八〜六九年の経験に根差すものであることを吐露している。一九九八年(=本章初出発表当時)の現在にあって〈反逆〉について論じることは、それがいかなる対象についてであれ、一九六八年という問題の省察ぬきにはなしえないであろう。本章は、右の問題に照らすなら、その内容の空疎さは覆うべくもない。いま、このことを欠点として銘記しながら、能うる範囲で一九六八年と筆者の研究に若干の架橋を行なっておきたい。

故クシシュトフ・キェシロフスキ監督の映画〈ふたりのヴェロニカ〉が発表されたのは一九九一年のことである。この作品には欧州版と米国版の二つの版があり、後者において、この映画の時代設定が開示されている。すなわちこの映画における現在とは一九九〇年であり、始まりは一九六八年であった。一九九〇年がハーバーマスの言う〈遅ればせの革命〉後に相当し、《公共圏》という問題がアクチュアリティを得て浮上した事態(東島誠「《公共性》問題の構図と《無縁》論」準備ペーパー、『日本史研究』三八六号、一九九四年)に対応していることは言うまでもない。だが、こうした革命の同時多発性は、すでに一九六八年に経験しているところであった。パリ五月革命とプラハの春の同時性である。そしてプラハにとどまらず、ヴァルシャヴァにあっても、六八年一月にアダム・ミツキェヴィチの詩劇『父祖の祭り *Dziady*』を反ソ的とする弾圧に対して、上演支援闘争が展開していた。キェシロフスキがフランスのヴェロニクとポーランドのヴェロニカを二重性として描き出したのは、この一九六八年という同時性を表現するためであった。一方、この映画における一九九〇年という現在には、前年一月十八日の「連帯」再合法化以降の激動があった。「連帯」をはじめとする《結社》形成の問題こそは、《公共圏》問題の核心に触れているのである。

(65) 丸山眞男『忠誠と反逆――転形期日本の精神史的位相』(筑摩書房、一九九二年)。初出論文は『近代日本思想史講座』6、自我と環境(筑摩書房、一九六〇年)所収であり、安保闘争の時代に「中間勢力」の自主性を問おうとしたものである。なお同論文には、再収にあたり随所に興味深い修正が施されている。

(66) 小倉芳彦『中国古代政治思想研究――『左伝』研究ノート』(青木書店、一九七〇年)。同『古代中国を読む』(岩波新書、一九七四年)。なお、この問題については、小川幸司氏から有益なご教示をいただいた。

(67) 頼朝関係文書の検索には、前掲註(49)所引黒川著書の恩恵を被った。また、表1の作成にあたり、九条家文書、塙文書、島津家文書、醍醐寺文書、八幡宮関係文書、『手鑑(摸写)』は東京大学史料編纂所架蔵写真帳、崎山文書は同影写本、『正閏史料外編』は同謄写本、『諫早家系事蹟集』は国立公文書館内閣文庫所蔵写本、『楓軒文書纂』は『内閣文庫影印叢刊』にて、それぞれ用字確認を行なった。

(68) 『吾妻鏡』元暦元年五月十五日条。

(69) ただし、頼朝文書における「謀反」と「謀叛」の書き分けは、あくまで文飾ではあるけれども、それは必ずしも無秩序ではない。義仲=「謀反」、平家=「謀叛」なる使い分けが、当時一般に共有されていたとは到底思えないが、(明経)博士中原広季の養子にして、のちには明法博士となる大江広元にしてみれば、平家を「従レ偽」、すなわち「謀叛」であると見做すことは、有りうべき感覚ではあるまいか。というのも前年七月、平宗盛が安徳天皇を奉じて神器とともに西走し、翌月に後鳥羽が践祚したことで、いわば安徳がウチツクニに対する偽王になったとも考えられるからである。第1節冒頭で見た「中国已無二剣璽一」という「□《(参カ)》国史」認識、天皇の不在という事態の中で後鳥羽の践祚が求められた経緯については、黒田紘一郎「日本中世の国家と天皇」(『中世都市京都の研究』校倉書房、一九九六年、初出一九七六年)が追究しているが、実際このの ち元暦二年(一一八五)三月までは、二人の天皇が併存することになるのである。平家「謀叛」というこの厳密さは、中原広元の執筆である、という点を考慮に入れれば、なかなかに興味深い。

(70)『玉葉』寿永三年三月廿三日条。なお、この記事が伝える、頼朝から院に奏した「条々」については、「摂政藤氏長者」推挙の案件を含んでいることより、事例②とは別の「条々」であると考えられよう。
(71) なお、この文書の終わり近くでは、「謀反」の用いられている部分がある。これは、「たとい謀反人の所帯として地頭を補せしむるの条、由緒有りといえども」という条件節であって、最初に出てきた伊勢国「謀反」という既成事実を想起させ、「たとえそのような場合であっても」、としたものである。
(72) 前掲註(10)拙稿一六～一八頁。
(73)『吾妻鏡』文治二年十一月廿四日条所引文書の文言。なおいわゆる北条本は、太政官符を「謀反」、後白河の院宣を「謀叛」としているので、全く使えない。たとえ「すべての吾妻鏡は寄せ集め本にすぎない」（益田宗「吾妻鏡の伝来について」、『論集中世の窓』吉川弘文館、一九七七年）にしても、現状では吉川本を基本に考えるのが、研究者として最低限のルールであろう。
(74) 前掲註(10)拙稿註(75)。なお、『吾妻鏡』の〈編纂物〉としての成り立ちについては、五味文彦『吾妻鏡の方法――事実と神話に見る中世』（吉川弘文館、一九九〇年）を参照。
(75) 正中の変（一三二四）における「君ノ御謀叛」（『太平記』巻一、資朝・俊基関東下向事付御告文事）が有名であり、確実な出典として『花園天皇日記』（東京大学史料編纂所架蔵写真帳〈伏見宮本「花園院宸記」〉）元亨四年十一月十四日条にも、「関東者戎夷也、天下管領不レ可レ然、▨▨▨率土之民、皆荷二皇恩一、▨不レ可レ称二聖主之謀叛一」と見える。他の例については古澤直人『鎌倉幕府と中世国家』（校倉書房、一九九一年）二七二頁などを参照。
(76)『中世法制史料集』第一巻、鎌倉幕府法（岩波書店、初出一九五五年）、式目第三・九・一一条、追加法第二・補(二)五・三一・三四・六二・二五五・二五六号など。
(77)『関東御式目』（『中世法制史料集』別巻、御成敗式目註釈書集要、岩波書店、初出一九七八年）第四条。なお『関東御式目』の作者が斎藤唯浄であることの確証は、三上喜孝「久原本『貞永式目』所引『唯浄裏書』考」（『遙かなる中世』一五号、一九九六年）を参照。
(78) 古尾谷知浩「国家反逆罪における没官物の処分について」（『日本歴史』五九〇号、一九九七年）。

(79)　なお、厳密な意味での「没官」物ではないが、「科人跡」や不法行為（人身売買）の制禁において生じた没収物を四条橋や五条橋の修理料足に施入することは、鎌倉幕府はもとより豊臣政権にいたっても見られた。本書第Ⅰ章註（33）（35）史料を参照。
(80)　佐藤進一「時宜㈠」（『ことばの文化史［中世1］』平凡社、一九八八年）。
(81)　本書第Ⅶ章参照。
(82)　『太平記』は日本古典文学大系に拠った。
(83)　異常気象による飢饉が元徳二年ではなく元亨元年であることは、新城常三「後醍醐天皇と関所」（『中世水運史の研究』塙書房、一九九四年、初出一九八八年）参照。だが、氏のようにβ段全体（ひいてはα段までも）を元亨元年の記事に帰する必要性は認められない。通説のように、基本的には元徳二年の状況を記すものと見るのが自然であろう。
(84)　ここでは書留文言の正確さから、朱書傍註の異本の日付の方を採った。
(85)　『公卿補任』（新訂増補国史大系）元徳二年条。
(86)　東大寺文書（未成巻文書、東京大学史料編纂所架蔵写真帳）三―一―二六。なお、この史料⑤に関し、すでに網野善彦「文永以後新関停止令について」（『年報中世史研究』九号、一九八四年）は、「一応の弁明を追而書に付しているとはいえ、交通路支配の奪回をはかる後醍醐の企図は明瞭といわなくてはならない」と的確な解釈を示している。
(87)　元徳二年四月廿三日東大寺衆議事書（東大寺文書（未成巻文書）一―一五―一一三）。
(88)　本書第Ⅳ章参照。
(89)　『鎌倉遺文』三三三九二～三三三九八号、三三四〇三～三三四一四号文書。
(90)　『建武記』（国立公文書館内閣文庫所蔵写本）。
(91)　醍醐寺文書（日本思想大系『中世政治社会思想』下、岩波書店、一九八一年、所収）。
(92)　『建武記』。
(93)　桜井英治「日本中世における貨幣と信用について」（『歴史学研究』七〇三号、一九九七年）には「日本の中世国家がなぜ銭を自鋳しなかったかという問題は、中世の天皇がなぜ里内裏に住みつづけたのかという問題とじつは同根であり」とする卓見が示されるが、このネガをポジに焼き直せば、後醍醐が貨幣自鋳を試みたという問題は、後醍醐が大内裏を造営しようとした問題と実は同根である、ということになろう。

(94) ①は『鎌倉遺文』三二二一九号、②は『同』三二三七一号、③は『同』三二七二一号、④は『裾野市史』第二巻、資料編古代・中世（裾野市、一九九五年）二〇三号。

(95) 金剛寺文書（前掲註（91）書所収）。

(96) 桑山浩然「室町幕府草創期における所領について」（『中世の窓』一二号、一九六三年）。

(97) 建武三年十一月の建武式目（『中世法制史料集』第二巻、室町幕府法、岩波書店、初出一九五七年）第五条には、

如二律条一者、謀反逆叛之人、協同与二駈率一、罪名不レ同歟、尤被二尋究一、可レ有二差異一哉、

と見えるが、笠松宏至「建武式目の成立」（『日本中世法史論』東京大学出版会、一九七九年、原型一九七四年）は「この条によるかぎり、後醍醐と彼の側近者は、法的に『謀叛人《マヽ》』と断ぜられたとみるほかない」として、そこに足利直義の、尊氏に比して「峻烈」なる態度を看取している。すなわちここで明法官人たる中原是円らが律条（養老賊盗律4謀叛条の本註）を引くことには、殊更の意味があった、と考えるのである。だがここから窺えるのはむしろ、〈謀反〉という国制概念の喪失である。「謀反逆叛」とは、要するに「謀反・謀大逆・謀叛」の総称であるから、実質的に「謀叛人」と同義に用いたこの例は、（疏議を勘案したとしても）律条どおりではなく、この時点での一つの解釈である。ここで問題なのは「協同」と「駈率」の異同であって、「謀反・謀大逆」と「謀叛」の異同は問題ではなかった。すなわち南北朝内乱とは、鎌倉幕府に見られたような国制概念をめぐる闘争（謀反から謀叛へ）としてあるのではなく、「聖主之謀叛」以来の相対的な権力闘争としてあるに過ぎない。建武式目の前提として、同年二月七日の「裏書」以来、数多く発給された「元弘以来被二収公一」地安堵の足利尊氏御判御教書、いわゆる〈元弘没収《マヽ》地返付令〉（佐藤進一『南北朝の動乱』中央公論社、一九七四年）にしても、「公」なるものははじめから後醍醐の側に預けられてしまっているのである。

(98) 『空華日用工夫略集』（国立公文書館内閣文庫所蔵写本）、『空華集』（五山文学全集）などに散見。

(99) なお、鎌倉府発給文書の基礎的研究としては、小林保夫「南北朝・室町期の京と鎌倉――鎌倉府発給文書の分析」(『堺女子短期大学紀要』一七・一八号、一九八二年)がある。
(100) 例えば、『神奈川県史』資料編3、古代・中世(3上)、神奈川県、一九七五年。
(101) 『続群書類従』第五輯上。
(102) ただし関東公方において、「御内書」に相当する文書のほとんどが書状風で、「……也」と書止めて相手を見下す室町幕府将軍文書とは、かなり様相が異なっている点について、なお留意を要するだろう。
(103) 網野善彦『東と西の語る日本の歴史』(そしえて、一九八二年)など。
(104) 建武三年十月十五日室町幕府執事高師直施行状写(座右抄、国立公文書館内閣文庫所蔵写本)で駿河郡沼津郷を遵行している石塔義房は、駿河一国の守護とは考えにくく、分郡守護と見られる。なお義房が守護代ないし目代であったと思われる建武元年十月十七日石塔義房打渡状(三嶋大社文書、『清水町史』資料編Ⅲ(古代・中世)〔清水町、一九九九年〕七四号に写真掲載)の下地も駿河郡土狩郷であった。
(105) (永享六年)八月十九日室町幕府管領細川持之奉書写(足利将軍御内書并奉書留、東京大学史料編纂所架蔵影写本)。本文書は従来、家永遵嗣『室町幕府将軍権力の研究』(東京大学日本史学研究室、一九九五年)三三六頁で「永享十年カ」とされてきたが、正しくは永享六年である。理由は東島執筆『清水町史』資料編Ⅲの八六号解説に詳述してあるので、参照されたい。
(106) 本書第Ⅱ章おわりに――交通圏、あるいは間隙の原景、を参照。
(107) 応安八年三月廿二日関東管領上杉能憲奉書(円覚寺文書、『裾野市史』二五二号に写真掲載)のほか、『裾野市史』二五八〜二六一号文書も参照。
(108) 『看聞日記』(自筆本、東京大学史料編纂所架蔵影印本)応永廿三年十月十三日条。
(109) 応永十一年九月廿六日駿河守護今川家奉行人連署奉書(円覚寺文書、『裾野市史』二七九号に写真掲載)など。
(110) 絶海中津宛、年未詳(花押型により応永六〜九年)五月三日関東公方足利満兼書状(円覚寺文書、『裾野市史』二七六号に写真掲載)。

(111)　大森氏から葛山氏への交替の経緯については、『満済准后日記』正長元年十月廿七日条（『裾野市史』三一五号に写真掲載）を参照。

(112)　以上の詳細については、東島誠「内乱の時代と大森・葛山氏」（『裾野市史』第八巻、通史編Ⅰ、裾野市、二〇〇〇年、一三五〜一六七頁）を参照。

(113)　なお、鎌倉幕府における「召文違背」や「下知違背」と「謀叛」概念の関係については別考の余地があるだろう。

(114)　ここで「安定性」という逆説を用いたのは、言うまでもなく『太平記』の「太平」概念を念頭に置いたものである。

〔補記〕

旧稿発表時の付表の不備については、松島周一氏のご教示、および古澤直人「御成敗式目九条成立の前提——平安遺文・鎌倉遺文の『謀叛』用例の検討から」（『鎌倉遺文研究Ⅰ鎌倉時代の政治と経済』東京堂出版、一九九九年）をも批判的に参照して、補訂を加えた。しかしながら文治二年六月以前には厳格に「謀反」が用いられていたとする本章の論旨に変更の必要はなく、両氏にお礼申し上げたい。謀反と謀叛が一般的に混同されるなかにあって、頼朝があえて「謀反」を言わなければならなかった時期の存在、こそが重要なのであり、その点がより鮮明になったものと考える。

第Ⅳ章　隔壁の誕生——中世神泉苑と不可視のシステム

はじめに

ロラン・バルトの言う〈空虚な中心 centre vide〉が成立しているのは江戸図、すなわち東京であって、京都ではない。「禁域であって、しかも同時にどうでもいい場所、緑に蔽われ、お濠によって防禦されていて、文字通り誰からも見られることのない皇帝の住む御所」[1]は、「四角形の、網状の都市」である平安京の空間とは相容れないものである。従って、たとえば田中貴子のように、平安京の内裏が〈空虚な中心〉と化したとするのは[2]、気の利いた冗談と言うべきであろう。しかし冗談では済まない議論もある。バルトは〈空虚な中心〉を言うことによって別に〝日本学〟をやろうとしたわけではないが、これがオギュスタン・ベルクの手に掛かると、日本の都市は初めからポスト・モダンなのだ、という風に短絡されることになる[3]。

ここで筆者は、〈空虚な中心〉を超歴史的に措定する思考にまず異を唱えておきたい。たとえば、中世後期の一揆契状に見られる傘型連判などは、さしずめ〈空虚な主体 sujet vide〉の典型ではあろうが、こうした一見ヨーロッパ的で、しかし決定的にヨーロッパ的でない円形の形象が日本列島の歴史に登場したのは、実はそんなに古いことではないかもしれないのである。〈空虚な中心〉とは、古代から連綿とそうであったのではなく、極めて歴史学的な対象に属するのである。ならば四角形の秩序が、中世後期にどのようにして形骸化し、中心を穿たれていくのか探ってみる必要があろう。

さて、円形ではなく方形の空間に関する歴史的概念として、我々は結界の語を識っている。[4] もちろん結界なるものの外形が四角形をしているとは限らないし、実際にはそのような場合は稀ですらあるが、土地表示の四至記載や四角四堺祭などの境界祭祀がそうであるように、結界は、方形の秩序を思い浮かべることなしには成立しえない。むしろそのような心の働きこそが、結界なのである。本章では、この《結界》を分析手段として用いよう。

分析の対象とするのは神泉苑である。京都は神泉苑からうまれた、とする林屋辰三郎『京都』[5]の書出しで知られるように、神泉苑は、もとは湖底であったという、京都文化の起源を物語る〈源泉〉にすらなっている。一本の榎の根元から湧き出る泉によって形成された池水を囲い込むことによって、都城の内に作り出された「禁苑」、それが神泉苑であった。そこでは天皇が狩猟や遊宴を催して、〈自然〉を恢復する行為が繰り返されたわけだが、これは都城という秩序のなかに、あえて混沌を保存したのだと言えよう。

貞観五年（八六三）の御霊会において、宣旨によって特別に神泉苑の四門が開かれ、「都邑人出入縦観」がゆるされた[6]ことはよく知られている。これは寺院で言えば秘仏開帳である。皇居の一般参賀からケーキの限定販売にいたるまで、普段は隠蔽されあるいは制限されているものを、時空や数量を限って人々のアクセスを可能にするという操作は、隠蔽され制限されるものの聖性を高める効果を持っている。神泉苑とはそのような操作的な空間であり、それゆえ門前には「親疎上下不レ可レ来二入結界内一也」[7]という《結界》標識が必要であった。

ところが従来、神泉苑と言えばもっぱら平安時代の御霊会が取り上げられるばかりで、西田直二郎以来、中世になると頽廃したというのが通説になっている。[8] だがもはや天皇が行幸することもなく、ひたすら「汚穢」に満ちた場所と認識されるにいたった神泉苑が、中世を通じてなおも修復され続けたことは、かえって興味深い。これは大内裏が内野に変貌したほど単純ではなさそうだ。そこで本章では、神泉苑という方形空間の空洞化と、その周囲を循環して

図1　神泉苑差図

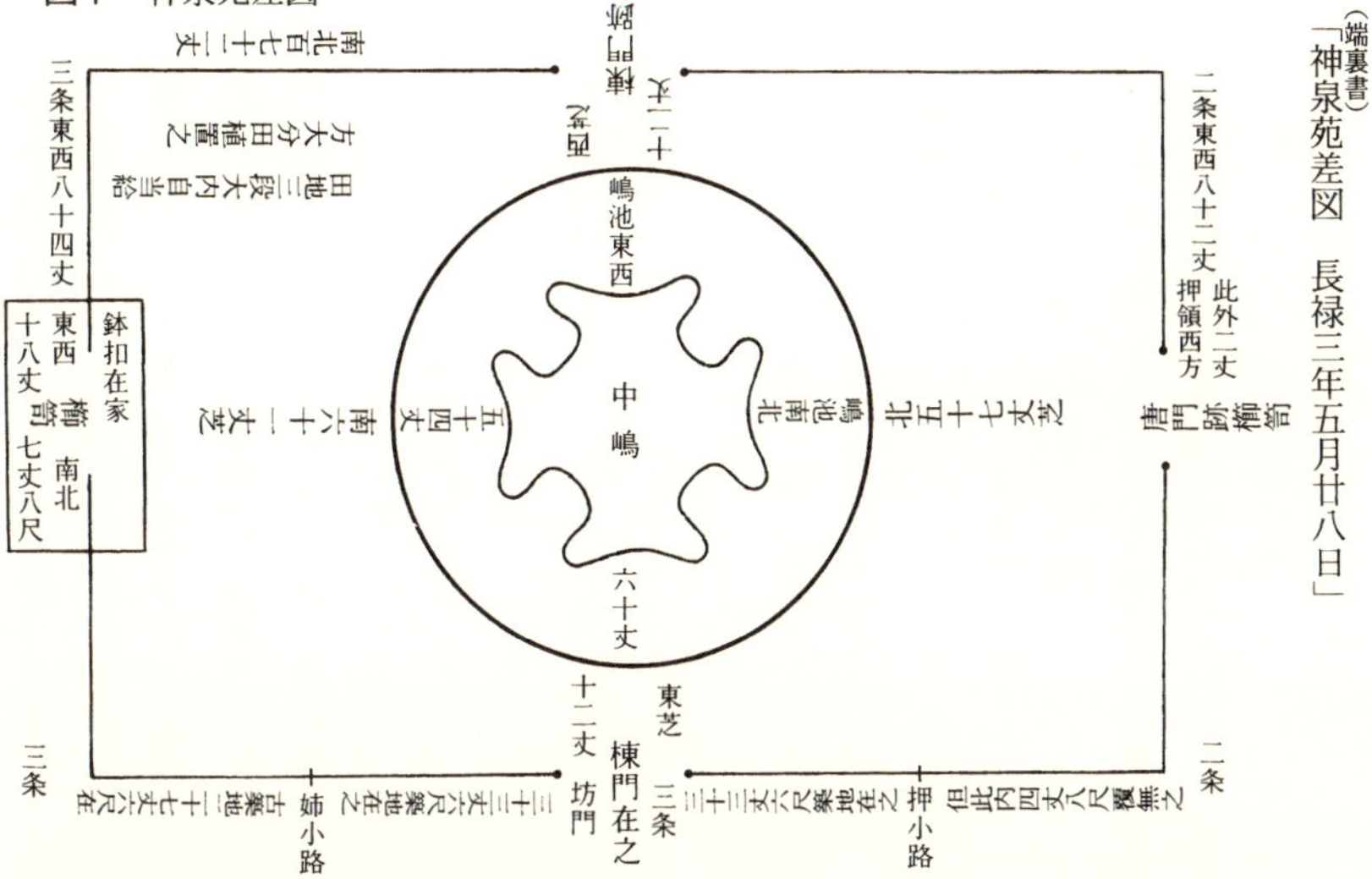

いる秩序の地層を掘り下げてみたい。神泉苑という場の特異性にはさきの田中貴子も注目しているが、扱った素材は平安時代に留まっている。ここは躊躇わず中世史料に沈潜してみることにしよう。

1　神泉苑の《結界》構造

(1) 長禄の神泉苑差図

まずは長禄三年（一四五九）に作成された神泉苑差図(9)を見てみたい。そこには実に呆気なく円形の池が描かれており、その内部にはアミーバ状の中嶋を包容している。外部の秩序はいささか複雑であるが、まずは芝によって覆われ、その外郭に方形の《結界》、すなわち築地と門が配備されている。ただし《結界》は完全でない。池の南西には三段大の田地が展開し、そのうち二四〇歩については何らかの給人が存在し、そのもとで耕作されていたらしい。北西には「此外二丈押領西方」とあり、神泉苑の西面は北と南の両端が侵食されている。そしてそれと対応するように、三方の門が失われている。すなわち西にあった棟門も、北にあった唐門も、その「跡」が残るばかりであり、三条櫛笥にあった南門にいたっては、鉢扣《はちたたき》のような雑芸民の在家に取って替わられている。

しかし奇妙なことに、神泉苑の東面だけは施設が充実している。まず他の三方とは違って、東面だけは棟門がしっかりと残っている。そしてその南北には、一部覆いが剝がれているとは言え、築地塀がしっかりと築かれている。姉小路以南三条以北が「古築地」(10)となっているのは、その他が「新築地」として比較的最近修復されたものであることを物語っている。それではなぜ築地は東面にしか築かれていないのだろうか。この疑問は次の史料を見ることによって一層増幅される。

神泉苑築地次第（宝徳二年五月日 一国ニ四丈八尺宛）

門ヨリ北
一 管領（于レ時畠山殿 五月十八日ヨリ被レ始）　三ケ国
同大夫殿　一ケ国
二 細川殿　三ケ国
同讃岐殿　二ケ国
同総州　一ケ国
同淡路殿　一ケ国
同阿波殿　半国
同和泉守護殿　半国

門ヨリ南
一 武衛（五月廿六日ヨリ被レ始）　三ケ国
二 山名殿　三ケ国
同修理大夫殿　一ケ国
京極殿（宝徳三年 被二沙汰一）　二ケ国(11)

これは、宝徳二年（一四五〇）に始まった築地修理役の分担を示すもので、修理用途は一国に四丈八尺となっている。従って門より北は十四カ国役で六十七丈二尺、門より南は七カ国で三十三丈六尺となる。してみるとこれは、さきの差図に記載された築地の残存状況と完全に一致することになる。すなわち次のとおりである。

(a)二条~押小路　（三十三丈六尺）　(c)三条坊門~姉小路　三十三丈六尺
(b)押小路~三条坊門　三十三丈六尺　(d)姉小路~三条　二十七丈六尺

門より北の(a)(b)を担当したのが畠山・細川・京極氏であり、門より南の(c)を担当したのが斯波・山名氏だということになる。(d)はすでに述べたように「古築地」で、なるほど四丈八尺で割り切れない数値を示している。

謎は深まったと言ってよい。つまり室町幕府が修復しようとした築地は、初めから神泉苑の東面だけだったということになるからである。他の三面の修復など、幕府にしてみればどうでもいいことだったのではないか。

(2) 長禄の神泉苑相論

前項で見た差図は、実は東寺と唐橋家の間で争われた相論（表1参照）において作成されたものであった。神泉苑は大内霊場・神祇官官庁・真言院と並んで、王権に関わる「四箇所霊場」とされ、うち真言院・神泉苑は、後七日・請雨の両御修法により東寺に所属するとされていた。

ところが東寺の管理が杜撰であったため、築垣が破損し、「甲乙人縦横之通路」となり、「乞食非人等混二巷所一」「自二近所一汚穢不浄物捨二置此地一」という状態となっていた。これは全く「寺家不肖」なのだが、それでもこれを唐橋家の田地として給与してしまうのは認めがたい、と東寺は主張するのである（⑧）。差図の南西に書かれた田地がそれであった。

事の発端は唐橋在綱が得た後花園天皇綸旨（①）である。唐橋家は困窮を理由に「神泉苑池の外の荒野」の管領を願い出てこれを拝領したのであるが、考えてみればこの綸旨もおかしなものである。かつての「禁苑」の面影すらないが、ただそこで池と荒野を明確に分けて考えていることは重要で、池＝祈禱在所は侵害していないという理由で、結局唐橋家の主張が容れられてしまうのである。「尚々このいけをこそ、とうしよりくわんれゐし候とも、くわうやまて

表1　長禄3年（1459）相論関係史料

No.	月	日	史料名	出典	備考
①	4	23	後花園天皇綸旨案	ト－139(1)	281－21も同様
②	5	18	廿一口方評定引付	天地－34	
③	5	20	東寺長者禅信書状	レ－162	
④	5	24	廿一口方評定引付	天地－34	
⑤	5	25	神泉苑検知注文	288－1	案文＝288－2（5/21三宝院より公人派遣），ト－112
⑥	5	28	神泉苑差図	288－3	（観）は端裏書を欠く
⑦	5		東寺申状案	288－4	288－5，281－22も同様
⑧	6		東寺重申状案	ト－139(3)	
⑨	6		唐橋在綱陳状案	ト－139(4)	
⑩	6		東寺重申状案	ト－139(2)	288－7，（観），ツ－303も同様
⑪	6	22	長福寺慈悦書状	せ－118	封紙＝わ－142
⑫	6	24	後花園天皇女房奉書案	ほ－108	
⑬	6	24	東寺重申状案	288－6	（楽）も同様
⑭	6	26	後醍醐天皇綸旨案端裏書	ヨ－120(1)	綸旨そのものは元弘3年6月23日付
⑮	6	29	室町幕府奉行人奉書案	ユ－95	
⑯	7	1	廿一口方評定引付	天地－34	
⑰	7	28	坊城俊秀書状	ユ－153	

【出典略号】
288－1：「東寺観智院金剛蔵聖教文書」（京都府立総合資料館架蔵写真帳）288函1号
ユ－153：「東寺百合文書」（京都府立総合資料館架蔵写真帳）ユ函153号
（観）　：「東寺文書（観智院）」（東京大学史料編纂所架蔵影写本）
（楽）　：「東寺文書（楽）」（東京大学史料編纂所架蔵影写本）

さゝへ申候へき事にてハ候ハぬかとおほしめし候」（⑫）とは、禁苑なのだから荒野は天皇が自由に処分できる、ということなのであろう。

となれば東寺は、いかにしてこの綸旨を覆すことが可能なのか。東寺は坊城俊秀に頼んで長文の申状（⑬）を用意した。要は神泉苑が決して東寺の私領ではない（「寺家者全不レ存レ私、為レ朝為レ宗」）と言えばよかったのである。つまり、所有者は東寺でも天皇―唐橋家でもない。「元来神龍之所領、争為二寺家之御寄附一乎、若付二東寺之所属一、被レ構二此儀一歟、所存殊不審也」として神龍に求め、「所領」と「所属」の差異を明確化したわけである。元来は池すらも神龍の所領だとすれば、池以外の荒野は東寺領ではないはずだとする唐橋家側の主張は、土台から崩れてしまうことになる。そして所有権を神龍に仮託し、「所属」権闘争に転ずるにあたって、神泉苑の築垣破損・汚穢充満に対する管理者として、本来大勧進職をつとめる長福律寺が存在するのだという論点を提出する。長福寺から後醍醐天皇綸旨案を含む証拠文書⑭を取り寄せているのはそのためである。直接の管理主体として長福寺を挙げることは、神泉苑が東寺に対し「私」的に従属するものではないことを示す有力な根拠たりうるだろう。結局この支証に基づいて、室町幕府は神泉苑の管理主体を長福寺と認定し、唐橋家の田地知行権を却けている⑮。

ここで問題となるのが長福律寺である。相論ののち、坊城俊秀が東寺寺務真光院禅信に宛てた書状⑰のなかに「就レ中向後彼境内、甲乙人等濫吹之所行等、堅可レ加二制止一之由、可レ仰二大勧進長福寺一之旨、可レ有二御下知一候」と見えるように、真の相論主体は長福寺であり、従って東寺に委託した寄せ沙汰のようにも見える。唐橋家が荒野を拝領したという情報自体、「長福寺大勧進以レ僧注進」②によって東寺にもたらされていることからして、当初から長福寺が関わっていたことは間違いない。だが直接に相論をたたかった東寺にしても、主体的理由がなかったわけではない。東寺にしてみれば、できれば長福寺のことには触れずに事を進めたかったはずである。だが形勢不利を覆すには、長福寺のことを持ち出す以外にない。そしてその結果として東寺は、神泉苑に対する長福寺の権利を実体化することになってしまったのである。その後の永い相論の出発点がここにある。

さて、長福寺が神泉苑に対して有した権利が大勧進職であった。「近是四境之築垣纔残、一方修治之御沙汰怠慢矣、徒為二汚穢一之砌、為二牛馬之栖一、長福律寺雖レ為二此苑大勧進職一、澆季之今、輒不レ能レ申二行興隆一也」⑬と言われるごとく、長福寺は「被レ囲二於築垣一、被レ立二置門一」⑧場である神泉苑に、「汚穢」が侵入することを禦ぐべき存在であった。そこで次に、神泉苑を《結界》する築垣や門の構成について確認しておこう。

(3) 神泉苑《結界》の建築的構成

請雨経御修法における神泉苑の門の出入については、『雨言雑秘記』⑿に「北大門出入也、余門不レ可レ開レ之」とされている。北門の内には長さ四尺ほどの札が立てられ、「穢気之人」「赤色之物」の出入を禁じていた。『永久五年請雨経御修法支度記』[13]によれば、もともと門々は兵士が宿直して警固したのであるが、この北門は、『今昔物語集』巻十四の著名な百鬼夜行説話に「昼ル見候バツレ、神泉ノ北ノ門コソ開テ候ヒツレ」[14]と見え、同じ素材に基づく『元亨釈書』巻二十九、藤常行にも「神泉苑ノ北門常ニ闢ク」[15]と見えるように、しばしば開放されていた出入口であり、忌札・穢札が必要となっていたものと思われる。『東要記』[16]によれば、この「簡《ふだ》」は北と東に立てられ、「はじめに」で述べたように、「親疎上下不レ可レ来二入結界内一也」と書かれていた。文字通り神泉苑は《結界》地であり、「有二悪心一者不レ得レ入二此界場一云々」[17]とも言われているのである。

さて、ここで気になるのが東門である。東寺観智院金剛蔵聖教に関係史料を求めると、『請雨経法日記建暦三年初度』(268函28号、以下268―28のように略記)にも門の開閉と立札銘に関する記述が見られ、そこでは特に「東門堅閉不レ開レ之」としており、『請雨経法常喜院』(268―21)所掲の差図にも同じく「東大宮面門閉」と見える。建久二年(一一九一)の請雨経法では、「四壁」=築垣が破損して実効を欠きながらも、「就レ中於二東門一者堅閉レ之」ということが強調されている[18]。さらに中世後期、応永八年(一四〇一)の瓦修理では「神泉園門幷築地覆瓦まて東面分」[19]が対象となっており、康正三年(一四五七)に作成された差図[20]でも、東門は唯一見える門であった。長禄相論前夜に東面の築地のみが残存していたことは、ますます偶然とは考えにくい。太田静六はすでに、神泉苑の正門が中国式の南門ではなく東西門であったことを指摘しているが、このうちなぜ東門だけが残ったのかは明らかにしていない。『請雨経法観音院』(268―24)・『雨言雑秘記』所引「陀羅尼集経」のように、西門からの出入を記すものもあるから、東西両正門のうち、なにゆえ東門のみ残ったのかについては、別して説明を要するだろう。

築地・門・簡といった、神泉苑を囲繞する《結界》の建築的構成は、長禄の相論で東寺が主張したように、穢の侵入を阻止し、「界」の内側を清浄に保つことによって、善女龍王を神泉苑池に留め、「他界」への転移を阻止するためのものであった。これは、『東要記』中巻に「若此龍王移二他界一浅レ池減レ水薄レ世乏レ人方」と見える弘法大師空海の誡に基づくものであって、このモティーフは、「公家《こうけ》」を頼らず「私」に祈願することを説く空海の本意からずれを生じながらも、中世を通じてしばしば持ち出されたものであった。このモティーフと〈東〉の関係を鮮明に説き明かしてくれるのが、次に引く『太平記』「神泉苑事」(21)である。

大師茅ト云草ヲ結デ、龍ノ形ニ作テ壇上ニ立テ行ハセ給ケル、法成就ノ後、聖衆ヲ奉レ送給ケルニ、真ノ善女龍王ヲバ驄神泉園ニ留奉テ、「龍華下生三会ノ暁マデ、守二此国一治二我法一給ヘ」ト御契約有ケレバ、今マデ迹ヲ留テ彼池ニ住給フ、彼茅ノ龍王ハ大龍ニ成テ、無熱池ヘ飛帰玉フトモ云、或云聖衆ト共ニ空ニ昇テ、指二東ヲ一飛去、尾張国熱田ノ宮ニ留リ玉フ共云説アリ、仏法東漸ノ先兆、東海鎮護ノ奇瑞ナルニヤ、大師言、「若此龍王他界ニ移ラバ、池浅ク水少シテ国荒レ世乏ラン、其時ハ我門徒加二祈請一龍王ヲ奉二請留一可レ助レ国」宣ヘリ、今ハ水浅ク池アセタリ、恐ハ龍王移二他界一玉ヘル歟、

有名な守敏との対決の後、善女龍王を神泉苑池に留める「契約」のもとに、空海が茅草で作った龍が「東」を指して飛び去り、尾張熱田宮に留まって、「仏法東漸」「東海鎮護」の奇瑞となったというのである。ここでは「東海」が、熱田を含む東方の概念であると同時に、日本の異称でもあるという、その二重性に注意しなければならない。

すなわち善女龍王（X）を界（Y）のうちに留め、高次の界（Y′）である「此国」を鎮護するためにこそ、茅草の龍（X′）がスケープゴートとして排除されたのである。X′は東方に転移し、中心を多点化することによってYをY′に拡張し、その安寧を維持するというわけである。従ってこの構造のもとでは、X－Yそのものが転移してしまってはいけない。それゆえにこそYの東面を特に《結界》しなければならなかったのである。

しかしながらどんなに東の《結界》に意を注いでも、「今ハ水浅ク池アセタリ」ということは避けられない。従ってこの点を説明するために、新たな説話、すなわち南門の転倒という文字通りの〈抜道〉が発明されなければならなかっ

た。天禄三年（九七二）、元杲の祈雨に際して南門が倒れた故事について、『続古事談』は「色シロクキヨゲナル」男が龍となって南面の楼門を食い破ったという説話を載せ(22)、『三宝院伝法血脈』所引「徳行記」や『元杲大僧都自伝』(23)によれば、その際請雨経法の茅龍が、弘法伝説そのままに尾張熱田宮の前に落ちたとされている。また安元三年（一一七七）、暴風によって南東の三条大宮辺りの人家や門が薙ぎ倒された際には、「或云、善如龍王去二此池一云々」(24)とされており、この場合も南門を破って東へ向かったとする説話に相応する。そしてこうした南門顚倒説話こそが、長禄の差図に見える鉢扣の在家の由緒、すなわち空也堂(25)の成立を帰結せしめたのだと言えよう。

(4) 空虚な隔壁

さて、以上であらまし神泉苑の《結界》構成が明らかとなったが、ここではまだ長福律寺は登場させないでおきたい。その前にもう一つ確認しておきたいことがある。たとえ東面《結界》の重視が空海の「契約」に起源するとしても、他の三方が荒れ放題で構わないことの説明にはならないからである。

長禄の差図、すなわち宝徳の修理が室町幕府によって差配されたきっかけは、前年（文安六年）四月の大地震であった。この年は飢饉・疫病も重なって散々な年であったらしく(26)、宝徳に改元されている。そこで翌二年五月、管領畠山持国を筆頭とする武家沙汰によって修理されることになったのだが、ここで興味深いのは、神泉苑築地修理の開始と同じ月に、やはり管領畠山持国の命、武家下行の用途によって、疫癘流布に対する四角四堺祭が行なわれていること(27)である。四角四堺祭は都城全体を《結界》する営為であるから、前年の地震・飢饉・疫癘からの復興再生過程において、この二つの《結界》が恰も連動するかのように執り行なわれていることは、注目されてよいであろう。神泉苑の《結界》は、神泉苑の内部を物理的に清浄化することには役立たないが、都城全体という高次の界の《結界》には効験あるものとして意味づけられていたのであろう。これは要するに、二つの方形空間を入れ子状に同心化したものであ

る。この点で永享四年（一四三二）六月、やはり神泉苑の築地が破損してその修理が議されたとき、

此築地破損ハ洛中衰微之儀由、山名申入也、旁可レ加ニ修理一歟云々、(28)

とされていることは見逃せない。こうした認識はすでに、『太平記』「神泉苑事」の末尾にも、

崇ニ此所一国土可レ治也、

として見え、さらに天正四年（一五七六）の正親町天皇女房奉書には、

神せんゑんの事、とし月ほしきまゝにうつもれはて候ゆへ、てん下もをたやかならさるにより(29)て、

と見える。神泉苑の《結界》は中世後期において、より高次の《結界》〔洛中・国土・天下〕を左右するものと見做されていたのである。

このように見てくれば、空海の「契約」に由来する東門的秩序が帰着したところの、ただ東面のみを不完全に《結界》することの意味も、より深く理解することができるのではないか。東面の築垣が面しているのが他ならぬ大宮大路であったことは、見逃すわけにいかない。言うまでもなく大宮大路は、祇園会の巡行路に端的に顕れる洛中洛外の境界であった。大宮大路では「東ノ巷所ヲ西ニ付、大路東ニ成ルヘシ」として、巷所が洛外に排出（付替）されたり(30)、さらには法華宗寺院の大宮以東への張出を忌避する観念(31)すらも存在した。現実の課税対象の線引も、ここを境に行なわれているのである(32)。大宮大路のとりわけ神泉苑周辺が、異界とのマージナルなゾーンを形成していたことは、神泉苑南門跡に空也堂すなわち鉢扣の在家が存在すること、足利義教が六角大宮の本能寺敷地に非人風呂を設けたこと(33)、からも窺えよう。大宮大路に面した東の築地は、もはや根本的には復旧しがたい「汚穢」の地と化した神泉苑を、いまや左京の市街地から見えなくすることによって仮構的に封印＝排除し、そのことによって洛中や国土、天下といった高次の《結界》を浄化・護持する観念において捉えられていたのではないだろうか。ここであの長禄の差図を想起するならば、新築地復興以前から存在した「古築地」は、あたかも南門の鉢扣在家を覆い隠すように立っていたのであ

る。これは偶然ではあるまい。おそらくそこにできてしまった外皮の異変を、隠蔽しながら有徴化するものではなかったか。新築地は、この不可視の領域を拡張したのである。

さて、こうして明らかになった神泉苑の《結界》構造をめぐって、中世王権ないし幕府公権は、この磁場のなかに都城の住人をいかに編制しようとしたのであろうか。室町幕府はまず、「汚穢」の地と化した神泉苑を、可能なかぎり清浄化しようとする努力は行なっていた。それが、かつては蔵人が行なった神泉苑池の掃除[34]であり、池に善女龍王を保持しようとしたのである。神泉苑池の掃除については、すでに林屋辰三郎が文安四年（一四四七）を例に侍所の町人夫動員によって行なわれたことを指摘しており、またその徴証は他にも枚挙に遑ないが、室町殿－伝奏－東寺長者・侍所－洛中町人夫によるこの掃除が、誰の要請によってなされるのかについては、従来問われてこなかったように思われる。この問題を考える上で示唆的なのは永享六年の例であり、「神泉苑掃除事、所司代雖レ致二掃除一、寺家不二存知[35]」とされるように、神泉苑の掃除は、東寺側の要請ではなく、まさしく幕府側の必要性によって行なわれていることが明らかなのである。つまり幕府は、神泉苑池－善女龍王という場の特性を、都城住人を編制し支配するために、むしろ積極的に活用しているものと見ることができよう。とすれば、築垣修理の場合についてはどうであったのか。ここに至って、ようやく神泉苑大勧進職の問題に辿り着くことができたと言えよう。長禄の相論で決定的意味を持った長福寺とは、一体いかなる事情によって成立したのか。この問題へと進むことにしたい。

2　《結界》維持システムの創出

(1) 三条大宮長福寺の成立

前節に検出した長福寺は、三条大宮の律宗寺院であり、明徳二年（一三九一）・永享八年（一四三六）の西大寺末寺帳[36]

に見える。細川涼一は、「金沢文庫文書」年未詳静然書状に見える「□（長）福寺住持沙門」が、正中の変・元弘の乱に連座して捕縛され関東に護送された、西大寺門徒律僧たる智教（智暁）である可能性を推測しているが、[37] 岡見正雄[38]や網野善彦[39]によって脚光を浴びた智教その人が、もし長福寺の律僧であると証明されれば、中世神泉苑を考える上でも重大な問題を投げ掛けることになろう。注目すべきは、長禄の相論で東寺が形勢逆転を狙って入手した、後醍醐天皇綸旨案（表1⑭）である。

(a)「（端裏書）三条大宮長福寺、御祈願寺并神泉苑大勧進職、綸旨院宣等案文、長禄三己卯六　廿六、[40] 自二彼寺一送レ之」

長福寺為二　勅願寺一之上者、可レ令レ勤二修御祈一者、

天気如レ此、仍執達如レ件、

元弘三年六月廿三日　　民部少輔

智篋上人御房

音の一致によって、まず右の三条大宮長福寺智篋こそが智教その人ではないかと推察される。実はこの推察を不動のものとする史料が『久我家文書』にある。[41]

(b)三条櫛笥　後久我太政大臣殿（通光）跡也、先公（通雄）御代被レ預二智教上人一」

まず右は、観応元年（一三五〇）八月十三日付久我長通譲状の「洛中名区」の項に見える所領であり、ここから久我通雄の代に、三条櫛笥の久我家領がまさしく「智教上人」に預けられたことがわかる。この三条櫛笥こそ、長福寺領だったのである。

(c)鹿苑院殿様（足利義満）　御判

京都三条大宮長福寺洛中散在幷諸国寺領目録事

合

一所　長福寺敷地四丁町

（中略）

一所　三条櫛笥四丁町三方入結長福寺円福寺　久我殿御庭ハキ三人知行

一所　神泉苑　巷所

（後略）

(b)と(c)の「三条櫛匣（櫛笥）」の項を比較すれば、智教は紛れもなく三条大宮長福寺のそれであり、(a)に見える「智篋上人」として相違あるまい。時期的にも齟齬はない。

そこで右を確認した上で、今一度史料(a)を見たい。それはまさに後醍醐が隠岐・伯耆から京都に復帰したばかり、同じ日に護良を征夷大将軍に迎えているような時期である。この時期にまず三条大宮長福寺の智教に宛てて、かかる綸旨が発給されていることの意味は大きく、神泉苑が後醍醐王権と密接不可分な存在であったことを示唆している。では三条大宮長福寺の成立はどれほど遡るものであろうか。

同じく智篋上人に宛てて、「武家」のもとに神泉苑に対する「甲乙人乱入狼藉」の取締を命じた建武四年（一三三七）八月五日光厳上皇院宣案（東寺百合文書ヨ函120(2)号、以下ヨ－120(2)のように略記）によれば、智篋は「当寺開山」と位置づけられており、神泉苑大勧進職としての三条大宮長福寺の濫觴は、まさにこの智教その人に求められているのである。神泉苑の修理復興を説く『太平記』巻十二の「神泉苑事」は、この長福寺智教を主題とするものであったと言えるだろう。ただ右の院宣は、同時にもう一つの事実を語っている。それは当文書が北朝側の発給であり、長福寺智教による神泉苑の《結界》維持が「武家」＝幕府の管下に従属したという事実である。本来後醍醐王権のもとに成立した三条大宮長福寺が、第1節で見たごとく幕府へ従属していく萌芽は、ここに見出されよう。

そして永和三年（一三七七）二月の「山名右京大夫時氏法名道静七廻追賁子息陸奥守氏清修レ之清書伊能朝臣」に際しても、「自二去四日一号、課二十口之清衆一、当二于彼七廻一号、遂二十種之供養一、今之長福寺、古之大蘇山（後略）」と見え、「以二三条大宮長福寺長老信皎上人一被レ誂レ之」とされる。(42) この信皎は応安元年（一三六八）の「伝法灌頂雑記」において「三位中将俊通卿息子付属」と見え、(43) やはり久我氏との関係が深いが、一方で山名氏の帰依を受けていることは、長福寺が武家とのコネクションを強める最初の徴証としても注目されよう。

以上、三条大宮長福寺の成立事情を確認することができた。それではなぜこの時期に、長福寺が成立しなければならなかったのか。次項ではその背景を探ることにしたい。

(2) 律宗長福寺の思想的前提

神泉苑の荒廃、築垣破壊の問題は、南北朝期に初めて表面化したものではない。『政事要略』紀弾雑事(44)によれば、康保三年（九六六）早くも築垣が破損しており、馬牛が放牧されていた。長和五年（一〇一六）の祈雨に際しても、「四面垣悉破壊、不浄汚穢盈二満池中一、公家可レ被レ全レ墻者也」(45)と見える。築垣の破損は不浄汚穢の充満を意味し、その修復こそが、平安時代以降中世にいたるまで繰り返し立ち現れる「公家」の課題であった。

神泉苑の管理には、職員として〈別当―預〉が当たり、(46)苑地を廻る町別七株の柳の木や掃除について京職が関わったが、(47)築垣の修理については、さきの長和五年の事例から知られるとおり、木工寮の担当であった。ただそこでは、木工寮の力に余り「爵料」をこれに宛てることが議されており、財源上の問題が早くから生じていた。財源不足は、同じく木工寮の担当であった請雨読経の「仮屋」の場合も同じであり、(48)十二世紀以降成功《じょうごう》に依存していく。(49)本書第Ⅰ章で述べた〈成功➡勧進〉の問題(50)を踏まえれば、三条大宮長福寺＝大勧進職の成立は、ひとまず財源上の理由として理解できよう。しかしそれだけではなぜこの時期だったのか、を説明できない。

　そこで注目したいのは、遡って建久三年（一一九二）八月、守覚法親王が関東に向けて発した御教書(51)である。この御教書の主眼の一つは、神泉苑の築垣修理について、「心なと慥にて、能〳〵事しつへからん者」を頼朝から差定めてその上に寺家行事に沙汰させるか、あるいは東寺の場合と同様「文学《（文覚）》上人内々可レ被二奉行一歟」ということを、関東に諮問するところにあった。我々はここで勧進上人文覚が見えることに注意しなければならない。文覚が現実に神泉苑の勧進を担ったかどうかは不明だが、少なくとも智教以前に、神泉苑の勧進上人としてしかるべき人物と目されたのが、まさしくこの文覚であった事実は、決して軽視されるべきではない。実際、文覚と神泉苑はいかにも有りうべき組合せであった。ここで『平家物語』の歴史的構図における文覚の動向を分析した五味文彦の指摘(52)を想起したい。氏によれば、『平家物語』巻五以下の歴史的構図は朝家と朝敵の対立の図式からなり、その構図には、朝家を仏法でもって護持する立場から、文覚が長い影を落としている、とされるのである。しかもこの構図のなかで、氏が「特に注目される」としたのが、巻五の「朝敵揃」の章であった。そして我々はこの「朝敵揃」の章のなかに、「朝敵」に対置されるべきものとして、神泉苑の「五位鷺」の故事を見出すことができるのである。それは「宣旨」に従って逃げずに捕獲された鷺を五位に叙し、「今日より後は鷺のなかの王たるべし」と記した札を掛けて放つことで、「王威の程をしろしめさんがため」の象徴的事例として描かれたものであった。このことを前提としてさきの守覚法親王御教書を読み返すなら、文覚は『平家物語』の構図そのままに、実際においても神泉苑の維持＝朝家護持の思想を体現する存在と認識されていた、とすべきであろう。だとすればこのことが、『太平記』の世界＝後醍醐と智教の時代にいかに受容・変奏されていくのであろうか。

　『太平記』巻十二の「神泉苑事」が結論としているのは、その末尾に見える「早加二修理一可二崇重給一、崇二此所一国土可レ治也」であった。神泉苑の維持こそが国土の安穏を保証すると認識されたのである。このような認識が示された

のはほかでもない、まさに「公家一統政道事」で始まる巻十二においてであった。この巻十二は、

①公家一統政道事、②大内裏造営事付聖廟御事、③安鎮国家法事付諸大将恩賞事、④千種殿并文観僧正奢侈事付解脱上人事、⑤広有射二怪鳥一事、⑥神泉苑事、⑦兵部卿親王流刑事付驪姫事、

という構成をとっており、要するに後醍醐の復活の巻であると言うことができる。そこでは①を基軸として、造営に関する②と⑥、紫宸殿の安穏と朝敵鎮撫の賞に関する③と⑤などが一連の流れにあることは、直ちに看取されるが、実はその他の章も密接に関連しあっていることに気づく。

最初に注目したいのは⑥に対する⑤の連関である。天下に疫癘あり、紫宸殿の上に怪鳥が現れた。これに対し隠岐広有なるものが「勅定」によってこれを射、「叡感」あって「五位」に叙されたというのである。これは『平家物語』巻四の「鵼の事」の再現であるとともに、さきに見た『平家物語』巻五「朝敵揃」における神泉苑の五位鷺の話の変奏と見てよいであろう。勿論ここでは、射られたのが朝敵のシンボルとおぼしき怪鳥であり、それゆえ五位に叙されたのが捕獲者の側である点で、逆転が見られるが、しかし一方、観世流謡曲「鷺」(53)に代表されるごとく、捕獲者の蔵人もまた五位に叙される異伝が形成されていくことをも勘案したい。そして何よりも、この話が⑥「神泉苑事」の直前に配されているのは偶然とは考えにくい。

『平家物語』との連関は右に留まらない。後醍醐の無礼講に参加した文観が④、そして前項で検証したように智教が事実上⑥の主題となっているのである。『太平記』巻十二に文観と智教を配しているのは、『平家物語』における文覚のモティーフの変奏ではないか。文観と智教は文覚の後身とも言うべき存在であった。智教はまさに、神泉苑勧進上人としての、文覚の再生としての位置を占めているのである(54)。

それではなぜ『平家物語』の世界が反復想起されなければならなかったのか。この問題を考える上で重要なのは、『太平記』が「承久ノ乱ノ後、故武州禅門潜ニ悲二此事一、高二築垣一堅レ門止二雑穢一」として、北条泰時の築垣修理に触

れていることである。それは寛喜三年（一二三一）の事実であるが、[55]ここでは特に「承久ノ乱ノ後」と表現されていることに注意すべきである。『太平記』の作者において、この修理が承久の乱＝後鳥羽との関連において認識されている点は見逃せない。「神泉苑事」が指摘する通り、神泉苑は「後鳥羽法皇ヲリ居サセ玉ヒテ後、建保ノ比ヨリ此所廃レ」たのである。実際、後鳥羽と神泉苑の関係は浅からぬものがあった。建仁二年（一二〇二）、藤原定家が「近日頻幸ニ神泉苑[56]」としたのをほぼ初見として、驚くほど頻繁に神泉苑に足を運んでいるのである。とすれば、『太平記』において泰時の築垣修理は、後鳥羽の怨霊の慰撫というモティーフにおいて捉えられているのではないだろうか。[57]ここでそもそもの貞観五年（八六三）の神泉苑御霊会を想起することで、すべての連関が解けるように思われる。すなわち鎌倉初期の文覚やそれを含む『平家物語』の世界は平氏の怨霊から朝家を護持することを意味し、承久の乱を経て、今また新たな変革期に直面した『太平記』の世界のなかに、神泉苑が再浮上するに至ったと解されるのである。智教＝三条大宮長福寺成立の思想的前提は、ここにこそあったのである。

(3) 大勧進長福寺の定着過程

中世的勧進の形成過程を巡って、従来その臨時請負的性格が指摘されたように、[58]勧進とは、災害によって崩壊した建造物の修造や飢饉救済のように、偶発的に生じた秩序の乱れを恢復する機能を有した。そしてこの偶然性が必然性にすり替えられていくのが、いわゆる勧進の体制化である。一方では勧進を媒介するメディエーター（勧進聖）の側でも、次第にこの集財システムを自己権利化し、定住化するという変質を遂げることになる。この〈臨時請負から定着へ〉という傾向は、初発から体制化した大勧進職として出発した長福寺の場合にも、認められるようである。そこで本節の最後に、この定着過程を跡づけることによって、長禄相論前夜の長福寺の位置を浮き彫りにしてみよう。

智教上人以後、まず応安三年（一三七〇）には、後光厳天皇綸旨・室町幕府管領細川頼之奉書により、神泉苑の築垣修理を山城国棟別各一疋によって沙汰することが「当寺第二住智照上人御房」宛に命じられている（ヨ－120(4)(5)）。これら二通の案文は、長禄相論に際して、東寺が長福寺から取り寄せた支証に含まれるものであるが、「当寺第二住」なる傍書は後筆であり、三宝院文書に伝わる案文には見えないことから、ここでの棟別銭徴収が寺ではなく個人、すなわち三条大宮長福寺ではなく勧進上人智照その人に命じられたものであることは明白である。[59]

次に応永十五年（一四〇八）、足利義満の死の直後にも築垣修理が行なわれており、この場合、築垣修理はまず管領斯波義将の「申沙汰」としてなされ、「私力」としての五百貫文奉加に始まっている。その際注目されるのは、築垣修理の大勧進が興福寺の大勧進所たる「南都唐院（長老）」と見え、三条大宮長福寺ではなかったことである。ただ義将から東寺に対し、実際の造営には長福寺が当たるので長福寺と相談すべきことを申し入れており、これを受けて清浄光院快玄僧都が長福寺に依頼しているわけである。こうした経緯を考えれば、三条大宮長福寺は、少なくともこれ以前において、寺として固定的に大勧進職を保有しているのではなく、智教であれ智照であれ、勧進上人その人に委ねられた臨時請負的な事業であったと言わざるを得ない。[60]

ところが長禄の相論前夜には、（年未詳）卯月十五日付長福寺皎雅書状（レ－326）から窺えるように、「神泉苑築垣破損」から池の「中嶋木」にいたるまで、長福寺は幕府奉行人の管下にその恒常的管理を担うまでになっていた。おそらくは度重なる修理を請負うなかから、神泉苑に対する管理権を強めていったものと思われる。そこで以下、この管理権強化の前提として、築垣修理に留まらない長福寺の諸活動について見てみよう。[61]

まず神泉苑池の掃除へも関与が見られる。永享四年（一四三二）の真言院事始に先立つ神泉苑池嶋の掃除に際しては「三ケ日酒肴寺家沙汰也宿坊長福寺」と見え、十二年六月の池掃除に際しても、廿一口方算用状（ヨ－143）に「四ケ度神泉苑御輿代粮」八百七十九文、「同御茶代」百卅文が計上され、年預覚寿によるその下行切符（ケ－130(2)）に「長福寺人遣茶代百卅文」と見える。これらの史料により三条大宮長福寺は、神泉苑の池掃除に際して、酒肴や茶の接待を[62][63]

含む宿坊となっていたことが明らかとなる。また応永二十七年（一四二〇）の祈雨においても、東寺五方から神泉苑筵座代二十五枚分として百三文が出銭され、内二十一枚分は長福寺へのものである[64]。これも神泉苑の筵席準備に関するものであろう。応永九年（一四〇二）の掃除に際しては、実に「神泉苑掃除、連々長福寺煩成間、如レ形点心一分百疋可レ遣候事[65]」とさえ見えることに注目したい。

長福寺の活動は神泉苑に留まらず、真言院にも及んだ。後七日御修法が行なわれる真言院は、王権に属する「四箇所霊場」のうち、神泉苑とともに東寺に所属していた。応永八年には、この両所について同じ十一月十四日付で、等しく瓦方・番匠方の損色注文が残っており[66]、神泉苑同様長福寺の関与を予想させる。果たして長禄四年（一四六〇）三月十日、東寺年預に宛てた長福寺慈悦の書状（カ－129）に「真言院御修理事、被二仰出一候由、飯尾左衛門大夫（之種）方より申給候」と見える。また永享四年六月の「真言院事始」と十一月の「真言院立柱上棟」にも、「三条大宮長福寺長老、大勧進暁雅上人[67]」を見出すことができるのである[68]。

さらに文安の東寺修造にも注目したい。この時の勧進奉加注文（ヌ－163）には「壱貫文　長福寺五月七日」と見え、これに奉加したのが前出の皎雅であった（ヌ－162(6)）。長福寺の影響力はいまや、神泉苑に留まらず、真言院や東寺自身との関係にも抜き差しがたく浸透していた。そして長禄の相論をたたかう東寺が、長福寺を《結界》維持者として前面に立てた結果、長福寺の神泉苑管理を決定的なものとすることになったのである。そして、この相論以後、さまざまな越境行為に対し、長福寺の力が要請されるようになる。

まず相論の翌長禄四年閏九月、早くも国司雑掌多留見が神泉苑の魚を取るという事件が起こった。東寺年預宗寿は大勧進長福寺に「御成敗」を依頼している（ツ－251、コ－60）。また文明十七年（一四八五）には、足利義政の東山山荘造営に絡んで、所司代多賀高忠が神泉苑の立石を持ち出す事件が起こっている（り－101、ナ－80）。その際「即大勧進方へ相尋之処、為二所司代一執レ之由返答」と見え、東寺は長福寺に真相の確認を求めている。また多賀の弁明に際し、「又以二大勧進長福寺一色々懇望、彼僧別而入魂之間、可レ被レ閣歟[69]」と見えるごとく、長福寺は所司代と東寺を取り次ぐ役割をも果たしていたのである。

3　隔壁の向こう側

(1) 神泉苑田地と私欲世界

長禄の相論の特徴は、東寺が「神龍之所領」を標榜することによって、建前として私領化が否定されたことである。誰のものでもないから唐橋家のものでもないとする論理がそこには成立していた。所有権ではなくただ管理権のみが確認されたのである。しかし十五世紀末にもなると、いっそう私領化が進むことになる。

明応二年（一四九三）の相論（表2参照）はその最初の顕れであり、西坊城顕長が東寺に訴えたところによれば、西坊城家が当知行してきた「神泉苑之外西方田地」を、大勧進長福寺が違乱しているというのである（③）。これに対し長福寺の永尊は、「坊城殿ヲ語ラウ」百姓が神泉苑の築地を破り田畠を開いていると反駁する（⑤）。永尊は「神泉苑之儀、自二往古一　公方様御代々任二御判之旨一」（⑧）としているが、実は第2節に掲げた史料(c)、長福寺領目録こそが、まさにその支証であった[70]。これに対し東寺はと言えば、西坊城家も「御証文」を用意して、然るべきところで決せられるべきではないかとして、判断を回避している（⑩）。その上で東寺は、長福寺看坊宛に、糺決の間は長福寺が下地を綺わないこと、坊城殿もまた作毛しないことを確認し、相論はひとまず凍結されることとなった（⑪）。

さて問題は「西方」である。実はあの長禄の差図にも、「此外二丈押領西方」が見えるのである。神泉苑の東西は三条面で八十四丈。しかし二条面は八十二丈で、二丈分は古くから押領されていたことがわかる。この二丈分は、隣接する「公領大学寮方十六丁町四方巷所」（①）の一部に含められており、それを当知行していたのが西坊城家であった

表2　明応2年（1493）相論関係史料

No.	月	日	史料名	出典	備考
①	3	27	智祐書状	メ－286	
②	4	14	智祐書状	メ－290	
③	4	14	廿一口方評定引付	ち－26	
④	4	15	廿一口方評定引付	ち－26	
⑤	4	15	長福寺永尊書状案	メ－291	メ－292も同様
⑥			東寺年預公遍（？）書状案	メ－332	
⑦	閏4	17	廿一口方評定引付	ち－26	閏4/16，17，18，19に関連
⑧	閏4	18	長福寺永尊書状案	メ－269	『久我家文書』1－152・153号参照
⑨	閏4	18	智祐書状	メ－294	
⑩	閏4	18	東寺年預公遍書状土代	メ－295(1)	⑩と⑪は一紙に書かれている
⑪	閏4	19	東寺雑掌聡快・増祐書状土代	メ－295(2)	⑦の「認折紙加両雑掌判形」に相当
⑫	閏4	20	長福寺永尊書状	レ－328	

表3　明応5年（1496）以降相論関係史料（⑦～⑱は明応7年，⑲は明応8年）

No.	月	日	史料名	出典	備考
①	6		東寺雑掌申状案	288－8	（楽），燈心文庫所蔵文書も同様
②	8	17	室町幕府奉行人連署奉書案	つ－5(6)	
③	9	10	室町幕府奉行人連署奉書案	ニ－93	
④	9	17	室町幕府奉行人連署奉書案	つ－5(7)	
⑤	9	24	室町幕府奉行人連署奉書	ニ－94	案文＝ユ－127
⑥	9		神泉苑雑掌陳状案	ト－139(5)	
⑦	4	22	公遍・慶清連署申状案	288－9	
⑧	4		東寺申状案	288－10	端裏銘＝6/4
⑨	5	29	室町幕府奉行人飯尾清房書状	（神）	288－14に同日付奉書が見える
⑩	5	30	室町幕府奉行人連署奉書	（神）	
⑪	6	2	長福寺永尊注進状案	288－11	
⑫	6	10	長福寺永尊書状案	288－12	
⑬	6	18	室町幕府奉行人連署奉書	288－13	
⑭	6	20	神泉苑田地支証目録	288－14	6/3付綸旨については不詳
⑮	6	20	室町幕府奉行人連署奉書	（特）	もと（神）所収
⑯	6	20	公遍請文案	288－15	
⑰	10	14	室町幕府奉行人連署奉書	288－16	案文＝チ－261
⑱	10	14	室町幕府奉行人連署奉書案	ゑ－64	
⑲	4	27	室町幕府奉行人連署奉書	コ－37	

【出典略号追加】
（神）：「東寺文書（神泉苑文書）」（東京大学史料編纂所架蔵影写本）
（特）：『特選総合古書在庫目録』10（京都古書研究会，1992）24頁所載

らしい。実は「西方田地」の問題については、今次の相論に先立ち、まず東寺自身が「紫泉苑西之辻外壬生通」《(ママ)》について「雨落」としての進退を求めていた。しかし公方渕底の沙汰により、往古より「西方」は「雨落沙汰」ができず、その競望は却けられていた。ところが今次、長福寺が「雨落」と号して辻より西、公領の内にいたるまで二丈に渡って打入り、田地を鋤返したのだ、と公領大学寮方の智祐は主張するのである（①）。

要するに、神泉苑と公領大学寮方の境界であったはずの壬生通りは、双方からの巷所支配によってはなはだ曖昧なものとなってしまっていた。神泉苑の西面築地がないのもそのはずで、〈隔壁の向こう側〉には、果てしなく田地が拡がっていたのである。

この相論でもう一つ興味深いのは、東寺と長福寺の利害が、公領大学寮方＝西坊城家方への対抗において一致していたことである。東寺は相論関係文書のなかで、思わず長福寺永尊のことを「神泉苑長福寺看坊」（⑧端裏・⑪）とさえ呼んでしまっている。しかしこれはおかしいと感じたのか、慌てて「神泉苑」の部分を抹消している。果たしてこの抹消符の意味が顕在化したのが、明応五年以降の第二次相論（表3参照）であった。

（端裏書）「就㆓神泉苑㆒目安案明応五丙辰」

東寺雑掌謹言上、

就㆓神泉苑㆒事、停㆓止三条大宮長福寺僧永尊之濫妨㆒、欲㆑令㆑全㆓当寺之領知㆒状

右当苑者往古称㆓乾臨閣㆒　主上御遊之砌也、然　淳和天皇御宇天長年中、〔依㆓〕普天之大旱㆒、勅㆓高祖大師㆒、被㆑修㆓請雨経秘法㆒之刻、善女龍王親現㆓真身㆒、従㆑澍㆓洪雨於率土㆒以降、号㆓神泉苑㆒、永被㆑定㆓置祈雨之道場㆒、当寺一宗之領知、異㆓于他㆒之霊地也、爰長福寺、依㆑為㆓近所㆒致㆓奉行㆒、令㆓警固㆒之処、彼寺僧永尊、近年或去㆓堺畔之石㆒、穿㆓築垣㆒、開㆓耕田㆒、或落㆓泉流㆒、牽㆓用水㆒通㆓溝於境内㆒、養㆓他領之田畠㆒、剰懸㆓取井料溝代㆒、宛㆓私用㆒等之条、濫吹之至以外之所行也、所詮不日被㆑追㆓放彼永尊㆒、如㆑元全㆓寺家之知行㆒、以㆓洛中之人功㆒、

立ニ直堺畔之石一、可レ停ニ止耕作一之旨、被レ成ニ下　御成敗一者、弥可レ致ニ天下泰平御家運長久之精祈一者、仍粗
言上如レ件、

明応五年六月　日　（①）

右によれば、神泉苑を警固してきた長福寺永尊が、遂に堺畔の石を撤去し、築垣を穿って、境内に開田以下の乱行に至ったというのである。と同時に、この史料は東寺の変貌をも語っている。「当寺一宗之領知」「寺家之知行」と見えるごとく、いまや神泉苑を「東寺領」とする認識が、公然と提示されるに至ったのである。(71)

幕府による再三の命令（②〜⑤）にようやく腰を上げた永尊は、神泉苑は往古より長福寺が「御勅定」「御判」によって守護し、「東寺・長福寺如ニ水魚一申合致ニ成敗一ぉ在所也」とし、井料百疋も長福寺が納所している、と自己を正当化する。そして「一乱」以来諸家被官人の「境於越」＝越境侵犯行為の成敗をしてきたことを陳べ、今回の堺畔石掘倒も桂左衛門という百姓の仕業であるとして、一貫して《結界》を守ってきたことを主張している（⑥）。だが事実はそうではなかった。相論はここでいったん沈静化するが、問題は一年半後になって再燃する。

明応七年四月二十二日、東寺は幕府奉行人飯尾清房宛に「開田畠」の停止を求めた（⑦）。これによれば「神泉苑之境内、剰築墻内、開ニ田地一之間事、相ニ尋農作之族一処、大勧進之僧永尊仁申合、令ニ開作一之由、粗返答仕候」と見え、農作の主体が永尊であることが露見したのである。ここに幕府は永尊の狼藉停止を命じたが（⑨⑩）、永尊はなおしたたかに抵抗した。すなわち六月二日、「神泉苑境内開ニ田地二」の耕作百姓の交名を注進、弁明したところによれば、「前々より申付分」の巷所作人として、下京酒屋澤村の下人桂左衛門、「当年申付分」として薬師寺元長の被官の名が挙げられている（⑪）。おそらく彼らは、実際には永尊のもとに耕作していたと見てよいだろう。永尊はまた、六月十日、辻墻の内を鋤返して紛れなくし、巷所と他領との境の透き目・杭を確定して鋤返すことについて、善処の姿勢を示し、上意として人夫以下を命じてほしいと要請した（⑫）。しかし現実には「永尊僧、差ニ日限一雖レ捧ニ請文一、

猶不二事行一」であったため、十八日になると幕府は強行手段に出て⑬、永尊の綺いはここに否定され⑮、看坊永尊の改易が長福寺住持尊寿に命じられることになった⑰⑱。

しかしこれで問題が落着したわけではなかった。明けて明応八年、事態は再び「今度又為二長福寺一称レ申二給寺領之安堵一、相二語方々悪党一、立帰相二計彼池一、剰非二上裁一、打二置制札一、任二雅意一云々」となり、幕府は「所詮於二彼制札一者、則被レ退レ之、至二当寺一者、重而被レ成二御下知一之上者、弥止二非分輩之競望一、為二一円進止之地一、可レ被レ専二御祈禱一由」を命じることになる⑲。

明応の二つの相論は、神泉苑大勧進としての三条大宮長福寺の変質過程そのものであった。いまやかつての王権の《結界》の担い手は、越境侵犯者に変貌してしまったのである。それは勧進上人その人が請負う段階から、次第に定着し、恒常的管理を果たすまでにいたる、勧進の自己権利化の道程であった。東寺の変貌はこの長福寺の変貌と表裏一体であり、挙げ句の果て幕府までが、神泉苑が東寺の「一円進止之地」であることを認めてしまう。これは要するに池／荒野／築垣の分節を否定し、均された空間を措定することであり、《結界》構造の外観上の喪失を意味する。大内裏が内野に変貌したのに遅れること二百数十年、神泉苑もまた終焉の時を迎えつつあると言えよう。

(2)「芝原」という名の田地

すでに見たように、長福寺は武家とのコネクションを濃厚に有していた。おそらくは細川氏とも関係していたのであろう、文亀二年（一五〇二）には淡路彦四郎、すなわち淡路守護細川尚春が、神泉苑に対し「混二長福寺領一、無レ謂押妨」を行なっており、神泉苑見廻役を東寺から命じられていた五郎三郎の請文（よ－148）がこの事態を伝えている。そして永正三年（一五〇六）三月になると、東寺が幕府に提出した「東寺領山城国中近年押領所事」なる押領注文（チ－149）に、次のように見える。

一神泉苑築垣幷犬走之事、(追筆)「此一ケ所、依二賀州《飯尾》意見一除レ之了、無レ謂事也、」
近年淡路彦四郎殿押領、

我々はここに至って、神泉苑の「東寺領」認識の成立を、はっきりと確認することができる。奉行人飯尾清房の意見により一旦は抹消されているが、東寺にとってそれは「無レ謂事也」と言うほかなかったのである。

永尊との相論をたたかう過程で東寺が標榜するに至った「東寺領」認識は、ここへ来てもはや動かしがたい既成の事実であった。幕府もまた（永正五年）九月六日の奉行人奉書（281―29(1)）で、「当寺境内神泉苑」の当作毛を東寺に寄進することとし、境内の検知が行なわれている。

神泉苑の田地はいまや、現田三町三段・苅田一町九反半に及び（ケ―210）、神泉苑八町の過半を占める規模に及んでいた。ここに他の越境侵犯を否定し、「当作毛」に限って東寺が取得することとなったわけである。とすれば、ここで言う「当寺境内」認識は、決して東寺の田地知行そのものを認めたわけではなかったことになる。事実右にさきだつ八月十日には、神泉苑に対する幕府禁制（281―29(2)）が出されており、そこでは炎旱祈雨霊地として「於二池辺境内一開発耕作事」が禁じられている。おそらくこれは他の押領ばかりでなく、東寺自身の耕作をも含んでいたと考えられる。「東寺領」神泉苑の成立は、少なくともこの段階にいたっても建前上は田地知行までを含まず、「境内」としての成立でなければならなかった。

永正十八年（一五二一）二月、奉行人飯尾貞運宛、東寺観智院真海書状（288―18）も、基本的にはこの流れに沿う。すなわち神泉苑が「去々年被レ返二付寺家一候」のち、「如レ元可レ成二芝原一之由」を命じたが、なお耕作を止めない者がいるとして、幕府の制札を請うているのである。ただ東寺が本気で芝原化を考えていたかどうかは疑問であろう。これはかつて明応二年の相論の結末において、長福寺永尊が「大方は寺家（＝長福寺）にも築地壇ハ広野中候て置度存候」（表2⑫）と述べたのと、同様の方便ではなかったか。

永正年間を過ぎると、神泉苑の史料的痕跡は殆ど見られなくなる。[72] 東寺百合文書では僅かに大永元〜二年（一五二一〜二二）の五方散用状（チ－176）に神泉苑制札関係の出銭が見える程度である。洛中洛外図屏風の中世末期諸本も神泉苑を描写範囲に収めていない。そうしたなか、僅かに天文四年（一五三五）十二月四日端裏銘の後奈良天皇女房奉書[73]と、天正四年（一五七六）三月十三日端裏銘の正親町天皇女房奉書[74]があり、いずれも神泉苑田地に触れている。特に後者は、本章が論じ来ったところとよく符合する、興味深い事実を含んでいる。そこではまず、神泉苑の荒廃によって天下も治まらず、それゆえ「右大将《織田信長》とのより、もとのことく東寺へ返しつけられ候」とする。これは神泉苑の押領を否定し東寺領たることの再確認であるが、しかし他方、東寺が「わたくしこと」すなわち私的な所務に関わり訴訟することは「ひふん《非分》のくせ事」であり、掃除以下に専念することが命じられているのである。東寺による神泉苑の私領化の動きはここからも明らかである。では、この女房奉書で言われるごとく「四し《四至》・はうし《牓示》・ついかき《築垣》まても、さしつ《差図》のことくさいこう《再興》」することは、果たして実現したのだろうか。

よく知られるように、神泉苑の再興勧進は慶長十二年（一六〇七）、筑紫出身の快雅（快我）法師を待たねばならなかった[75]。しかし、時すでに神泉苑の北半分は二条城の一部と化してしまっていた。新造の二条城こそは、徳川家康が征夷大将軍任命直後、拝賀の礼を行なった場であった[76]。残された南半分の神泉苑は、いまや王権の象徴的空間たる使命を終えた。近世神泉苑は東寺宝菩提院に付属する一寺院へ転生していくことになったのである[77]。

おわりに

神泉苑に対する越境行為は、苑池の豊かな水を利用しての「田地作毛」に留まらなかった。文明十七年（一四八五）、所司代多賀の立石持出事件で言えば、藤原道長が法成寺に新造する長堂の礎石を神泉苑から曳いたという前例もあった。[78] また中世後期、京都最大級の造り酒屋であった五条坊門西洞院の柳酒屋は、康正三年（一四五七）、車六両に及ぶ「土取」を東寺に申し出ている（ヱ－86）。これはおそらく請雨経法における護摩壇の「土取」[79]に因むもので、神泉苑の土を使うことが一つの信仰表現でもあったのだろう。[80] かくして神泉苑の石や土の利用者はあとを絶たず、苑が疲労し、荒廃するのは、なりゆきであった。

こうしたなか、《結界》の思想はこの間断なき越境侵犯と角逐すべく、不断に立ち上げられてきた。後醍醐王権のもとに成立した三条大宮長福寺はこの思想を具現し、やがてそれを恒常的に果たす存在となっていく。しかしその立場が実体を得て既成事実化したとき、かつての《結界》の担い手は越境侵犯者への変貌を見せ始める。これはまさに、大勧進職の〈脱体制化〉と言ってよい。そして、それとともに東寺も変貌を来す。かつてあくまで私領でないと主張した東寺が、いまや「東寺領」たることを公然と標榜するにいたるのである。誰のものでもなかった《結界》の内部は、下京酒屋澤村の下人や武家被官人らの、各種京都住人の利害をも巻き込みながら、いまや私欲世界の坩堝、その縮図となっていたのである。

だがそもそもこの私欲世界は、初めから神泉苑という場の属性ではなかったか。「はじめに」でも述べたとおり、貞観五年（八六三）の神泉苑御霊会は、宣旨によって苑の四門を開き、「都邑人出入縦観」＝越境侵犯をゆるすものであった。さらに貞観四年には「是月、京師人家井泉皆悉枯竭、所レ有レ水之処、人相借汲用、是日、勅開二神泉苑西北門一、聴二諸人汲一レ水」[81]と見え、炎旱に際し、ここでも勅によって神泉苑の門を開き、諸人が池の水を汲むことがゆるされているのである。いちいちの挙証は省略するが、炎旱時に近隣百姓に用水を引くことを許可した徴証は、九〜十世紀の史料において枚挙に遑がない。神泉苑は、王権の支配統合原理において、越境侵犯を認容された空間だったのである。中世末期に田地化したとしても何ら驚くにあたらない。

しかし越境侵犯は無秩序に行なわれてはならなかった。その点で、同じ時期の貞観七年に執り行なわれた神泉苑疫神祭という都城の《結界》には、秩序の恢復という、支配統合原理のいま一つの相貌が示されている。それは、京職が「東西九箇条男女」に人別一銭を賦課することによって布施供養を創出するという、「京邑人民の功徳」を引き出すことによって実現したのである。[82]神泉苑大勧進職の思想は、本来その延長線上にあったはずである。室町幕府が築いた東面の隔壁はおそらく、この、無秩序のなかの秩序をかろうじて表象している。それは形骸化しつつも惰性的に想起されるシステムとしての天皇と、同じ役割を担うモニュメントであったに違いない。壁の向こう側は闇である。見えないことにしておかなければならなかったのである。

註

＊以下の註では、東寺観智院金剛蔵聖教文書、東寺百合文書については、本文中同様、函数(函名)－号数のみを略記する。

（1）Roland Barthes, *L'empire des signes*, d'Art Albert Skira, 1970, pp. 43-46. 宗左近訳『表徴の帝国』（ちくま学芸文庫、一九九六年、初出一九七四年）。

（2）田中貴子『百鬼夜行の見える都市』（新曜社、一九九四年）。

（3）オギュスタン・ベルク（宮原信・荒木亨訳）『都市の日本――所作から共同体へ』（筑摩書房、一九九六年、原著一九九三年）。

（4）垂水稔『結界の構造――一つの歴史民俗学的領域論』（名著出版、一九九〇年）。なお、ここで敢えて「我々」と言ったのは、こうした共同性の措定、心の働きこそが《結界》である、という点に注意を喚起するためである。

（5）林屋辰三郎「湖底の風土――神泉苑」（『京都』岩波新書、一九六二年）。

（6）『日本三代実録』（新訂増補国史大系）貞観五年五月廿日条。

（7）第1節(3)項参照。

（8）西田直二郎「神泉苑」（『京都史蹟の研究』吉川弘文館、一九六一年）。原型は『京都府史蹟勝地調査会報告』七、一九二六

年。また「史蹟としての神泉苑」（『密宗学報』一七五〜一七七・一七九〜一八〇号、一九二八年）もある。なお、神泉苑に関する文献を以下に掲げておく。横井時冬「神泉苑考」（『日本学会雑誌』七号、一八九〇年）。太田静六「神泉苑考」（『建築学会論文集』四号、一九三七年。「神泉苑の研究」として『寝殿造の研究』吉川弘文館、一九八七年に改稿所収）。栗野秀穂「神泉苑の事ども」（『史蹟と古美術』二〇—二号、一九三八年）。川勝政太郎「神泉苑」（『林泉』六九号、一九四〇年）。藤田元春「史蹟神泉苑」（『史蹟名勝天然記念物』一五—一〇号、一九四〇年）。坂東善平「神泉苑遺蹟について」（『古代学研究』二八号、一九六一年）。村山修一「神泉苑」（『平安京』至文堂、一九六六年）。村井康彦「神泉苑の四季」（『平安京と京都——王朝文化試論』三一書房、一九九〇年）。高橋昌明「よごれの京都・御霊会・武士——続・酒呑童子説話の成立」（『新しい歴史学のために』一九九号、一九九〇年）。中澤克昭「王権と狩猟——後鳥羽・神泉苑・鹿狩」（『中世の武力と城郭』吉川弘文館、一九九九年）。

（9）２８８—３。

（10）東寺文書（観智院）（東京大学史料編纂所架蔵影写本）所収の差図では、これを「右築地」と誤写している。

（11）リ—１５７。なお阿刀文書（東京大学史料編纂所架蔵影写本）所収の「築地次第」とは若干異同がある。

（12）『続群書類従』第二十五輯下。なお２６８—２１、２６８—２６などの請雨経法も参照。

（13）『続群書類従』第二十五輯下。

（14）『今昔物語集』（日本古典文学大系）巻十四。

（15）『元亨釈書』（新訂増補国史大系）巻二十九。

（16）『続群書類従』第二十六輯下。なお同様の記述は、『雨言雑秘記』所引「二四字」や、２６８—２１、２６８—２２、２６８—２４紙背、などの請雨経法にも見える。

（17）『雨言雑秘記』所引「大雲請雨経」。２６８—２１、２６８—２２。

（18）『玉葉』（国書刊行会刊本）建久二年五月十四日条。

（19）ヲ—４８紙背文書(2)、（応永八年）十月廿七日隆禅書状。

（20）エ—８６。前掲註（8）西田「神泉苑」の第7図がこれに相当する。

(21)『太平記』(日本古典文学大系)巻十二。以下、『太平記』の引用はすべてこれによる。

(22)『続古事談』(『群書類従』第二十七輯)。なお、この故事に関しては、『日本紀略』(新訂増補国史大系)天禄三年六月廿八日条を参照。

(23)いずれも『大日本史料』第一編之十三、四五四～四五五頁。

(24)『百錬《(マヽ)》抄』(新訂増補国史大系)安元三年四月十八日条。

(25)空也堂の位置は異説も多いが、『山城名勝志』(増補京都叢書)四によると(神泉苑南門跡にあたる)三条櫛笥に所在。なお空也と神泉苑の関係については、西口順子「成仏説と女性――『女犯偈』まで」(『日本史研究』三六六号、一九九三年)も参照。

(26)『康富記』(増補史料大成)文安六年四月十三日条、十四日条、六月十六日条等参照。

(27)『康富記』宝徳二年五月二日条。『師郷記』(史料纂集)四月廿六日条、五月二日条。

(28)『満済准后日記』(『続群書類従』補遺一)永享四年六月六日条。

(29)神泉苑文書(東京大学史料編纂所架蔵写真帳)。東寺文書(神泉苑文書)(同影写本)。

(30)ち－23、「廿一口方評定引付」文明十二年九月廿八日条～十月二日条。

(31)『九条尚経日記(後慈眼院殿御記)』(『図書寮叢刊』九条家歴世記録、二)明応三年十月十三日条。

(32)例えば文正元年(一四六六)の大嘗会料賦課の場合、東寺境内・諸坊では、「自㆓大宮㆒東」が前年地口銭を取られている関係で、大宮より「西」に棟別が懸けられている(く－25、「廿一口方評定引付」同年三月十三日条)。

(33)永享十年十一月二日室町幕府奉行人連署奉書(本能寺文書、東京大学史料編纂所架蔵影写本)。

(34)『夕拝備急至要抄』(『群書類従』第七輯)下。

(35)ち－10、「廿一口方評定引付」永享六年六月一日条。

(36)『西大寺関係史料(一)――諸縁起・衆首交名・末寺帳』(奈良国立文化財研究所、一九六八年)。松尾剛次「西大寺末寺帳考――中世の末寺帳を中心に」(『勧進と破戒の中世史』吉川弘文館、一九九五年、初出一九九二年)。

(37)細川涼一「中世律宗と国家――鎌倉末期の政治・社会状況の中で」(『日本史研究』二九五号、一九八七年)。

(38) 岡見正雄校注『太平記㈠』(角川文庫、一九七五年)補注一―四二。
(39) 網野善彦『異形の王権』(平凡社、一九八六年)一八〇頁。
(40) なお『鎌倉遺文』三二二九一号は、端裏書の日付を誤読しているので注意を要する。
(41) (b)は『久我家文書』(国学院大学刊本)第一巻、八〇号。(c)は同、一五二号。(b)に智教が見えることについては、樋口大祐氏のご教示を得た。また久我家をめぐっては、同「『五代帝王物語』の成立背景――王権的秩序と外部の間で」(『国語と国文学』七三―九号、一九九六年)も参照。
(42) 『迎陽記』(国立公文書館内閣文庫所蔵写本)九所収、永和三年二月廿八日山名氏清願文写。
(43) 『古典籍下見展大入札会目録』(東京古典会、一九九三年)八五号。当史料については、高橋敏子氏のご教示を得た。
(44) 『政事要略』(新訂増補国史大系)巻七十。
(45) 『小右記』(大日本古記録)長和五年六月十二日条。
(46) 別当としては『古今著聞集』(日本古典文学大系)巻三、政道忠臣―七五に近衛次将、『拾芥抄』(新訂増補故実叢書)中に長保年中藤原道綱が見え、預については『貞信公記』(大日本古記録)承平元年三月卅日条に見える。
(47) 『延喜式』(新訂増補国史大系)左右京職。
(48) 『東長儀』(『続群書類従』第二十六輯下)に明記される。
(49) 『吉記』(増補史料大成)養和元年六月十六日条以下、鎌倉時代を通じて古記録に頻見。なお、国家財政史における成功を論じた研究としては、上島享「成功制の展開――地下官人の成功を中心に」(『史林』七五―四号、一九九二年)を挙げておく。
(50) 本書第1章1節。
(51) 仁和寺文書(『鎌倉遺文』六一一三号)。
(52) 五味文彦「歴史的構図」(『平家物語、史と説話』平凡社、一九八七年)。
(53) 『解註謡曲全集』巻六(中央公論社、一九八五年)。
(54) 冨倉徳次郎『平家物語全注釈』下巻㈡(角川書店、一九六八年)二九一頁は、「天狗」のモティーフにおいて、文覚と『太平記』巻二十五における春雅・智教・忠円らとの類似性を指摘している。なお、ここでは充分に果たされているとは言えないが、『太平記』というテクストにおける事実と神話のイロニー（別言すれば〈歴史〉というものが不可避的に背負っている制度性の問題）については、他日の課題としたい。

(55)『吾妻鏡』（新訂増補国史大系）寛喜三年十月十二日条に、御家人役として見える。

(56)『明月記』建仁二年五月四日条（冷泉家時雨亭叢書『明月記』一、二三四頁）。その他、いちいちの例示は省略する。また『古今著聞集』巻十二―四二四も参照。

(57)但し実際には寛喜三年当時、後鳥羽は存命している。

(58)中ノ堂一信「中世的『勧進』の形成過程」（日本史研究会史料研究部会『中世の権力と民衆』大阪創元社、一九七〇年）。

(59)三宝院文書（東京大学史料編纂所架蔵影写本）第一回採訪、三、十七丁オ～十八丁オ。

(60)く―4、「廿一口方評定引付」応永十五年六月十九日条。

(61)ヌ―162(6)に文安三年五月七日長福寺皎雅書状があり、その頃のものであろう。

(62)『東寺執行日記』（国立公文書館内閣文庫所蔵写本）永享四年六月九日（ヨリ）条。

(63)『東寺執行日記』永享十二年六月廿八日条。

(64)へ―76、廿一口方幷久世方仕足注文。

(65)天地―14、「廿一口方評定引付」応永九年七月廿一日条。

(66)ヲ―48・49・50、ひ―31。

(67)『東寺長者補任』（『続々群書類従』二）永享四年条。既往刊本の「暁推」は誤り。なお『東寺執行日記』永享四年六月十五日条、十一月十日条では「暁我」と書く。

(68)この宮中真言院事始は「武家御沙汰」（『東寺長者補任』）で、『満済准后日記』永享四年六月十五日条に、将軍義教の用脚負担、三条大宮長福寺の沙汰と見える。足利義教の将軍専制を巡る問題は佐藤進一「足利義教嗣立期の幕府政治」（『日本中世史論集』岩波書店、一九九〇年、初出一九六八年）以来の関心事であるが、『大内裏抄』（『続群書類従』第三十二輯上）は、永享の真言院・神泉苑修理を等しく「普広院将軍再興」として特筆しており、両所の復興がすぐれて政治的意味を有するものであったことを示唆している。

(69) け－39、「廿一口方評定引付」文明十七年六月十五日条。

(70) 久我家奉行所宛、(年未詳)十二月十六日永尊書状(『久我家文書』第一巻、一五三号)参照。

(71) なお東寺領認識の初見は、文明十七年の多賀高忠立石持出事件における「大師以来当寺進止」(ナ－80)。長禄の相論以降、度重なる越境侵犯との角逐の所産であろう。

(72) 但し近世・近代史料は、254・279・288の各函に大量に残されている。

(73) 三宝院文書、第一回採訪、五、二十九丁ォ～三十一丁ゥ。

(74) 前掲註(29)史料。

(75) 神泉苑文書(東京大学史料編纂所架蔵写真帳)二～一〇頁所収勧進状。

(76) 林屋辰三郎「二條城の歴史」(『元離宮二條城』京都市、一九八六年)。

(77) 『神泉苑略記』(増補京都叢書)。なお288－21所収の四通の文書によれば、寛永十一年(一六三四)、神泉苑上人快我から宝菩提院亮春へ「神泉苑住持職」が譲与されている。

(78) 『小右記』治安三年六月八日条。なお万寿元年三月廿七日条も参照。

(79) 永久五年の請雨経法についての、田中勘兵衛氏蔵「神泉苑古図」(『京都府史蹟勝地調査会報告』七「神泉苑」図版第二、または前掲註(8)横井論文)に見える。

(80) 京中酒屋と神泉苑との関係は、第3節(1)項の澤村の例もあり、後考を要する。

(81) 『日本三代実録』貞観四年九月十七日条。

(82) 『日本三代実録』貞観七年五月十三日条。

付論2　存在被拘束性としての洛中洛外——瀬田勝哉『洛中洛外の群像』によせて

1

『洛中洛外の群像』(1)の著者瀬田勝哉は、そのあとがきで「はっきりした問題意識を持ち、目標を見定めつつ一貫した研究をしてきたのではない自分が白日のもとに曝された」「何かにおもしろさを感じたら、つきあってみて、そのおもしろさの原因、由来をつきとめる、それが自分のやり方だ」と書いている。もちろんこうした謙遜の辞を、額面どおりに受け取るわけにはいかないが、それでも誤解をおそれず敢えてこだわってみるならば、「おもしろさの原因、由来」というのはなかなかに気になるフレーズである。

おそらく「何かにおもしろさを感じたら、つきあってみ」ることは、すべての研究者が不断に行なっていることだろう。だが、おもしろいから研究をすることと、「そのおもしろさの原因、由来をつきとめる」こととは、全く異なっている。評者が同書の書評を引き受けた理由の一つは、実は著者のこのフレーズにあると言っても過言ではない。いかなる研究も、その研究者が投げ込まれている世界と無縁には存在しえない(従って〈素朴実証主義〉をわざわざ標榜する類の態度には警戒を要する)が、その世界と研究者の関係が自覚されているかどうかが、読む上での一つの判断基準となる(2)。そしてその「おもしろさ」なるものが、実は予想以上に研究者の一人称的な体験に根差していることを、初めて自覚した時の衝撃なしに研究を続けられる、などということはおよそ信じられない。

著者ははじめ、『洛中洛外との対話』を書名として考えられていたようである。前出の「つきあい」やこの「対話」こそが、実は右述の意味での著者の内的衝動であったのだろう。実際のところ、これらの語は、著者と研究対象とを取り結ぶ関係ばかりでなく、編集者や先生、先輩、友人、学生等の、著者を取り巻く人的交流に対しても全く同様に用いられている。著者にとって、他者との対話、コミュニケーションこそが、そのモティーフの基底にあると言ってよい。

その他者性の感性は、副題として選ばれた「失われた中世京都へ」によく表れている。そして読者は、この本を読み始めて間もなく「見落とされた」「失われた」といった言葉と随所で出会うことになる。なかでも「失われた五条橋中島」の補論末尾には、著者の研究姿勢を窺い知ることのできる、次のようなマニフェストがある。

> 中世から近世にかけての激変の過程で、何は残り、あるいは形を変えつつも受継がれ、何はそっくり消えてしまったのか、人も、空間も、物も、精神も。そういう中世と近世の落差に目をやりつつ、「失われたもの」の復権を求める作業を私は続けたいと思う。

著者はなぜ「復権を求める」のか、その理由までは語らない。しかし一方、著者の姿勢の際立った特色として、「失われたもの」を掘り起こす主体が「私」という一人称で語られる点に気づかされる。読者は、最後まで一貫して「私」あるいは「私たち」といった一人称で語る著者の叙述世界に、知らず識らずに引き込まれていくのだ。すなわち冒頭の洛中洛外図の分析からして、早くも、「真剣な関心を寄せることもなかった」〈私たち〉は、「意識して描いた」〈絵師〉、「はっきり認識していたにちがいない」〈絵を見る側〉との対比の軸のなかに編制されることになる。私、あるいは私たちは、なぜ復権を求めなければならないのか。なぜそれは失われてしまったのか。このことは、著作全体を通覧した上で、批評の最後に考えることにしよう。

2

まず初めに、全体の構成を掲げる。紹介の便宜上、各論文の冒頭に番号を付し、あわせて初出年をも付記した。

Ⅰ　上杉本洛中洛外図から

①**馬二題**――上杉本洛中洛外図の一齣（一九八七年）
②**失われた五条橋中島**（一九八八年）
③**弁慶石の入洛**（一九九二年）
④**公方の構想**――上杉本洛中洛外図の政治秩序（一九九四年＝新稿）

Ⅱ　洛中洛外の時代

⑤**荘園解体期の京の流通**（一九九三年、脱稿＝一九八五年）
⑥**伊勢の神をめぐる病と信仰**（一九八〇年）
⑦**飢饉と京菓子**――失われた創業伝説（一九八六年）
⑧**中世の祇園御霊会**――大政所御旅所と馬上役制（一九七九年、原型＝一九六五年）
⑨**五条天神と祇園社**――『義経記』成立の頃（一九八六年）
⑩**下人の社寺参詣**――抜参りの源流（一九八四年）
⑪**一青年貴族の異常死**――父・山科言国の日記から（一九八九年）

上杉本洛中洛外図を素材とする第Ⅰ編と、文献史料を素材とする第Ⅱ編とは、美しいほどに相似形の章立てでもって論考が排列されており、そこに明確なプログラムの存在を窺わせる。そのプログラムに留意しながら、内容を見ていこう。

第Ⅰ編は、周知の論文「菅浦絵図考」[3]で早くから絵図の解読に手腕を発揮された著者らしく、鋭い着眼が光る好編がつづく。

①はまず、上杉本洛中洛外図の右隻第四扇に見える「米屋に馬」の場面を、ほかならぬ三条烏丸場町の米場であるとする。四府駕輿丁として人的には朝廷に掌握されていた米座を、地子銭＝土地の面から掌握しようとした室町幕府にとって、そこは貨幣流通支配上のシンボル的な場でもあり、まさに「巨大な政治と経済の交錯する現実世界」であった。

次に著者は、右隻第二扇の「風流踊」の側で「見落としてしまいそうな」暴れ馬に視線を注ぐ。そこは五条室町の釘貫の外、伯楽座の故地であり、この場面は天文十三年（一五四四）ごろに再興された馬市の興行が意識されて描かれたもの、とする。

「洛中諸口駄米」であれ「馬場市」であれ、①における著者の着眼点が京の〈流通〉の一齣にあることに変わりはない。読者は、第Ⅱ編が⑤で始められることの意味を、ここで早くも考えさせられることになるわけである。

②は、中世の五条橋に「見落とされた」中島を発見する。近世以降の五条橋とは異なり、中世には中島を介して二つの橋が架かっていた。中島には陰陽師安倍晴明の伝承を有する法城寺・晴明塚があり、大黒信仰を担う声聞師の拠点とおぼしき大黒堂も見え、また、河原者が治水神を祀る夏禹王廟もあった。総じて五条橋中島は、京の死命をも制しかねない鴨川洪水の平穏を祈る地であったと言えるが、豊臣秀吉による陰陽師弾圧、「大きな政治権力の都市構想」のもとに、五条橋中島の世界も消滅し、鴨川治水も御土居の構築によって代位されていった、とする。

ここでも「失われたもの」を追究する著者であるが、実のところ②のキー・ワードは〈治水〉[4]である。五条橋は中世、鴨川の洪水によってしばしば落ちており、そのことによって流通の途絶をも招いているが、秀吉の「都市構想」

以前はこの問題に誰がどう立ち向かい、どのような信仰を生んだのか。〈流通〉につづいて〈治水〉がテーマとして取り上げられているのは、偶然ではなく、等しく京都を外界との関係から捉えたものと言える。

ついで③で取り上げられるのは、右隻第三・四扇に描かれた弁慶石の由来である。まず近世の地誌には弁慶石の由来を巡る二つの伝承があり、鞍馬口にあった弁慶腰掛石が鴨川の洪水で三条辺りに流れ着いたとするA説、奥州平泉の弁慶石が入洛し三条京極律寺に安置されたとするB説を検討する。そして、後者の「伝承」(『山州名跡志』)の古さを確認した上で、さらに五条橋を目指したという弁慶石の「史実」(『臥雲日件録』)とを比較する。この結果、両者は同一のもので、結局、享徳元年(一四五二)五条橋を目指して上洛した弁慶石が、何らかの事情で三条京極に鎮座し、松を植えて祀られた、と結論する。なぜ三条京極だったかについては、神の依代となる霊力ある力石として洛中・洛外を境う場に置かれた、と説明する。この弁慶石は、少なくとも信長時代までは、ハレの日の主役として人が集い、酒を飲む広場を作り出していたという。著者は、この空間の「一変」を、ここでも秀吉による都市改造に求めているようである。

第Ⅰ編の最後を飾る④は、これが初出であって、かつ景観/制作年代を巡って諸説紛々の上杉本洛中洛外図そのものを根柢から問い直すものとなっている。天文十六年(一五四七)の写実表現とした今谷明の説に「正面から向き合う」ことによって、驚くべき結論に到達する。そこではまず、新たに法華寺院妙顕寺の寺号に着目することで、「人の目に公然と触れる」「公的な」屏風に当時憚られる寺号が書かれるはずのないことから、屏風の完成は早くとも天文二十一年(一五五二)であり、「天文十八年の政変で崩壊し失われたもの」をも描く「復元表現」であるという前提に立つ。ついで松永久秀邸と門前の左義長の場面を天文~弘治期のハレの行事を意識的に描いたものとして、十八年以前の細川晴元体制という議論の前提を取り外すことによって、総じて上杉本の「異時同図」性、すなわち政治的に対立するものを描き、かつそれを調和・包摂する、より上位の「政治秩序の構想」の存在を見出していく。視座の中心に据えられるのは公方であり、足利義輝の「平和構想」こそがこれに叶うもの、ということになる。右隻第六扇の武衛＝旧斯波邸前の闘鶏の幼主こそのちの義輝であり、義輝－関白近衛前久－上杉謙信の盟約関係からも、最終的に上杉謙信の手に渡ったことは首肯ける。結局上杉本は義輝が三好・松永によって壮絶な死を遂げる永禄八年（一五六五）以前の構想・制作ということになる。

④は上杉本洛中洛外図の年次比定という、いわば所与のものとしてある課題に取り組みながら、同時にそれが「失われた」政治体制と現体制の画面上の角逐という、著者ならではの着想に支えられていることが興味深い。本来はナラティヴな構成画面を指して用いられる「異時同図」というタームをここで敢えて導入されたのも、あるいは著者が全体の構想として持つ「中世から近世にかけての激変の過程」のプロット[5]を、図らずも反映するものと言えようか。さらには、そうした角逐を調和する、より上位の「政治秩序の構想」もまたやがて「痛恨」にも失われていく、そのことへの着目は、やはり「失われたもの」への著者の眼差しの根源から発せられたものであろう。

ところで、この「公方の構想」説に対しては、すでに黒田日出男の応答があり[6]、瀬田説を受けとめた上で、瀬田がペンを止めたそのさきにまで議論を進め、「謎解き」は解決をみたかのようである。ただ瀬田のモティーフを論じる当書評にあっては、事の詳細は同書の書評に譲るのが筋であろう。

それでは、第Ⅱ編に移ろう。

⑤は荘園解体期の京都を〈流通〉問題から捉え、商品経済「発展」、荘園「解体」の時代に商工業者と領主権力はそれぞれどう「対応」「対処」していったのかを論じる。

まずは第Ⅰ編①と同じく米場座が取り上げられ、応仁の乱以前におけるその前提情況を考察する。そこで著者は、永享十年（一四三八）の四府駕輿丁請文や、同三年の著名な〈閉塞型飢饉[7]〉に共通する「多数の米商人がある目的に向けて結集し集団的行動をとった」ことに注目する。幕府権力安定期の大都市京都において、米の需要増＝慢性的米不足により米価が高騰したこの時期、米穀流通業界の編成が幕府と米商人の「共同の構想」のもとに成り立った、と推定する。ついで応仁の乱の前・後の率分関を比較し、口関率分に見られるような律令制的五畿七道観で説明される京都の姿にかわり、「見入」という言葉に代表される「凝縮されたコンパクトな世界としての京都（洛中洛外）」の現実世界を見出す。さらに、京都内部ではなく周辺部に拠点を持つ小野供御人・粟津供御人の、社会の変化に対する「対処」の論理を、自分商売から他国商売に乗り出し、あるいは近隣供御人の包摂・京都座子の吸収により集団化する、といった「再編」過程に求めている。そして最後に、権力が設定した洛中洛外という制度的空間が、商工業者の権益空間としての相貌をも顕していくことを述べる。以上を要すれば、応仁の乱以前には乱後のようなコンパクトな凝縮性ある都市は見られず、流通活動のシステムの未成熟、人口膨張と都市の拡散性など、輪郭が捉えにくい。また乱後についても、そのコンパクトな諸都市の「複合都市」としての洛中洛外は、「有機的な結合体」ではなく、「諸都市をつなぎとめた主体性ある『惣』的連合」の存在も疑問とせざるを得ない、ということになる。

要するに⑤は、〈流通〉の構造変動の問題を、内と外の分割、「結集」「連合」の契機との関連から問うものと言えるだろう。では、つづく⑥〜⑩はどうか。洪水・飢饉・疫病や「精神的領域における病」、あるいは怨霊の問題、信仰の空間とその都市における布置の問題などを扱ったこれらが、いずれも他者認識に関わるテーマを巡って、事実上第Ⅰ編②〜③のパラフレーズとなっていることは、構図として見易いだろう。

まず⑥は、「政権所在地であり、かつ巨大な人口密集地で地方からの流民を抱え込む都市」に「固有」な病のあり方とそれへの対応を探るため、平安時代以来の御霊会とは別なる中世的対応として、「治病神」としての伊勢の神に注目する。応永二十七年（一四二〇）の将軍義持狐付事件を機とする室町殿医師高間の失脚と三位房以下坂氏一門の飛躍、室町殿のバックアップによる伊勢の神の浮上、という事の顚末の背後に潜む政治、すなわち三位房－伊勢、日野裏松栄子（義持御台）－伊勢のコネクションを読む。そして翌二十八年の疫病流行の理由を「蒙古襲来」（＝応永の外寇）時の異賊の怨霊に託ける伊勢託宣に注目し、当時広田社が自社独自の神威を宣伝する偽文書を京中に撒いたことをも勘案しながら、伊勢の治病神としての効験が、民間宗教者たちの活躍で都市民衆に浸透したことを論じる。また永享十年（一四三八）の今神明勧請の背後にも、都市民衆の疫病退散願望に対する民間宗教者の布教宣伝活動を読む。以上を要すれば、伊勢信仰の大衆化の背後にある「精神的領域における病」からの解放という中世的課題の浮上、神宮自身の室町殿接近と民間宗教者の活動との、対立をも含めた補完関係を論じたのが、⑥であった。

つづく⑦は、⑥と同時期、応永二十八年に創業伝説をもつ松風の、京菓子らしからぬ味と姿の謎に迫る。寛正二年（一四六一）に創業伝説をもつ煉羊羹の駿河屋のことをも重ねあわせると、これら両年が室町時代の二大飢饉の年であることから、その非常食的性格に思いいたることになる。京菓子の風雅さの背後にある「もっともっと血みどろの、生きることに必死であった人々の知恵や願い」を読み取った短篇である。

⑧はその原型がこの書物中で最も古く、一九六五年にまで遡り、それだけに著者の出発点を知りうる章である。著者は、祇園会における神社と町の主体性をめぐり、山鉾渡御にこそ町々の行事、自治精神の発揚としての性格を見る既往の見解に対し、「山鉾成立以前」にもその時代固有の「都市住民による祇園会」があったという構想のもとに、神事頭役制としての馬上役制を再検討する。そこでまず、馬上料足関係文書の検討から、神事で最も重きを占めた社家への送進分が永享三〜四年の間に半減する事実を見、そこに何らかの構造転換を予測する。次に永享三年の「大政所御旅所・神主職争論」の背後に、応永四年（一三九七）、足利義満の後盾による宝寿院顕深の神主職取得＝祇園社再編体制を見た上で、永享三年の義教御前落居はこれを覆すものであり、さきに見た馬上料足半減分が実は大政所神主の知行分となった、ということを論じる。大政所神主が馬上料足半額を取得しえた根拠は、（過去＝応永四年以前の「あるべき姿」としての）神主の自主的・主体的に「馬上を差す」権限に求められる。そしてこの御旅所神主こそは長者的都市住民の系譜をもつもので、ここに祇園会の主宰者を、（本社の下部機構化しながらも）神を迎える都市住民の側に位置づけ

えたことになる。さすれば次なる課題は馬上役差定の原理であり、事例の少なさを打開する方途として、寛喜公家新制に祇園社と並記される日吉・稲荷両社の馬上役の差定原理を併せて検討する手法が導入される。その結果、祇園社を含む山門系の閉ざされた集団内部の勤仕、という原則は認められず、祭礼敷地の「敷地住人」意識の成長を土台とした敷地住人への差定、という原理が見出される。それは特定有徳者ではあるが、「在地人」の主体的参加協力という性格を有した。しかしこの馬上役制は、南北朝期の低迷を経たあと、義満によって、合力神人が合力銭を負担し一衆が支配して神事用脚を調達する、という体制へと再編され、神事は将軍権力を「全都市民に誇示する」年中行事として、在地の主体性を喪失した社家主導型の祭礼となっていく。が一方、神事におけるこの転換期こそ、町々を基盤とする山鉾の発揚期でもあった。

次の⑨は、『義経記』でおなじみの五条天神が、応永二十八年の飢饉・疫病のさなか「五条天神流罪事被二宣下一、祇園勅使被レ立云々」（『看聞日記』）とされたことについて、疫神防塞の役割が五条天神から祇園社に移ったと解する通説を批判し、五条天神流罪の宣下通達のため勅使が祇園社に派遣された、とする素直な解釈を対置する。すなわち、まず五条天神が祇園社の末社であることを示し、ついで流罪宣下の本質は、神社が穢や罪を一身に背負い天皇から罰を受けるスケープゴート効果にあり、この場合は疫病退散を熱望する儀礼であった、と位置づける。さらに『義経記』の北白川印地大将湛海坊と祇園会の白川鉾の検討から、五条天神と祇園社の繋がりを展望する。

⑩は、著名な狂言「武悪」に代表される、下人が不奉公として主人に成敗されるいわゆる「不奉公者」説話の時代精神に迫る。ここで著者が注目するのは「成敗される理由」であり、それは、主人にいとまを乞わず無断で社寺参詣することにあった。従来「抜参り」は江戸期の現象で、ほとんど伊勢参宮に限られるとされてきたが、実は歴史的に根が深く、中世にはもっと多様な社寺において見られ、主人の支配隷属から一時的に解放されることに本質のある、「無主・無縁」の原理に基づく社会的慣行であったという。そしてこの「不奉公者」説話は、織豊政権から幕藩体制成

立期の主従関係強化期に生み出された、主人の強権に対抗する下人・小者の願望に支えられたものではないか、と推測する。

著作の掉尾を飾る⑪は、明応三年（一四九四）、夜盗に殺害されて十九歳の生涯を閉じた山科定言を弔う父言国の行動を追うことで、中世人の生と死の習俗を垣間見る。一人の主人公の死を見つめる著者の眼差しは、どこか第Ⅰ編④における義輝の生涯に対するそれを思わせる。

3

それでは残された紙数で、著作全体に関わる問題を検討することにしよう。

その第一はやはり、第1節に引いた著者のマニフェストにも表れている、中・近世移行の把握の問題、別言すれば「なぜそれは失われてしまったのか」についての理解である。この本は著者の京都論の集大成のようでいて、実は重要な論考が落ちており、「近世都市成立史序説」[8]は、この問題を考える上でも見逃せない論考である。この論文は、「都市内部における土地所有形態あるいは土地所有関係」こそを、中世都市－近世都市を「発展段階」として画期づける際のメルクマールとした上で、地主的土地所有の否定、共同体的土地所有の実現に近世都市の成立を見るものであった。ここにあっては、

天正十九年の秀吉による全面的な地子の廃止は、かかる周到な準備過程を経て、さしたる抵抗もなく遂行され、百姓――今やそれは町衆あるいは町人と呼ぶのがふさわしいであろう――の長年の課題は遂にここに実現をみることとなった。

とされ、「百姓内部に孕まれ発展しつつあった家持－借家人関係を新たに体制化し、これを現実に保証する都市共同体

を媒介としつつ都市支配を実現」しようとした豊臣政権が、結局は都市における私的土地所有＝地主の否定を実現した、と結論しているのである。翻って再びこの書物を繙くならば、秀吉によって「実現」したものより、秀吉の都市改造によって「失われたもの」にシンパシーの眼差しが向けられていることに、否応無しに気づかされる。ここに評者は、著者の京都論における秀吉の位置に、大いなる揺らぎを見ざるを得ないのである。この視座の〈転回〉の背後にあるものを著者は語らないが、「近世都市成立史序説」と執筆年次の近い⑧は、いくらかの手がかりを与えてくれるのかもしれない。⑧では「法と力による強制のみが、馬上役制を二百年以上存続させ得た条件であったはずはない」とし、「むしろ住民に支持され、時には歓迎される課役であった」とも述べられている。上位権力と都市民がいかなる共通の歩み寄る点を見出しうるのか、というこれらの視座が、一九六〇年代中後期の時代精神といかに関わっているのか――これはこの時期に生を享けたばかりの評者にしてみれば、想像以上に重い問題であるに違いない。さしあたっては、既存の共同体論にありがちな権力と都市民の対抗関係より、協調に孕まれた共犯関係を読むことの方が実は重要である、と述べるにとどめたい。

ただそれにしても気になるのは、著者が封印（?）したはずの〈協調〉への志向が、著述の随所に噴出していることである。⑤における幕府と米商人の「共同の構想」や、都市と近郊農村の「共存、補完関係」であるとか、⑥における神宮と民間宗教者の（対立を孕みながらも）「相互に補完し影響し合っていた」関係といったように、対立を〈調和〉する力学への着目は、著述の基調をなしているかのようである。④における公方義輝の「平和構想」もまた、著者における〈調和〉志向の最たるもののように感じさせずにはおかない。

問題の第二は、著者が「失われたもの」に託したものの内実である。もちろん著者が「失われた」と言う場合には、たんに既往の研究で指摘されなかった、という程度の意で使われていることもあるが、本質的には、過去のあるべき秩序、といったものが含意されているようである。そしてそれはすでに、⑧において見られるところであった。都市住民の系譜をもつ大政所神主が馬上料足半額を取得したその時には、他方で都市民の主体的参加協力体制が一衆・合力神人体制にとって替わられる、ということが表裏一体で進行しており、料足取得の根拠としての主体的参加は「過去のあるべき姿」だったのである。「失われたもの」は在地の主体性に関わっており、それは「従来かえりみられなかった」在地徳政を論じた、著者の周知の業績とも関わってこよう[9]。ただ、この「失われたもの」を掘り起こし、復権を求める作業は、かつてあった無縁・公界・楽を、それが失われようとする戦国期において探究する態度に、著しく接近することにもなるのではないか。「無主・無縁」の原理に基づく主人権からの解放願望が、主従関係強化期にこそ立ち現れるとする⑩は、図らずもこのことを裏書きするものとなっているように思われる。著者の議論は、結局のところ、無縁論の枠組みのなかに収斂してしまうのだろうか。

「失われたもの」に関連してもう一つ気になるのは、第Ⅰ編に先行する論文「ウラにそそぐ眼——町田本『洛中洛外図』の都市観」[10]が、この書物に収録されなかったことである。「町田本が後出のものに比べれば鄙びた都市でありながら、華麗な都市が失った日常生活に眼を注ぎ、人々の寄り合う姿を彷彿させる空間を基底に据え得た点に私は固執しているのである」とするその結びは、この書物のモティーフを先取りしていると言うべきであるが、にも拘らずここで取り上げられたのは、ウラの世界を描く町田本ではなく、オモテの活況を描く上杉本であった。著者にとってはいまや、「失われたもの」が息づくテクストよりもすでに「失われた」テクストの方が、かえって自己同一性の安住を得られるのではないか、とさえ思えてしまう。「失われたもの」の復権を言うことはおそらく、構築できなかった「私」・「私たち」の主体性・連帯性の残影、いや陰画に違いないのである。

末筆となるが、流通－治水という都市の生命線、あるいは飢饉・疫病・怨霊をめぐる信仰と言説、等々に見られる、洛中洛外＝都市の内外を《交通》する「群像」のおもしろさ、そこに発揮された著者の瞠目すべき手腕については、ここで改めて繰り返すまい。読者周知のことに違いないからである。ただ著者の《交通》、コミュニケーションにあっては、「私」「私たち」という《自己像》が常に付き纏う。それは図らずも「洛中洛外」の構造にがっちり捕捉されたもの、と言えはすまいか。[11]

註

（1）瀬田勝哉『洛中洛外の群像――失われた中世京都へ』（平凡社、一九九四年）。

（2）ここで言う〈存在被拘束性 Seinsgebundenheit〉とは、もちろんカール・マンハイムの概念に端を発するものである（Vgl. Karl Mannheim, *Ideologie und Utopie* (1929), G. Schulte-Bulmke, 6. Aufl., 1978, S. 70f.）。すでに本書序章の初めの二つの節でも述べたように、筆者は歴史家に特有の認識論――それは第一には〈素朴実証主義〉と言われる反・認識論的な主張であり、第二には、〈存在被拘束性〉の問題を相対主義（Relativismus）へと回収する議論である――に対し、強い警戒心を持っている。

（3）瀬田勝哉「菅浦絵図考」（『武蔵大学人文学会雑誌』七―二号、一九七六年）。

（4）本書第Ⅰ章参照。

（5）「異時同図」とはふつう、「事件の時間的継起を鑑賞者にいわば共有させる」（丸山眞男「歴史意識の『古層』」（『忠誠と反逆――転形期日本の精神史的位相』筑摩書房、一九九二年、初出一九七二年）三一九頁）技法を言う。丸山の引用する武者小路穣「絵巻物と文学」（『岩波講座日本文学史』第四巻、岩波書店、一九五八年）も参照。

（6）黒田日出男『謎解き　洛中洛外図』（岩波新書、一九九六年）。

（7）〈閉塞型飢饉〉については、東島誠「日本中世の都市型飢饉について――京都を素材として」（『比較都市史研究』一二―一号、一九九三年）、酒井紀美「徳政一揆と在地の合力――村落間交渉の視角から」（『日本中世の在地社会』吉川弘文館、一九九九年、初出一九九四年）も参照。

（8）瀬田勝哉「近世都市成立史序説――京都における土地所有をめぐって」（寶月圭吾先生還暦記念会編『日本社会経済史研究　中世編』吉川弘文館、一九六七年）。

(9)　瀬田勝哉「中世末期の在地徳政」(『史学雑誌』七七編九号、一九六八年)。
(10)　瀬田勝哉「ウラにそそぐ眼――町田本『洛中洛外図』の都市観」(林屋辰三郎他編『近世風俗図譜』第三巻、洛中洛外(一)、小学館、一九八三年)。
(11)　ここに述べた〈存在被拘束性〉の、より今日的な問題系については、むしろ以下を参照すべきであろう。cf. Naoki Sakai, *Translation & Subjectivity: On "Japan" and Cultural Nationalism*, University of Minnesota Press, 1997, pp. 63-68.

第三部　江湖の思想

第V章　公共性問題の輻輳構造

はじめに

一九九四年度日本史研究会大会の全体会シンポジウムは、「日本史における公共性の構造と中間団体」をテーマに企画が進められた。が、議論を詰めるに従って「公共性」の理解をめぐるズレは顕在化していき、報告者（筆者）はむしろ、このズレのなかにこそ、日本における「公共性」の曖昧な位相が表現されている、とさえ考えるにいたった。すなわち委員会が「公共性」の概念で捉えようとしているのが「共通善」、〈万人に共通のもの common good〉であるのに対し、報告者は〈万人に開かれた領域 public sphere〉の問題を論じようとする。[1] これらはいずれも、現在日常的に用いられる「公共性」の概念に含意されているものとは言え、圧倒的に前者が優勢であることは否定しようもなく、「公共性」と言った場合にそのどちらが強く意識されるかは、文字通り各人各様と言ってよい。しかし、それらがある割合で交配されることによって〈日常的概念〉が成り立っていることは疑いなく、従ってこの〈日常的概念〉がどのように形成され、また組み替えられていくのかを省察することは、現代における《歴史的創造》の企てにおいて、まず必要なことと考えられる。本報告を「公共性問題の構図」として立論した所以もそこにある。

と同時に、ここで〈日常的概念〉の動態を問う、ということは、この〈日常的概念〉を自明視しない立場に立つことを意味する。〈日常的概念〉の成り立ちを明らかにしないまま、これを無意識に歴史学的分析に投影する方法は、明確に否定されなければならない。「公共性」について考えようとする場合、それはそもそも「公共性問題の構図」として取り扱われざるを得ないのである。

さて、一般に今日の〈日常的概念〉を規定している主要なものは、歴史的概念と西欧近代知の両者である。西欧近代知は歴史的概念によってデフォルメされることによって受容され、〈日常的概念〉を構成する。「公共性」に即して言えば、common/gemein なものも public/öffentlich なものも等しく「公共性」の語で翻訳されてしまったところに、「問題の構図」は立ち現れていると言えよう。Öffentlichkeit が「公共性」として流通してきたことに対し、近年違和感が提出され、《公共圏》《公的意味空間》など別の訳語が模索されるにいたったことは、むろん歓迎すべきことではあるが、ここではむしろ、《公共圏》が「公共性」として通用してしまったこと、それ自体に興味を覚える。すなわち「公共性」の語に流れこんでいる含意の輻輳関係こそを問題としたい。(2)(3)

そこで本章では、第1節でまず「公共性」の輻輳関係を研究史に即して吟味し、第2節では明治における日本的「公共」概念の析出過程を探る。その上で第3節では、日本中世史における「公共的領域」の形成可能性をめぐる議論について再考し、ひいては形成可能性を〈構成〉する近代知の営みそのものを問うことにしたい。

1　「公共性」の輻輳関係

本報告の前年、一九九三年度の同会大会における新田一郎の報告、「中世後期の秩序構造の特質――『公界』の国制史的位置づけをめぐって」(4)の討論では、いささか興味深いやりとりがあった。新田がわざわざハーバーマスを引照して用いた「公共的領域」の概念がほとんどフロアに通じず、「『公共』という語にはプラスの価値が入るので、『公的』とする方が適切ではないか」(5)との発言に対して、結果的に新田はハーバーマスの引用を大幅に縮減することにもなったのである。[6] それにしてもこの発言が興味深いのは、一見通りがよさそうで、その実、二重に躓いている点であろう。まず第一に、もし新田がハーバーマス通りにÖffentlichkeitを用いたのであれば、プラスの価値が入ることはむしろ当然である。もし入る余地がないのなら、新田の用語法がそもそも不精確だったということになる。第二に、〈日常的概念〉として用いられる「公共」にはプラスの価値は滲まない。それは一九六〇年代末以降、「公共」事業と公害訴訟をめぐって繰り返されてきた、最も切実な「公共性」の概念――「公共の福祉」の名のもとに政治的弱者の権利が抑圧されてきたこと[7]――を想起するだけで明らかである。従って発言者はむしろ、『公共』という語にはマ、イ、ナ、スの価値が、入るので、『公的』とする方が適切ではないか」、と言うべきだったのである。この短いやりとりだけでも、「公共性」問題の複雑さが窺い知れよう。

さて、そもそもここで言う「公共の福祉」とは、公法学者小林直樹の定義に従えば、①共同社会の成員に共通の必要な利益、②共同消費・利用における排除不能性、③国や公共団体による管理、から構成される。[8] つまり小林の考える「公共性」とは、要するにアダム・スミスの言う〈公共事業と公共施設 publick works and publick institutions〉の問題なのであるが、[9] スミスが publick と言う場合には、for the publick good――すなわち one's own interest の対極にある society とほぼ同義が含意されていて、[10] すなわちそれは〈万人に共通の領域 common good〉を意味するから、必然的に〈全体性〉を仮構する権力作用を伴うものであると言えよう。

ところが、新田が依拠を試み、そこから撤退したÖffentlichkeitとしての「公共性」とは、本来左様なものではなかった。そもそもÖffentlichkeitという名詞形自体、十八世紀に登場したすぐれて歴史的な理念なのであって、十五～六世紀のドイツにおいては、common good に相当する Gemeinnutz (gemeiner Nutz) の観念しかなかったこと[11]に注意しなければならない。カントの〈理性の公共的使用 der öffentliche Gebrauch seiner Vernunft〉[12]に端を発するÖffentlichkeit の問題が、その後ハーバーマスによって注視され、特別の地位を与えられたように、Gemeinnutz

にはいまだ含意されていない〈万人に開かれた領域〉を含意している点が、見落とされてはなるまい。

もっとも、名詞形の Öffentlichkeit ではなく形容詞の öffentlich について言うなら、それは十七世紀以来、特定の名詞に実体化することによって öffentliche Gewalt という国家公権を構成もするし、öffentliche Lasten という諸負担をも産む。そして英語の public においてもまた、〈万人に開かれた領域〉と〈万人に共通なる領域〉の両方が流れこんでいることは明らかで、その重畳関係を捉えなければならないことは言うまでもない。

アーレントが《公共領域 public realm/öffentlicher Raum》について論じた際、そこに「密接に関連してはいるが完全に同じではない二つの現象」が含意されている、としたのも、実はそれゆえであったと考えられる。[13] アーレントにおいて public とは、第一に万人に広く公示されることであり、第二には〈共通世界 common world/gemeinsame Welt〉であった。ここで注意したいのは、アーレントが「無数のパースペクティヴとアスペクトが同時的に存在する」[14]ことを強調している点であって、

共通世界の終りは、それがただ一つのアスペクトのもとで見られ、たった一つのパースペクティヴにおいてしか現れえないとき、やってくるのである。[15]

と結んでいることである。「なるほど共通世界は万人に共通の集会場ではあるが、そこに集まる人びとは、その中で、それぞれ異なった場所を占めている」[16]のであり、この「他人によって、見られ、聞かれる」[17]という〈他者性の開示〉こそが、《公共領域》の本質であったのである。アーレントにあって《公共領域》は、近代とともに失われたとされ、ハーバーマスにあって《公共圏》は、十八世紀に浮上しながら早くも変質していったとされるように、[18] その〈近代〉理解に関してはっきりと袂を分かっているにも拘らず、両者の public/öffentlich になお通底しているのは、西欧世界の達成（もしくは不在郷）としての〈万人に開かれた領域〉である。そしてこの〈万人に開かれた領域〉と、〈万人に共通な領域〉の区別こそは、日本史研究者をしてもっとも混乱せしめたものであった、と言ってよい。日本史家の陥

弁はまさに、common なものをただちにイコール public だと短絡してきたところにあるのである。

もちろん、日本史研究者においても、これまで Öffentlichkeit の問題が全く論じられてこなかったわけではない。この点、水林彪の一九七九年の仕事[19]は先駆的と言うべきであり、そこでは、十八世紀のフィジオクラットやカントによる市民的公共性論の成立から、十九世紀のヘーゲル、マルクス、エンゲルスによるその批判にいたるまでの理論史を整理した上で、日欧の比較史的検討が加えられていた。しかし水林以後、この問題が顧みられることはなく、ようやく一九九三年にいたって、Öffentlichkeit を論じようとする筆者や新田の研究が相次ぐことになる[20]。勿論それは偶然ではなかった。その背景にある最たるものが、一九八九年の中東欧革命であり、この間の世界情勢の変動が知の領域にもたらした《公共圏》問題の再浮上[21]にあることは言うまでもない。そして日本史の領野に即していま一つ付け加えるならば、網野善彦の『無縁・公界・楽』[22]を契機として、この間の日本中世史研究が、おそらくは初めて本格的に他の諸学と交通可能な言葉を持つにいたったことがあるだろう。現に『無縁・公界・楽』は社会学者においても受容され、一九九一年には次のような指摘さえなされているのである。

> ハーバーマスの市民的公共圏論と網野の「無縁・公界・楽」論の間には、後者に歴史的過程の複雑性が付きまとうものの、動機と論理において確かにある種の親近性が認められることは興味深い事実として指摘しておきたい。
> （花田達朗「公的意味空間論ノート」[23]）

翻って日本史研究者による Öffentlichkeit の自覚的受容は、始まったばかりである。右に指摘した〈公共性の輻輳関係〉を明確にしておかなければ、混乱は避けられまい。しかし一方、この「混乱」こそは、「はじめに」でも述べたように、それ自体またとない研究材料なのである。欧文テクストの öffentlich や public と、漢籍テクスト起源の「公共」が綯い交ぜになった特殊日本的な「公共性」概念の輻輳関係を読み解くことは、西欧とアジアの間に曖昧な位相を取る、日本社会の特質を問う試みにほかならない。

だとすれば、その際参考となるのは、やはり中国の場合であろう。岸本美緒は、中国における《公共圏》の成立如何をめぐる従来の議論を、①「民間の公共的活動、すなわち、救貧・育嬰・学校・警察などの自治的活動」を指標とするものと、②「政府に対して自立した政治的批判の場」（傍点原文）を指標とするもの、の二つの立場に整理している[24]。②の立場は①を批判し、「中国の民間自治はそうした政治的批判の機能を持たず、非効率的な政府に代わって公共業務の肩代わりをしていたに過ぎない」と主張する。本章の主題に即してここから読み取りうるのは、(1)「公共性」が「公共業務」に特化する傾向のあることと、(2) Öffentlichkeit の議論が「自治」論に回収されてしまっていることの二点であり、いずれを取っても、日本の場合の議論の情況と相似た傾向を示していることがわかる。つまりこれら(1)、(2)の傾向は、それぞれ、本章第2、第3節の課題に、否応無しに絡んでこざるを得ないのである。

2　漢と欧——「公共」概念の析出過程

現代の〈日常的概念〉[25]としての「公共性」が、いかにして形成されてきたものであるのか、その析出過程を問うことが本節の課題である。

(1)　近世儒学に見る「公共」概念

ここでは儒学を中心とする漢籍テクストのなかに「公共」を探る。具体的には近世前期から朱子学の山崎闇斎と古学を提唱した山鹿素行を取り上げ、これを、近年研究の進んだ幕末・維新期の横井小楠[26]と比較することで、おおよその傾向をつかみたい。

そこでまず、山崎闇斎の寛文九年（一六六九）の著『蒙養啓発集』から見よう。

蓋万物雖下各有中当然無二過不及一之理上、然総二其根源之所レ自、則只是一大本而同為二一理一也、此理人物所二共由一、天地間所二公共一、所以謂二之道一而、其体則統二会於吾之性一、非二泛然事物之間而不レ根二於其内一也、

（「大学啓発集」巻之五、出典は朱子文集五十七）[27]

全集版に覆刻された版本に従って訓読すると、「此の理、人物の共に由るところ、天地の間公共なるところ、ゆえにこれを道と謂いて」となるが、ここで「公共」の語が「所」という返読文字に従属している点が興味深い。版本では確かに「公共なる」と送ってはいるが、これは読み手によっては「公共する」のようにサ変動詞にも転化しうるわけで、実はここにこそ、次項で取り上げる明治初期の阪谷素の用語法の源流が見出せるのである。こうした「所」に従属する「公共」で直ちに想起されるのは、警蹕を犯した者に法の規定以上の刑罰を求める前漢の文帝に対し、廷尉張釈之が進言した言葉として名高い、

法者天子所下与二天下一公共上也、[28]

である。この場合も、果たして「公共」を動詞ととれるかはなお疑問を残しているが、しかし日本においては動詞として、つまり「法は天子の天下と公共するところなり」と読まれうる表現であったことは確かであろう。さらに、再び闇斎に戻って『朱子訓子帖』の跋文冒頭には、

道者天下之公共而、非三聖賢之所二得私一也、[29]

とあり、この場合「公共」は「所」を伴わないものの、これと対置される「私」はやはり「所」に従属し、「得て私したまうところ」、すなわち動詞として機能していることがわかる。このように「公共」とは、天地の間、天子と天下、聖賢と天下という、上―下の軸を前提としつつ、これらを水平の次元へと向き合わしめる力学を表現する、文字どおり動詞的に機能する概念であった、と考えられるのである。[30]

こうして動詞的に機能する「公共」概念に着目するなら、幕末の横井小楠について論じた苅部直の次の指摘[31]は、よ

り大きな文脈のなかで捉え直すことができるように思われる。

さらに「公共」「公平」といった熟語で使われる際は、（中略）討論をつうじて共通の関心事項の問題処理にあたる（「公共之政」）といった水平的関係をしめすものとなっているのである。

氏の議論の注目すべき点は、横井のいわゆる「大開二言路一、与二天下一為二公共之政一」[32]のなかに、西欧の《市民的公共圏》概念と比較可能な特質を探り、そこに「公」概念の刷新を見ようとするところにある。[33] だが、ここに指摘される「水平的関係」としての「公共」概念そのものは、歴史的に見て、必ずしも新しいものではない。なるほど幕末の公武合体から公議政体論にいたる固有の歴史性を背負うことで、この時代に新たに付与された部分の大きいことを認めるに吝かではない。しかしその含意の骨格は、すでに見た〈動詞的に機能する「公共」概念〉そのものにあったのである。さらに苅部は言う。

小楠の場合、君主は一方的に「天下を治め」るのではなく、「公共」の水平的関係のなかで「天下の人情を通じ」、「政事」を「天下と共に」議し（Y470）、「天下の治平は天下の民と共に楽」しむ（Y92）のである。

だが、「天下の治平は天下の民と共に楽み、天下の至善は天下の人と同く為の気象を養ひ」[34]というような、水平的「公共」関係を創り出す君民共治的な「楽」の思想それ自体は、幕末・維新期の政治過程を経験しない、山鹿素行のなかにも見出すことができるのである。次に引くのは、さきの闇斎とほぼ同時期、寛文八年（一六六八）の著『謫居童問』からのものである。

○問《公私》　公論・私見ノワカチ如何、

答　公論ト云ハ天下ノ人々是ヲ用テ行ニ利アリ、天下ノ善知ノ人是ヲ是トシ、上古ノ聖人是ヲ行ニ、鬼神是ニ通スルヲ、公義・公論・公是ト云也、其身一人ノ是トシ、一人ノ行フ事ニ〆、一人楽ム事ハ、皆私見・臆説・孤議・独楽也、異端ハ身ヲ利〆人ヲ不レ用、身ヲタノシマシメテ大倫ヲステ、身ヲ潔〆世間ヲ不レ顧、是其利スル処、所レ楽、所レ潔、共ニ一人己身ノ私ニメ、大道公共底ニアラス、聖人ノ道ハ楽トキハ人ト共ニ楽ミ、患時ハ人ト共ニ患、人ヲ立テ己ヲ後ニシ、人ヲ利メ身ヲ後ニス、是異端・聖教・公私・大小ノ論明白ニメ不レ可レ掩、（後略）

（巻四「学問」、公私条）[35]

右において、「大道公共底[36]」を体現する聖人の道とは、「楽しきときは人と共に楽」しむことである、とされていることを、見逃すわけにはいかない。ここに改めて、山鹿素行の思想を有機体的・機能的社会理論、天皇機関説の前駆として近代日本に繋がるものとする、ロバート・N・ベラーの見解[37]が想起されてもよいだろう。

さて、以上に見た先駆的用例を振り返ると、そこにはいまだ今日の「公共性」の〈日常的概念〉そのものを見出すことは出来ない。そこで次項では、本項に見た、上―下の軸を前提としつつそれらを水平の次元に向き合わしめる、〈動詞的に機能する「公共」概念〉が、明治に入ってどのように〈転形《トランスフォーム》〉していくのか。これを探ることにしたい。

(2)『明六雑誌』とその周辺

ここでは『明六雑誌』、あるいは明六社系文化人によって用いられた「公共」を取り上げる。まず注目されるのは、「公共」の語を多用した阪谷素である[38]。なぜ阪谷が重要なのか。それは彼の諸論説が『明六雑誌』とその社員の言説空間に「公共」なる語を定着させる呼び水となったばかりでなく[39]、彼自身儒学者として出発していることから、前項に見た儒学的な「公共」概念からの〈転形〉のプロセスを読み取るには、またとない素材だからである。

阪谷においてまず指摘すべき点は、「上下公共すべき[40]」「衆庶公共すべき[41]」のように、明確に〈動詞〉としての用法が見られることである。その原型は、明らかにさきの「所」に従属する漢籍テクストの日本的受容であるが、ここで新たに付与された最も重要なモーメントは租税であり、いわば〈租税公共〉論として立論されていることが注目される。ではその背景にあるのは一体何であろうか。それは、

今ヤ欧米諸国民智開明、租税ハ上下公共ノ物タルヲ明ニシ、

今也王政維新、欧米ト交通、其長ヲ取リ、民亦租税ノ公共物タルヲ知ル、(42)

などの論説から明らかなように、欧文テクストの翻訳受容に他ならない。明治八年（一八七五）一月六日の演説冒頭で見せた謙遜の辞(43)は、逆に漢籍と欧文の「交通」こそが儒学者阪谷の思想を基礎づけていたことを図らずも示しているのである。事実、阪谷とは前後するものの、遅くとも明治九年には、『草莽雑誌』創刊号のなかに、木庭繁の引く「仏国憲法中人民ノ権義ヲ公布スルノ文」の一条として、次の翻訳を見出すことができる。

第二十条　租税ハ公共康福ノ為メニ非レハ徴課ス可ラス、国民タル者収税ノ事ニ発言シ、公財ノ費用ヲ監視シ、出納ノ計算ヲ承知スルノ権義アリ、(44)

右は、内容から一七九三年の山岳党権利宣言と判断されるが、訳の適否は別として、(45)少なくともこの問題が、当時日本でまさに「公共」なる概念において受容されていたことを窺うことのできる、極めて有力な手掛りとなりうるであろう。そしておそらくは、こうした〈租税公共〉論こそが、現代における〈日常的概念〉の主流へと流れこんでいるものと思われる。岸本美緒が指摘した①の立場、すなわち「公共性」を「公共業務」に特化する思考は、すでにさきの阪谷の演説において、「是マデノ政体」に対置する形で〈租税公共論〉が展開され、「救済賑恤」が挙げられている(46)ことからも確認することができるのである。

実際、日本や、岸本の取り上げた中国においては、この〈租税公共〉の観念は甚だ受容しやすいものであった。

太政官符　左京職

応㆑令㆓早修治・防禦㆒鴨河堤幷所々橋破損事

符、堤頽橋破、則是防鴨河使之所㆓緩怠㆒也、就㆑中近来霖雨地震、旁以損㆑之、然而防使、乍㆑見㆑之敢不㆑奏㆑之、所詮非㆓一人之歎㆒、尤万人之煩也者矣、早不㆑論㆓老少㆒、無㆑択㆓貴賤㆒、東西合力、南北同心、各守㆓防鴨河使之

掟一、将レ成二堰塘修復之励一、職察レ状、符到准レ状、以符、
　年号ム月ム日〻〻[47]

年次未詳の吉書的雛型ながら、右の官符には鴨川の堤や橋の破損が「一人の歎き」ではなく「万人の煩い」として見え、ここに、応永の飢饉（一四二一～二二）における「万人鼓〔譟〕打二桟敷一」[48]をもあわせ考えるならば、遅くとも中世後期には、古代における「万民」[49]を脱皮した「万人」の概念の成立を前提として、〈万人に共通なるもの common good〉が、儒学的統治思想を背景としながら史料中にも定着してくることが読み取れよう。明治初年に〈租税公共〉を認識可能とした歴史的条件は、実はこのようなところにあるのであり、儒学者阪谷が、漢籍の〈動詞的に機能する「公共」概念〉を下敷としつつ、西欧の知に触発されたのも当然であった。

さて、阪谷の〈租税公共〉論が発表された『明六雑誌』の翌号には、早くも杉亨二によって「人間公共ノ説」の連載が始まる。[50]杉は「公共ノ安寧」という、大日本帝国憲法第九条の表現をすでに登場させているほか、

　抑モ人間ノ公共スルヤ衆人相共ニ其務ム可キ所ヲ尽シテ生々ノ道ヲ致スナリ、

のように、「公共」を〈動詞〉で用いつつ、それを、貧富不均等の正当視のもと、それぞれの職分の全うにより一つの有機体を構成するという、文字どおり人の間を占める関係概念として用いている。杉の場合も、私有財産の保全を前提に租税を論じており、その上で〈人－間公共〉の職分論を展開していることは、注目に値しよう。我々はそこに、和辻哲郎の〈間柄〉概念[51]の源流をすら見ることができよう。

さて、こうした阪谷や杉の特筆すべき「公共」論以外にも、明六社系文化人の間では、様々に「公共」なる語が流通していた。まず明治八年出版の加藤弘之『国体新論』四章には、

　君主政府ノ権力ハ公共ノ交際ニ利害アル事件上ニ止マリテ、純乎タル私事及ビ霊魂心思上ニハ敢テ及ブ能ハザル者タルヲ知ルベシ、[52]

とあり、文字どおりcommon goodの思想を見ることができる。明治十一～二年の西周『社会党論ノ説』では、「ソシアリスト」に「公共党」、「ポリチケルソシアリズム」に「公共学」の訳語を宛て、「所有ノ権ヲ廃シテ之ヲ公共ニス」「教育ヲ社会ノ公共ノ義務トナス」などとする。[53] これなどは端的にcommon goodと言えるだろう。福沢諭吉[54]も明治十年の『旧藩情』で「公共の為」、十一年の「内務卿の凶聞」では「独裁」に対置する「公共」、十五年の『帝室論』では「民間公共」、などとしばしばこの語を用いている。また西村茂樹も明治二十年の『日本道徳論』で、王政維新以来「儒道」に代わる「公共ノ教」がない、としている。[55] そして下って明治二十六年、福沢の『実業論』のなかに、ほぼ今日の〈日常的含意〉の定着を見ることができる。すなわち「民間事業」を明治政府が法によって統制することについて、「公共の為めに欠く可らざるものも少なからずと雖も」と論じた際に、「運輸交通船舶渡海」「道路の掃除」等、多くの公共事業を列挙しているのである。

なお、この福沢『実業論』の前提として考えておかなければならないのは、第1節でも触れたアダム・スミス『国富論』第五編第一章第三節（途中まで）が、明治十九年十一月に嵯峨正作の翻訳によって公刊されていることである（『富國論』第十冊）。そしてそこでは、「公共ノ工事《パブリック、ウオークス》及ヒ公共ノ建物《パブリック、インステイチユーション》ノ費用ヲ論ス」の第一款冒頭が、次のように訳されていたのであった。

一国ノ貿易ヲ便利ニスル所ノ公共ノ事業、即チ良道、橋梁、航行用ノ溝渠、港等ノ如キモノヲ建築維持スルニ、社会ノ時期異ナレハ費用ノ度モ亦甚タ異ナル事ハ、茲ニ証左ヲ挙ケテ喋々セサルモ自ラ明カナリ、[56]

(3) 井上毅と大日本帝国憲法

現代の〈日常的概念〉としての「公共」の系譜を辿るとき、もう一つ考えておきたいのは、大日本帝国憲法の問題、すなわち第八・第九・第七十条における、天皇＝「公共」の安全・安寧の保持、の問題である。この点をめぐって注目されるのは、井上毅の「憲法逐条意見」第一（明治二十年）において、「公共」概念の使用に逡巡が見られることである。

（朱書）「、」第九条　天皇ハ国家ノ危難及公共ノ災厄ヲ避クル為ニ云々、

造語穏当ナラザルノ嫌アリ、公共ノ字精訳ニ非ス、（後略）[57]

実は最終的な第八条では「天皇ハ公共ノ安全ヲ保持シ又ハ其ノ災厄ヲ避クル為」として「公共」の語は保存され、むしろ第十条の「国家ノ安寧」の場合までもが、最終的な九条では「公共ノ安寧秩序」と改められたほどであったが、しかし少なくともこの段階では、明らかに「公共」は精訳にあらず、とされたのである。

その理由としてさしあたり想定されるのは、井上自身、「公共」概念を儒学から受容していたことであろう。すでに元治元年（一八六四）の「横井沼山問答書留」のなかに、横井小楠の「公共ノ天理」を見ることができる。[58]とすれば、右の「公共」の訳語としての落ち着きの悪さは、一つにはこの、漢・欧二つの知のギャップに因するものではないか。

しかし、それにしてもなぜ旧十条を書き替えてまで、「公共」の語が保存されたのであろうか。それはこの過程で抹消されたのが「国家」であったことと関係する。「天皇ハ国家ノ危難（安寧）」と書くことは、要するに「天皇」と「国家」を別物とすることであるから、逆に「天皇」＝「国家」を打ち出すためにこそ、「国家」の語は「公共」に差し替えられたのである。実はこのように解釈しうるのも、明治十五年の「皇室財産意見案」[59]という、その明確な前提があるからであるが、そこで井上は、「皇有地」と「官有地」の使い分けは「官」＝「国民公共」と見做すことだと批判し、「官」＝「皇」としているのである。要するに天皇－国家ではなく、天皇（＝国家）－公共という図式が、ここにはある。

この「皇室財産意見案」の背後にあるのが、明治十四年の政変による君民共治論の否定であるとするならば、ここに「公共」は新たな位相を与えられることになる。いまや儒学的な〈上下公共〉の構造は、そこから天皇が上方排除され、外化することによって、新たな「公共」へと再編成されていくのである。

ではその〈概念再編〉は、実際にはどのようになされたのだろうか。井上自身のテクストによって確認しておこう。

実は大日本帝国憲法制定に前後して用いられる「公共」の語は、多く地方自治（府県制）に関するものである。まず「地方自治意見」[60]（明治二十一年十月）の「府県知事」第三条には「府県公共事務ヲ代表ス」と見え、この「公共事務」とは「府県会」第一条の「公共建設」ほかであり、「公共事務費」とは同第五条にいう「府県公共ノ費用」を指す。そしてその内実は翌年五月二十二日付「府県制郡制意見」[61]のなかに、より明快に立ち現れる。

一、土木ノ事ニ付テハ、国道及重大ノ水利ハ、法律ヲ以テ其ノ負担ヲ某府県ノ義務トシ、又ハ分合義務トスルコト、旧幕ノ国役ノ例ノ如クスヘシ、専ラ府県ノ公共事務トシテ随意ニ任スルトキハ、事業荒廃ノ弊アラン歟、

右は論旨そのものも興味深いが、ここから「公共事務」＝公共事業の中身を克明に知ることができよう。さらに六月五日の「官吏懲戒意見」[62]には「一個人ノ利益」の対語として「公共ノ私益（利）」も見え、こうして今日につながる「公共」の概念は、明治憲法体制の成立、地方自治の再編によって、事実上の完成を見ることになるのである。前項の最後に見た、嵯峨訳スミス『富國論』から福沢『実業論』にいたる「公共事業」の成立という事態は、まさにこの〈概念再編〉の文脈のなかで捉え直さなければならないのである。

(4) 日本的「公共」概念と中世儒学

こうして我々は、どうにか現在の〈日常的概念〉に繋がる「公共」概念の析出と定着のプロセスを辿ることができた。そしてその結果、なぜ多くの歴史家が「公共」概念を〈万人に共通のもの〉の問題として、しかも公共事業に特化した形でしか考えることができないかも、明るみになった。しかしまた、そのことが同時に極めて日本的な「公共」概念を指し示しているとするならば、我々はこの節の最後に、所期の課題であった日本中世史の問題を考えるための、一本の懸け橋を設営しておくことにしたい。

すでに見てきたように、「公共」は、儒学に淵源を持ちつつ、そこに西欧知が接合されることによって、今日の〈日

常的概念〉へと組み替えられてきた。とすればここでは、儒学の受容された五山禅林文化圏を検討するのが適当であろう。実際、「公共」の語は義堂周信の『空華集』(63)や夢巌祖応の『旱霖集』(64)などにも散見されるし、第(1)項に引いた山鹿素行『謫居童問』の「公義公論」についても、次のような中世史料がある。

一、諸山住持事

寺院興廃、宜レ依二住持一、不レ訪二儀於寺家一者、容易不レ可レ請二定人一、住持有二其闕一者、任二叢林法一、於二本寺大衆中一、以二公論一議二定之一、択二三名一被二注進一者、於二官家一可レ被二拈鬮差定一焉、

次小刹事、依二寡衆定一、不レ可レ及二公論一歟、仍訪二諸方公儀一、可レ被レ択二三名一、子細同前、

（円覚寺文書、大小禅刹規式条々、第一条）(65)

ここでの「公論」「公儀」が「官」とは異なる「公」であることはよく知られているが、実はこれは禅林文化圏の慣習であり、他方「公界」もまた禅林文化圏の語であった(66)。さらに禅林では、「官」としての「公」にも、時に言偏の「公議」が宛てられている。

大高〔刑〕部少輔自二鎌倉一来告、公議以二佐野郷一捨二入于円覚寺一、是乃府君預所レ約、為二伽藍再興一也、(67)

右の記主はほかならぬ義堂周信であり、府君＝鎌倉公方足利氏満の「預め約するところ」であった佐野郷の円覚寺への施入が、まさに「公議」としてなされた、というのである。「府君」と「公議」が敢えて書き分けられた興味深い史料と言うべきである。

さて、こうして禅林の史料を見ていくならば、相国寺鹿苑院蔭涼軒主、季瓊真蘂の記す寛正の紀河原勧進猿楽の記事が、極めて重大な内容を含んでいることに気づく。

天下太平時、必有二勧進一、是故上下和睦而相楽、尤公方御威勢不レ可レ過レ之、中楽七番過、而後御宴未レ終、見物者不レ得二起座一而若干人、其数不レ可レ量(68)、

ここに「上下和睦」と見えるように、中世後期には、実に「上下」を〈水平の次元〉に向き合わしめる意味空間として「勧進」が位置しており、しかもその理念が「相楽しむ」と表現されているのである。すなわちここでの「勧進」は、明らかに儒学的「公共」概念の機能する場であった。すでに見た横井小楠が、このことを「天下の治平は天下の民と共に楽しみ」と表現し、遡って山鹿素行も「聖人ノ道ハ楽トキハ人ト共ニ楽ミ」と表現していたことを、ここで改めて想起したい。

さらに注意すべきことは、勧進が、あるいは棟別銭、あるいは関銭に転化する、課税システムでもあったということである。勧進が税に転化しうることの意味は、改めて〈租税公共〉論の日本独自の形態として、位置づけ直すことが可能なのである。[69]

「勧進」を以上のように読み解くならば、ここで我々は、「勧進」をいち早く「公共」概念において捉えた津田左右吉の問題が、極めて重要な意味を持ってくることに気づかざるを得ない。この驚くべき、近代による中世的「公共」の発見の意味するものは何か。第3節で詳論するように、実はこの津田においてこそ、あの〈公共性の二つの水脈〉が合流してくるのである。

3　津田左右吉と〈万人に開かれた領域〉の位相

(1)　自治、あるいは国家に抗するもの

すでに第1節で述べたように、水林彪以後、Öffentlichkeit としての《公共性》を問う試みには長い沈黙期間があった。だが他方で、「公界」など、国家的公権力とは異なる（対抗的な）「公」領域が形成されたか否か、その可能性を問おうとする試みならば、吉田孝[70]、石母田正[71]、入間田宣夫[72]をはじめ、これまでも連綿と積み重ねられてきており、まさ

に古典的課題を構制してきたと言ってよい。

従来の議論で国家に抗する「公」の形成が問われる前提となっているのは、これまた古典的な、民会の「公」を欠き一人の首長によって代表される、アジア的共同体の「オホヤケ」構造、という問題意識である。そしてその結果として、「公」の形成史は、しばしば〈自治〉をめぐる議論に回収されてきた。しかもこうした問題構制の傾向が中国史でも同様であることが、さきの岸本美緒の整理によって窺える。

これに対して新田一郎がÖffentlichkeit概念を持ち出したのは、従来の対抗的な「公」の研究史を継承しながらも、「公界」を自治か公権力かの二者択一で争う議論に終止符を打つためであったと考えられる。この点では一定の評価が宥されるだろう。ここで新田は、私的、局所的ではない世間一般の視線に曝された「公然」の場という、異なる次元のカテゴリーとして「公」を捉えようとしており、〈自治〉や〈公権力〉の実体を措定する議論から、関係概念としての〈汎用性〉の議論へと前進させたものと言える。(73)

しかしながら、構造としての「公方」、「汎用性」としての天皇といった「公共的領域」の一方で、「国家機構と対抗的な性格を帯びて『人々一般』の間を媒介する汎用性をもった公共的領域の回路が、容易には形成されえなかった」とする構えそのものは、古典的問題構制と本質的に択ぶところでない。いや、それどころかここでÖffentlichkeitの概念を「汎用性」に改釈してしまったところに、決定的な陥穽が潜んでいるのではないだろうか。新田の言う「『人々一般』の間を媒介する汎用性」とは、アーレント風に言うなら「それがただ一つのアスペクトのもとで見られ、たった一つのパースペクティヴにおいてしか現れえない」ことにほかならない。Öffentlichkeitの内包しているはずの《公開性》の概念と、新田の考える〈汎用性〉=人々一般に公然なるものは、全く対蹠的なものなのである。新田は天皇という問題の本質を「汎用性」に見ながら、その「汎用性」の構造を、これと対抗的なものにまで「汎用」してしまっているのである。もしもÖffentlichkeitの形成如何を考えようとするならば、〈汎用性〉⇔〈汎用性〉の対抗関係ではなく、〈汎用性〉⇔〈公開性〉という関係概念の差異こそが問われなければならなかったはずである。新田の問題設定自体がすでに天皇制的なのではあるまいか。結局のところ新田には、「公共性」という問題を《万人に開かれた領域》として立論する思考そのものが欠如しているように思われてならない。新田がわざわざハーバーマスを持ち出しながら問題の核心を外してしまうのは、『公共圏の構造変動』のある印象的な一節（第二章冒頭）以上には Öffentlichkeit 概念が理解されていないからであろう。いまその部分を邦訳によって引いてみよう。

> 市民的公共性は、さし当り、公衆として集合した私人たちの生活圏として捉えられる。これらの私人（民間人）たちは、当局によって規制されてきた公共性を、まもなく公権力そのものに対抗して自己のものとして主張する。[74]

もちろんここで、gegen die öffentliche Gewalt ということが、《公共圏》の最も重要な機能であることは言うまでもない。しかしそれは、いつでもどこでも見出せるような、権力に対する „gegen“ と同じではない。右の引用文だけを読むと、Gegenöffentlichkeit をいわゆる〈自治〉論へと回収する誤読[75]さえ現れかねないが、新田の改釈もまた、自治論の相対化を目指しながら、同じ桎梏を抜けられていないと言えるだろう。

しかしながら、ここで真に重要なのは新田を批判することではない。問題は、新田の陥ったディレンマが、網野善彦の『無縁・公界・楽』それ自体に孕まれているのではないか、ということである。すでに第1節で紹介したように、花田達朗がこの Öffentlichkeit 概念と『無縁・公界・楽』の親近性を指摘している以上、この問題を避けて通るわけにはいかない。花田の問題提起に応えるためにも、以下その根本問題を見極めておきたい。

(2)『無縁・公界・楽』の根本問題

前節の問題を経由して辿り着くのは、実は共同体の評価をめぐる歴史学のディレンマである。公権力に対する町共同体の〈自律性 Autonomie〉を積極的に評価する仁木宏[76]をはじめ、共同体自治を称揚し、擁護する見方[77]は、今なお多くの中世史研究者を捉えており、特に最近発表された勝俣鎮夫の「公界としての共同体」論[78]にその典型を見る。勝俣は「公」をpublicとofficialとに類型化した上で、officialな「公」とは違う「もう一つの『公』の概念」として「公界」を位置づけ、自治的村落や都市共同体といった「公界としての共同体」のpublicな性格を主張しているのである。しかしこの議論はおかしい。そもそも共同体は、《結社《アソツィアツィオーン》》とは違って、閉じていることに本質がある。解りやすい一例を挙げれば、近江国のある惣村に遠江国の住人が成員として加われるわけではない。「惣」は確かにある種のcommonではあるが、すでに第1節で述べたとおり、それだけではpublicたりえないのである。それは単に、official な権力に対して〈自律性〉を有する、もう一つの小さなofficialの形成でしかない。中世自治組織を団体として性格づけているものは、地域でありまた宮座であって、それがいかに〈自律的autonom〉で〈自首的autokephal〉であったとしても、所詮は〈強制団体Anstalt〉としての合理性であるに過ぎないのである[79]。従って惣村や町、一揆的結合といった〈万人に開かれていない〉共同体をpublicとするのは、明らかな形容矛盾であろう。そのofficialな権力への同質性は、江戸幕府の職制に老中や若年寄があり、中世自治組織の老若（年齢階梯制としての「公界」）に老中（乙名中）や若衆がある、という一事を見ても明らかである[80]。従って勝俣の考える「公界」は、当面publicやöffentlichの線で議論することは不可能かと思われる[81]。

それでは、さきに紹介した『無縁・公界・楽』=Öffentlichkeitなる花田の仮説は誤りだったのだろうか。否である。むしろ我々は、「公界」=「無縁」なる前提こそを疑わなければならないのである。結局のところ問題は、網野の『無縁・公界・楽』それ自体の孕むディレンマ、すなわち(a)共同体による自由と(b)共同体からの自由の輻輳、というところに帰着してこよう。この、どちらかと言えば「公界」的な(a)と、どちらかと言えば「無縁」的な(b)が輻輳するというディレンマは、実は『無縁・公界・楽』段階では必ずしも明確に自覚されていない。私見によれば、この問題が網野のなかに顕在化するのは、『中世の風景』における石井進らとの対談[82]においてである。そして「日本中世の自由について」のなかで、初めて自覚的に再構成されたのだと言えよう。[83][84]
このように見てくれれば、いわば二次的な共同性というものが、再び共同体的な形で結実する(a)ではなく、《結社》として取り結ばれる(b)が、従って〈公界〉論ではなく〈無縁〉論こそが、少なくともÖffentlichkeit、あるいは〈万人に開かれた領域〉を考えるための大前提となることは明らかであろう。

(3) 津田左右吉と〈無縁〉論

実は〈無縁〉論のポテンシャルを模索する手掛かりは、ほかならぬ津田左右吉にある。すでに第2節の末尾において、津田が勧進を「公共」概念において捉えていることを指摘したが、ここで改めてその議論（T・t）に耳を傾けてみたい。そしてその際、ハーバーマスの『構造変動』（H・h）と読み比べてみたい。

T　応永二十年の北野勧進猿楽の時の官憲の布令に「望の人は貴賤を論ぜず、老若をいはず見物あるべし」と書かれたといふが、此の貴賤を同視するところに猿楽などの演芸の社会的地位が見える。狂言に至つては題材にも民間のものを採つてゐるし、小説もまたさうであるが、これもまた文芸が多数の公衆を相手にするからである。さうして此の猿楽のやうな公共的娯楽の生じたことが、武士の生活が遊楽の点に於いても、平安朝の貴族のやうに室内的で無いことを示すものである。[85]

H　十七世紀のフランスで公衆（le public）といえば、芸術と文学の受け手、消費者、批評家としての読者、観客、聴衆のことである。それは当時はまだ第一に宮廷のことであり、さらにパリの劇場の桟敷を占めていた都市貴族の一部、それに狭い範囲の上流市民層のことであった。この初期の公衆には、宮廷と〈都市〉が属しているわけである。このサークルの全く貴族主義的な社交の中にも、すでに或る近代的な契機が成熟してくる。[86]

t　なほ芸術などに現はれてゐる当時の文化の一欠点を挙げると、それが公共的性質を帯びず、どこまでも個人が私室に於いて翫賞すべきものであるといふことも、其の一つである。（中略）公衆の前に豪華を誇っても、公衆と遊楽を共にしようとは思はなかつた彼等、芸術品とても秘庫に深く蔵して人に示すを好まなかつた彼等、正当な意味で社交といふものを有たなかつた彼等には、これが当然のことであらう。[87]

h　バロック時代の祝祭は、中世やルネッサンスにおける世俗の祝祭に比べると、文字通りの意味での公共性をすでに失なっている。武技、舞踏、観劇は、公共の広場から庭園の囲いのなかへ、街頭から居城の広間のなかへ引きこもっていく。居城の庭園は、十七世紀中頃にようやく出現するのであるが、やがてフランスの世紀の建築術一般とともに、急速に全ヨーロッパに広がって、いわば大きな祝祭用広間の周囲に建てられたバロック風の居城そのもののように、外界に対してすでに遮蔽された宮廷生活を可能にしたのである。しかしながら、代表＝表象的公共圏の輪郭は維持されるだけでなく、なお一層あざやかに浮彫りにされてくる。[88]

実に驚くべき相似性である。津田の考える「公共」とは、実は Öffentlichkeit そのものと言ってよかろう。ここで津田の「公共」には古代ギリシャが「二重映しのイメージ」となっていた、とする大室幹雄の指摘に学べば、それはまさに、アーレントにおける《自由の圏としてのポリス》[90]やハーバーマスの《ギリシャ的公共圏》[91]に対する態度にも比較しえよう。津田の「勧進」＝「公共」理解は従って、中世後期の日本社会に、ある種の《文芸的公共圏 literarische Öffentlichkeit》を〈発見〉するものにほかならない、とさえ言いうるのである。この桟敷においては、西欧の《文芸的公共圏》が《代表＝表象的公共圏 repräsentative Öffentlichkeit》の残照としての社交的世界を形成しているのにも似て、「洛中ノ地下人、商売ノ輩」[92]といった人々が、事実上貴顕とともにその座を占めることにより、いわば奉加する人々の文化的サロンを現出させていたのである。ここに、義江彰夫の言う〈身分からの自由の場としての文化〉[93]が、改めて想起されなければならない。

そしてこの桟敷が、他方で〈上下公共〉の儒学的空間であったこと（第2節(4)項）を想起するなら、いまや「勧進」

図1　中世後期における《公的意味空間》の概念図

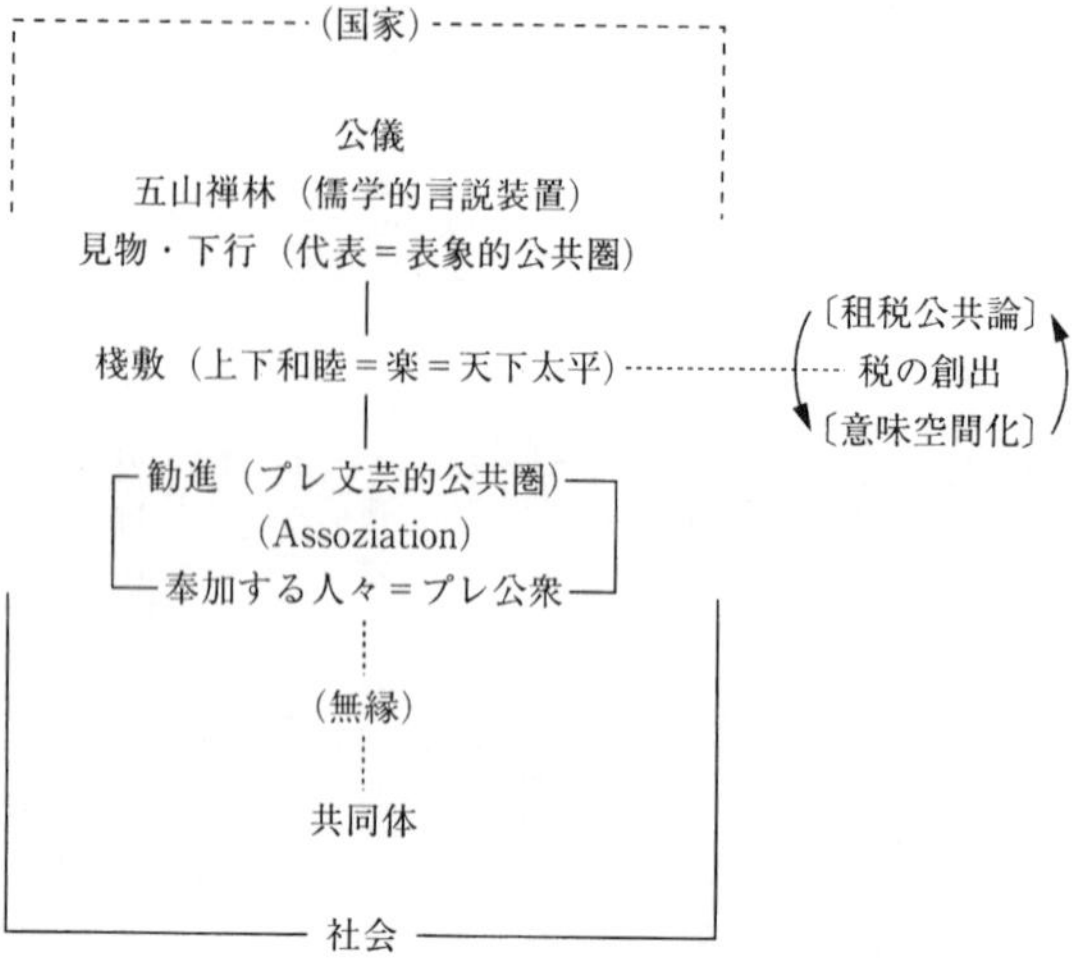

の構造が、第1節に見た〈公共性の二つの水脈〉の、まさに合流するところに、独特の《公的意味空間》を現出させていたことが諒解されよう。要するに、いわゆる「公共事業」は、こうした桟敷の作り出す〈万人に開かれた領域〉を媒体として充足されることによって、文字どおり《公共》的意味を帯びるのであり、また逆にその場の《意味空間》化を可能ならしめているのは、ほかならぬ〈租税公共〉論のロジックでもあったのである。

　ただ一方、この桟敷という場に作用しているもう一つの力に注目するなら、西欧モデルのÖffentlichkeitの構図とは異なった、重大な特質も指摘できよう（図1参照）。それは、〈上下和睦〉＝「楽」を媒体として、直接的に《代表＝表象的公共圏》に接続されている、ということである。すでに第I章でも検討したように、「公儀」としての「見物」や「下行」によって、いわばその場を代表＝表象の場として演出しようとする力学が働いているわけである。こうした《代表＝表象的公共圏》による《文芸的公共圏》の簒奪の構図は、橋勧進に対する〈五山〉橋供養、施行や河原施餓鬼に対する〈五山〉施餓鬼といった、五山による儀礼化の構造と同根であり[94]、ここでも五山の儒学的言説こそが、「公方の御威勢これに過ぐべからず」とする《代表＝表象的公共圏》の示威のために動員されているのである。つまるところこの《公共圏》は、国家と社会の癒着とも言うべき情況のなかに辛うじて成立しているとさえ言えるのである。しかしながら決してそれが〈政治的批判の圏〉たりえなかったか、と問うなら、あるいは若干の留保は許されるのかもしれない。第I章でもこだわったように、『太平記』に描かれる貞和五年（一三四九）の桟敷崩れはなぜ起こったのか。応永二十九年（一四二二）の河原施餓鬼における「万人鼓〔課〕打ニ桟敷ニ」ことの異様さや、文明十年（一四七八）の誓願寺勧進猿楽における「不可説不可説」[95]という貴顕の側の口吻は、何を語っているのか。少なくとも桟敷という場が、驚くべきポテンシャルを内包していたことは認められるだろう。

ならばそのポテンシャルとは何か。それは、〈身分からの自由の場としての文化〉＝《文芸的公共圏》を現出させることによって、一時的にせよ身分制を突破し、共同体から〈無縁〉の磁場を現出させたことである。勧進の作り出す《意味空間》の磁場には、まさしく芽生えたばかりの《近代性》を見出すことができるのである。さて、〈無縁〉のポテンシャルをおよそ右述のところに見出すならば、そこに〈共同体−外−結社〉としての行基集団の変奏という位置づけを与えながらも、遂に〈結社〉への志向を断ち切られたまま敗北した、と評価する赤坂憲雄の「勧進」論[96]は、極めて示唆に富む。赤坂の前提となっているのは、石母田正の議論、すなわち行基−知識結を宗教的結社と捉える理解[97]であるが、ここに一方、ハーバーマスの『公共圏の構造変動』の九〇年版序文において特筆される、《公共圏》の担い手としての《アソツィアツィオーン Assoziation》[98]の問題が、俄にリンクしてくるわけである。もし勧進を右述のように脱共同体的都市住人による《アソツィアツィオーン》関係と捉える視野が開けてくれば、いわゆる〈結社の挫折〉論、〈無縁の衰退〉論、あるいはより広く中世後期の惣村ほか諸々の自治的な要素が近世公儀権力に屈伏してしまうとする従来のシェーマに対し、根本的な転換を迫ることができるのではないか。既往の議論では、いわゆる中世的自治の敗北という形で議論に終止符が打たれてしまい、だからこそその後の展開を問えなくなってしまっているのであるが、もし議論の焦点を、勧進という《アソツィアツィオーン》のポテンシャルに据えるならば、たとえ当の勧進そのものが変質を遂げたとしても、勧進の創り出した〈意味空間〉そのものが近世に継承されることへの展望は開けてくるからである。これを第I章に即して言えば、確かに〈勧進媒介型負担〉から〈分離型負担〉への移行のプロセスにおいて、勧進そのものはこの構図から消え去ってしまう。しかし、にも拘らず、勧進の作り出した〈意味空間〉そのものは点線で示したように残存し（五九頁図3参照）、それは、出版物の担うものとして近世に引き継がれるのである。[99]津田左右吉が中世的勧進のなかに発見した〈公共性〉は、「戦後の津田」[100]の問題を差し引いてもなお、そこにハーバーマスの立論と同じポテンシャルを見ることが可能であろう。

おわりに

最後に、歴史家が過去に向かって／過去から《公共圏》の可能性を〈構成〉する営みに絡んで、感想めいた補足を述べて、結びとしたい。

まず第一に、《近代性》の問題である。ハーバーマスの言う〈公共圏の構造変動〉＝変質とは、分離したはずの公私領域の交錯、すなわち国家の社会化、社会の国家化という相互浸透であり、こうして再政治化された社会圏は、結句、《市民的公共圏》を解体させることになる。[101]ハーバーマスが描き出すのはつまり、近代がいかに窒息させられているかということであるが、後に提出された『コミュニケーション的行為の理論』においても、この危機意識は〈システムによる生活世界の植民地化〉の問題として再び俎上に載せられている。[102]ハーバーマスにおける《未完のプロジェクト》としての《モデルネ Die Moderne》[103]とは、いわばこうした危機意識に立ちながらも、なおかつ《近代性》を救出しようとする弁証法であるが、近代社会の負の側面を赤裸々に暴き出すことに専心してきた知の主流から見れば、ハーバーマスの立場が極めて特異な位置を占めていることが確認できよう。[104]そして一方、網野善彦が石母田正ばかりでなく、なお津田左右吉にこだわることのなかに、[105]ハーバーマス的思考の水脈を読み取ることは、おそらく的外れではあるまい。網野に見られる始原的古代性への回帰の思想は、津田における《ギリシャ的公共圏》へのオマージュ、あるいはニーチェがドイツ哲学の背後に見出したギリシャ世界への郷愁[106]に重ね合わせることができよう。

第二にアソツィアツィオーンの構築に寄せて。本章第2節に見たように、儒学的概念から脱皮して今日の〈日常的概念〉の主流を形づくる「公共」概念を析出させた契機は、『明六雑誌』の言説空間であった。いわば明六社という一個のアソツィアツィオーンこそが、日本的「公共」概念の創造と定着に大きく寄与したわけである。が、この Öffentlichkeit のポテンシャルも、結局は讒謗律・新聞紙条例の前に屈してしまったかに見える。[107]しかし、〈統制・操作されたメディア〉としての道を選ばず、「廃刊」の道を選択したことは、むしろ逆説的ながらも〈アソツィアツィオーンの挫折〉を拒否する唯一の方途であったと言えるのかもしれない。行基の挫折、勧進の挫折、明六社の挫折、そして津田の挫折、……という《未完》なるものの系譜は、《歴史的創造》の企てにおいて、無限の弁証法としてミニマルな音楽[108]を反復し続けるほかないのである。

註

(1)『日本史研究』三八六号（一九九四年）の表紙に記された英文タイトル "Common Good" Problem and "Neglected World" は、実は日本史研究会によって与えられたものであり、報告に際して "Common Good" Problem and the Potential of "Public Sphere" に改めさせていただいた。

(2) ユルゲン・ハーバーマス（細谷貞雄訳）『公共性の構造転換』（未来社、一九七三年）。また、邦訳書における「構造転換」の語についても、多くの誤解を生むことになったが、この点については本書第Ⅰ章「はじめに」を参照。なお、この邦訳書以前に発表された、村上淳一「ハーバマス『公共の構造変化』」（『法学協会雑誌』八四－四号、一九六七年）の先駆的な卓見が、改めて確認されるところでもある。

(3) 花田達朗『公共圏という名の社会空間――公共圏、メディア、市民社会』（木鐸社、一九九六年）に集成された諸論文。特に一九九一年に発表された「空間概念としての Öffentlichkeit——ハーバーマスにおける公共圏とコミュニケーション的合理性」、「公的意味空間論ノート」を参照。なお、その後発表された阿部潔『公共圏とコミュニケーション——批判的研究の新たな地平』（ミネルヴァ書房、一九九八年）、クレイグ・キャルホーン編（山本啓・新田滋訳）『ハーバマスと公共圏』（未来社、一九九九年）をはじめ、現在では《公共圏》の訳語が定着しつつある。この点、本書序章註（12）もあわせて参照されたい。

（4）『日本史研究』三八〇号、一九九四年。

（5）前註論文の〈討論〉参照。なお、この種の討論記録がいかに不正確なものであるかは、筆者自身も翌年、身をもって経験したため、ここでは単に「発言」として引用することにした。

（6）報告時に配布されたレジュメ（一九九三年）との比較による。

（7）齋藤純一「批判的公共性の可能性をめぐって——親密圏のポテンシャル」（小野紀明他『モダーンとポスト・モダーン』木鐸社、一九九二年）もまた、この問題から書き起こしている。なお、この問題に関しては、山本英治「公共事業と住民運動」（同編『公共性を考える』2、現代社会と共同社会形成——公共性と共同性の社会学、垣内出版、一九八二年）、林智「公共性としての『生態系の健全さ』・その保全——『永続可能な開発（Sustainable Development）』への道を求めて」（宮本憲一編『公共性の政治経済学』自治体研究社、一九八九年）等も参照。

（8）小林直樹「現代公共性の考察」（『公法研究』五一号、一九八九年）。

（9）Adam Smith, *An Inquiry into the Nature and Causes of the Wealth of Nations*, Glasgow Ed. Vol. II, Oxford University Press, 1976, pp. 723ff. 大河内一男監訳『国富論』（中央公論社、一九八八年）一一五五頁以下。

（10）Ibid., p. 456. 大河内監訳、七〇六頁。

（11）成瀬治「『市民的公共性』の理念」（『シリーズ世界史への問い』4、社会的結合、岩波書店、一九八九年）を参照。

（12）Immanuel Kant, Beantwortung der Frage: Was ist Aufklärung? (1784), *Immanuel Kant Werkausgabe* Bd. XI, Suhrkamp, 1977, S. 53-61. 篠田英雄訳『啓蒙とは何か』（岩波文庫、一九七四年）七〜二〇頁。

（13）Hannah Arendt, *The Human Condition*, University of Chicago Press, 1958, pp. 50ff., *Vita activa oder Vom tätigen Leben*,

Piper, Der deutschsprachigen Ausg. 1967, S. 62ff. 志水速雄訳『人間の条件』(ちくま学芸文庫、一九九四年、初出一九七三年)七五頁以下。

(14) Ibid., p. 57. Ebd., S. 71. 志水訳八五頁。

(15) Ibid., p. 58. Ebd., S. 73. 志水訳八七頁。

(16) Ibid., p. 57. Ebd., S. 71. 志水訳八五頁。

(17) Ibid. Ebd.

(18) なお、アーレントとハーバーマスの比較の試みについては、齋藤純一「政治的公共性の再生をめぐって――アーレントとハーバーマス」(藤原保信・三島憲一・木前利秋編『ハーバーマスと現代』新評論、一九八七年)も参照。

(19) 水林彪「西欧における市民的公共性論とその批判の歴史覚書――『公権力』概念の理解のために」(『季刊現代法』一〇号、一九七九年)。

(20) ここでいう筆者の研究とは、筆者が本報告を依頼されるきっかけとなった、本書第I章を指す。

(21) 前掲註(3)花田論文のほか、姜尚中「公共性の再興と対話的合理性」(藤原保信・千葉真編『政治思想の現在』早稲田大学出版部、一九九〇年)、藤原保信「公共性の再構築に向けて」(『岩波講座社会科学の方法』II、二〇世紀社会科学のパラダイム、岩波書店、一九九三年)など、この問題に関わる主要な論文が、一九九〇年代前半に発表されていることをも参照。

(22) 網野善彦『無縁・公界・楽――日本中世の自由と平和』(平凡社、一九七八年、増補版一九八七年)。

(23) 前掲註(3)花田著書、七六頁。

(24) 岸本美緒「『市民社会』論と中国」(『歴史評論』五二七号、一九九四年)。

(25) 本節のような視角を設定したものは従来見られないが、歴史的概念としての「公」の概念史については長年の蓄積がある。代表的研究として以下を参照されたい。溝口雄三『中国の公と私』(研文出版、一九九五年)。田原嗣郎「日本の『公と私』」(『文学』五六―九～一〇号、一九八八年、前掲溝口著書にも収録)。

(26) 苅部直「『利欲世界』と『公共之政』――横井小楠・元田永孚」(『国家学会雑誌』一〇四―一・二号、一九九一年)。内藤辰郎

「横井小楠・元田永孚――『公議政体』から『天皇親政へ』」(『新しい歴史学のために』二一三号、一九九四年)。
(27) 『新編山崎闇斎全集』第三巻(ぺりかん社、一九七八年、初出は一九三六年)一三九頁。
(28) 中華書局本では二七五四～二七五五頁に所見。
(29) 『新編山崎闇斎全集』第四巻、一〇七頁。
(30) もちろん、「公共」は儒学者によって用いられるばかりではない。例えば前掲(26)苅部論文が横井との比較から紹介する本居宣長『うひ山ふみ』の用例は、その位相を異にする。
(31) 前掲註(26)苅部論文。
(32) 文久二年(一八六二)国是七条(山崎正董『横井小楠遺稿』日新書院、一九四二年、九七～九八頁)。
(33) 旧稿では、苅部がハーバーマスの〈理想的発話状況〉を引照した批判的ニュアンスを汲めておらず、今回その部分を削除した。
(34) 慶応三年(一八六七)国是十二条(『横井小楠遺稿』八八～九三頁)。
(35) 『山鹿素行集』第六巻(国民精神文化研究所、一九四一年)四〇五～四〇六頁。
(36) 山鹿素行の「公共底」は、寛文五年(一六六五)の『山鹿語類』第四(国書刊行会、一九一一年)の巻三十六、聖学四に頻出する概念であり、尾藤正英「山鹿素行の思想的転回」(『思想』五六〇～五六一号、一九七一年)は、「この『公共』性は、天地万物に具わる必然的な理法であるとともに、その理法に通暁して聖人の立てた『教』や『道』の根本原理をなしている。従って聖人の聖人たる所以は、この公共なる道を教えることのできる能力にある」とする。
(37) ロバート・N・ベラー「宗教と経済」(堀一郎・池田昭訳『日本近代化と宗教倫理――日本近世宗教論』未来社、一九六六年、原著一九五七年)。
(38) 阪谷素の思想については、次のような専論がある。大月明「変革期における思想の形成――阪谷素の場合」(『人文研究』一二―八、一三―七号、一九六一～六二年)。同「明治期における阪谷素の思想について――『明六雑誌』・『洋々社談』からみた」(『同』一四―六号、一九六三年)。高橋昌郎「明六社員阪谷素について」(坂本太郎博士頌寿記念『日本史学論集』下巻、吉川弘文館、一九八三年)。

(39) 阪谷素以前の『明六雑誌』では、一二号において、中村正直が「公同ノ益」(「西学一斑前号之続」)なる語を用いているが、同誌における「公共」の初見は、阪谷の註(40)論説である。因みに中村の「公同」は、すでに明治四年(一八七一)の「書西国立志編後」、翌五年の「自由之理序」(いずれも『明治文学全集』3、明治啓蒙思想集、筑摩書房、一九六七年)等にも見える。

(40) 阪谷素「租税ノ権上下公共スベキノ説」(『明六雑誌』一五号、一八七四年、立体社復刻版、一九七六年)。

(41) 阪谷素「転換蝶鉸説」(『明六雑誌』三八号、一八七五年)。

(42) 阪谷前掲「租税ノ権上下公共スベキノ説」。

(43) 阪谷素「民選議院変則論」(『明六雑誌』二七号、一八七五年)。

(44) 『明治文化全集』雑誌篇(日本評論社復刻版、一九九二年、初出一九二八年)四一一～四一四頁。

(45) 高木八尺・末延三次・宮沢俊義編『人権宣言集』(岩波文庫、一九五七年)では、当然これを「一般的便益」と訳している(訳者山本桂一)。以下参考までに、Georges Berlia(éd.), *Les Constitutions et les principales lois politiques de la France depuis 1789* par L. Duguit et al., R. Pichon & R. Durand-Auzias, 1952, p. 64によって原文を引いておく。

20. Nulle contribution ne peut être établie que pour l'utilité générale. Tous les citoyens ont le droit de concourir à l'établissement des contributions, d'en surveiller l'emploi, et de s'en faire rendre compte.

なお、この権利宣言の日本における受容の意義は、本書第Ⅵ章2節で扱う中江兆民の翻訳からも窺える。

(46) 前掲阪谷「民選議院変則論」。国家が租税国家として立ちあらわれ、豪農に主体的条件さえ整えば、租税協議権(公共費用負担者の権利としての公共業務参画権)に基づく豪農民権＝国会開設要求運動が展開することになる(鈴木正幸「国家・家・近代天皇制——近世国制の否定と継承」、『歴史評論』五〇四号、一九九二年)、というシェーマに照らせば、阪谷が民選議院設立に関する発言のなかで驚くほど明快な〈租税公共〉論を標榜していることは、極めて重要な意義を帯びてくることになる。言うまでもなく阪谷の論説の前年一月には民撰議院設立建白書が提出されており、その翌月『日新真事誌』第二周年第二三二号に掲載された副島種臣・後藤象二郎・板垣退助の「加藤弘之ニ答フル書」(『明治文化全集』憲政篇)でも、ジョン・ステュアート・ミルの翻訳によって「人民ヲシテ公共ノ事務ヲ取扱ヒ得セシムルニ在リ」としており、簡単ながらも「公共」概念が用いられているからである。なお右の論説に続いて阪谷は、さらに「天降説ノ続キ」（『明六雑誌』三六号、一八七五年）、「尊王攘夷説」（『同』四三号、同年）等でも「公共」論を展開してゆく。

(47)『雑筆要集』（『丹鶴叢書』故実、国書刊行会、一九一四年）官符書様第七。なお同史料の成立は鎌倉時代である。

(48)『看聞日記』（東京大学史料編纂所架蔵影印本）応永廿九年九月六日条。この文言に関しては、西尾和美「室町中期京都における飢饉と民衆——応永二十八年及び寛正二年の飢饉を中心として」（『日本史研究』二七五号、一九八五年）、および本書第I章を参照。

(49) 例えば、『類聚三代格』（新訂増補国史大系）八、農桑事、貞観十三年（八七一）閏八月十四日官符を、前掲註（47）史料と比較されたい。

(50)『明六雑誌』一六・一八・一九・二一号、一八七四年。

(51) 本書序章第3節参照。

(52)『明治文学全集』3、明治啓蒙思想集、所収。

(53) 同右。

(54) 以下、福沢諭吉の史料はいずれも『明治文学全集』8、福沢諭吉集に所収。

(55)『明治文学全集』3、明治啓蒙思想集、所収。

(56) 大河内暁男解説『富國論』（雄松堂出版復刻版、一九九三年）。

(57)『井上毅伝』史料篇第一（国学院大学図書館、一九六六年）一七四号。

(58)『井上毅伝』史料篇第三、一号。また「交易論」（史料篇第三、二号）や「儲蓄考」（『梧陰存稿』、史料篇第三、二六号）も参照。なお、井上の「横井小楠との対決」については、坂井雄吉「幕末・青年期の井上毅——その政治意識をめぐる一考察」（『井上毅と明治国家』東京大学出版会、一九八三年、初出一九七九年）を参照。

(59)『井上毅伝』史料篇第一、一二〇号。なお皇室財産問題に関しては、鈴木正幸「皇室財産論考」（『新しい歴史学のために』

二〇〇～二〇一号、一九九〇年）を参照。

(60)『井上毅伝』史料篇第二、一八九号。

(61)『井上毅伝』史料篇第二、二〇七号。

(62)『井上毅伝』史料篇第二、二一三号。

(63)『空華集』十五、公器説（『五山文学全集』第二巻、思文閣出版復刻版、一九七三年、一七九六頁）に「天下公共之大器」が見える。

(64)『旱霖集』序、送二通知侍者帰郷一詩軸序（『五山文学全集』第一巻、八三〇～八三二頁）に「天下公共之理」が見える。

(65)文和三年（一三五四）九月廿二日関東公方足利基氏御判御教書（『中世法制史料集』第二巻、室町幕府法、岩波書店、初出一九五七年、追加法六六～七七号）。

(66)佐藤茂「〈公界〉といふ語――その語史的考察」（『福井大学学芸学部紀要』第Ⅰ部、人文科学、一一号、一九六二年）。

(67)『空華日用工夫略集』（国立公文書館内閣文庫所蔵写本）永和元年（一三七五）二月十七日条。

(68)『蔭涼軒日録』（増補続史料大成）寛正五年（一四六四）四月八日条。

(69)本書第Ⅱ章参照。

(70)吉田孝『律令国家と古代の社会』（岩波書店、一九八三年）。

(71)石母田正「解説」（日本思想大系『中世政治社会思想』上、岩波書店、一九七二年）。

(72)入間田宣夫「撫民・公平と在地社会」（『日本の社会史』第5巻、裁判と規範、岩波書店、一九八七年）。

(73)なお、もしも中世の「公界」を英語に訳すとするなら、東島誠「公界」（『政治学事典』弘文堂、二〇〇〇年）でも述べたように、publicではなくimpartialの語を選ぶだろう。これは、一つには『御成敗式目』三九条に対する式目註釈書諸説（栄意注、岩崎本）が「公平《クヒヤウ》」＝「クガイ」としていることもあるが、それにとどまらず、一般に、歴史的概念としての「公私」が関係概念として用いられる場合には、「公」を肯定する文脈ではimpartial/partialと訳し、「私」を否定する文脈ではjust/unjustと訳してしっくりいくケースが多いのではないか。筆者のセンスからする限り、明治以前の「公私」は、まずpublic/privateとは訳せない。
(74) 細谷訳、四六頁。
(75) 例えば、小林繁他『叢書生涯学習』VI、自治の創造と公共性（雄松堂出版、一九九〇年）。
(76) 仁木宏「中近世移行期の権力と都市民衆――京都における都市社会の構造変容」（『日本史研究』三三一号、一九九〇年）ほか。
(77) なお近世～近代史研究による「近代批判としての共同体」論は、宮崎克則「民衆的世界の否定と近代社会の成立」（『人民の歴史学』一一八～一一九号、一九九四年）の整理を参照。
(78) 勝俣鎮夫「惣村と惣所――近江国菅浦惣の形成」（『朝日百科日本の歴史・別冊歴史を読みなおす』一三、家・村・領主――中世から近世へ、朝日新聞社、一九九四年）。なお同論文の記述は『戦国時代論』（岩波書店、一九九六年）でも繰り返されており、遺憾である。本文中に「解りやすい例」を増補したのはそのためである。
(79) 要するにここで言いたいのは、日本中世史研究者がどんなに幻想を抱こうと、彼らが問題にしている共同体とは、所詮は〈身分的社団〉に過ぎない、ということである。フランス革命は、少なくともこの封建遺制をいったん破壊したことによって個人を成立させたはずである。従って日本中世史家の理想化するAutonomieが、ハーバーマスの言う autonome Öffentlichkeiten（Vgl. Jürgen Habermas, *Der philosophische Diskurs der Moderne*, Suhrkamp, 1988, S. 422f.）とおよそ無関係であることは、言うまでもない。
(80) この点については、尾藤正英『江戸時代とはなにか』（岩波書店、一九九二年）を批判的に参照。
(81) 本書第I章註（6）において、「ある社会集団を offiziell ならしめる原理の探求ではなく、個別の社会集団を越えた öffentlich な原理の探求を主題としている」と問題を限定したことの意味を想起されたい。
(82) 網野善彦・石井進他『中世の風景（下）』（中公新書、一九八一年）。
(83) 網野善彦「日本中世の自由について」（『中世再考――列島の地域と社会』日本エディタースクール出版部、一九八六年、原型一九八五年）。

(84)　なお以上の問題は、共同体と自由の関係に留まらず、国家と自由の関係、すなわち〈国家による自由〉と〈国家から自由〉の二類型をめぐる問題（樋口陽一『近代国民国家の憲法構造』東京大学出版会、一九九四年）とも通底しているはずである。
(85)　津田左右吉『文学に現はれたる我が国民思想の研究』武士文学の時代（『津田左右吉全集』別巻三、岩波書店、一九六六年）一五三頁。
(86)　Jürgen Habermas, *Strukturwandel der Öffentlichkeit* (1962), Suhrkamp, Neuaufl. 1990, S. 90. 細谷訳、五〇頁。
(87)　『文学に現はれたる我が国民思想の研究』平民文学の時代、上（『津田左右吉全集』別巻四）一〇七頁。
(88)　Habermas, a.a.O., S. 64. 細谷訳、二一頁。
(89)　大室幹雄「津田左右吉の否定の諸様相——その歴史叙述の根底」（『アジアンタム頌——津田左右吉の生と情調』新曜社、一九八三年）。なお津田の「公共」概念に関しては、家永三郎「津田思想史学の基本的思想」（『津田左右吉の思想史的研究』岩波書店、一九七二年）、岩崎信夫「『文学に現はれたる我が国民思想の研究』に於ける『公共』概念について」（『史潮』新三一号、一九九二年）も参照。
(90)　Arendt, op. cit., Arendt, a.a.O.
(91)　Habermas, a.a.O., S. 57f. 細谷訳、一四～一五頁。
(92)　出典は『太平記』（日本古典文学大系）巻二十七「雲景未来記事」。本書第Ⅰ章1節参照。
(93)　義江彰夫『歴史の曙から伝統社会の成熟へ』（山川出版社、一九八六年）。
(94)　以上、いずれも本書第Ⅰ章1節参照。
(95)　『兼顕卿記別記』文明十年四月廿五日条（『大日本史料』第八編之十、四二八～四二九頁）。
(96)　赤坂憲雄『結社と王権』（作品社、一九九三年）。
(97)　石母田正「国家と行基と人民」（『日本古代国家論』第一部、岩波書店、一九七三年）。
(98)　以上の《アソツィアツィオーン》の議論については、本書序章第3節を参照。
(99)　第Ⅰ章の「おわりに」で展望したように、この公共的なるものの展開は、共同体の論理に包囲されて窒息していく。近世にいったん開かれた国家と社会の分離の道筋が、幕末情報世界の浮上（宮地正人「風説留から見た幕末社会の特質――『公論』世界の端緒的成立」、『幕末維新期の社会的政治史研究』岩波書店、一九九九年、初出一九九三年）へといかに継承されるかは、今後の課題である。

(100)「戦後の津田」に関しては、井上勝博「石母田正『日本の古代国家』におけるモティーフについて」（『新しい歴史学のために』二二二号、一九九三年）に、次の指摘がある。

戦後の津田も、行基と同じように、「国家権力、すなわちむかし自分じしんを弾圧したと同じ権力の内部に組織されている自分」をみなければならなかったのである。

あまりにも重い指摘と言うべきであろう。

(101) Habermas, a.a.O., S. 225ff. 細谷訳、一九七頁以下。

(102) ユルゲン・ハーバーマス『コミュニケイション的行為の理論』（未来社、一九八五～八七年、原著一九八一年）第八章（馬場孚瑳江・脇圭平訳）。

(103) Jürgen Habermas, *Die Moderne – ein unvollendetes Projekt* (1980), Reclam, 1992, S. 32-54. 三島憲一編訳『近代――未完のプロジェクト』（岩波現代文庫、二〇〇〇年）所収。ただし、所収論文の編成が異なっている。

(104) ただしハーバーマスの側からすると、むしろ反–近代主義、前–近代主義、後–近代主義こそが、「三つの保守主義」と一括されて、批判の対象となる。ここで注意したいのは、ハーバーマスが《モデルネ》を、歴史的時代範疇としての近代としてではなく、歴史上の不断の〈現代性〉――「たえざる内発的な自己革新」の表現として用いていることである。もちろんそうは言っても、『公共圏の構造変動』の段階では、（十九世紀との対比において）十八世紀への強い肯定が見られたことは否めない。『構造変動』と『コミュニケーション的行為の理論』の懸隔の一つは、まさに前者で行なった歴史学的アプローチを滅却したところにあるわけで、ハーバーマスにおける〈西欧近代〉概念自体、この間に更新《エアノイエルン》されていると見なければなるまい。《モデルネ》＝革新の精神と解するかぎり、それは本書の《歴史的創造》の基調にも受け継がれていることを付記しておきたい。

(105) 網野善彦「津田左右吉と石母田正」（『日本中世の非農業民と天皇』岩波書店、一九八四年）。なお前掲『中世の風景（下）』

あとがきも参照。

(106) この問題に関しては、以下を参照。Hannah Arendt, *The Life of the Mind, Two/Willing,* Harcourt Brace, 1978, pp. 149-158. 佐藤和夫訳『精神の生活』下（岩波書店、一九九四年）一七九～一八九頁。

(107) すでに花田達朗は、「公共圏と市民社会の構図」（前掲註（3）著書所収、初出一九九三年）のなかで、丸山眞男『忠誠と反逆――転形期日本の精神史的位相』（筑摩書房、一九九二年）の明六社の挫折に関する発言を引きつつ、《公共圏》の立地の不成立を論じている。

(108) ミニマル・ミュージックにおける〈無限の弁証法〉の問題に関しては、東島誠「異他なるジャン・シベリウス」（東京交響楽団第四三八回定期演奏会プログラム『シンフォニー』四三八号、一九九七年）を参照。

第Ⅵ章　明治における江湖の浮上

はじめに

「江湖諸賢」とは何とも古めかしい響きを帯びた語である。それは近代黎明期の文人サロンを髣髴させるものがある。しかるにいまや、「江湖」は死語と言ってよい。だがこの「江湖」は、実は廣松渉が好んで用いた語でもあった。例えば次のような一文がある。

著者両名は、旧著の再刊に躊躇を覚えつつも、覆刻を需める一部熱心な声に促され、茲に蛮勇を奮って新版を江湖に送る次第である。(1)

江湖に送る、江湖に問う、とは、書物を公刊すること、言論を公にすることである。英語で言えば publish することであり、ドイツ語で言えば veröffentlichen することにほかならない。《読書する公衆 Lesepublikum》を考える場合、この「江湖」なる語が手掛かりとなることは想像に難くない。(2) ましてこの「江湖」が、現在死語へと零落してしまっているとすれば、それはますます西欧市民社会における《公共圏 Öffentlichkeit》の構造変動と比較するに相応しいであろう。(3)

本章は従って、明治における「江湖」の浮上を論じようとするものである。

1　《江湖》新聞の誕生

(1) 言論人の公界渡世――〈見聞〉と異議申立て

遊女と言論人――この、一見かけ離れた〈渡世〉を懸け橋することから、議論を始めたい。

網野善彦以来、中世「公界《くがい》」論は多彩な議論を呼ぶこととなったが(4)、その限界は、「公界」を実体化した形でしか捉えられなかったところにあった(5)。しかしながら、のちには不特定多数と《交会 Verkehr》する遊女の渡世がもっぱらそう呼ばれたように(6)、「公界」はむしろ、近世に入ってから関係概念としての可能性を見せ始めるのである。言うなれば、実体としての中世自治組織の〝敗北〟こそが、「公界」の関係概念化をもたらしたのだと言えよう。誤解を恐れず敢えて指摘すれば、共同体の「老若」よりも近世遊女の渡世の方が(7)、その他者《ヘテロ》との関係性においては、はるかに《公共的》と言わねばなるまい。ただ《交通 Verkehr》とは、本質的に痛みを伴うものである。遊女の「公界」の痛みが、やがて「苦界」の語に置き換えられていくとき、「公界」の語そのものは地中に潜行し、別なる脱皮の日を待つことになったのである(8)。

「公界」概念の刷新、その脱皮の日は欧文テクストとの交通によってもたらされた。明治八年（一八七五）、『近思録』に見える「社会」という語を「社 会《ソサイチー》」、すなわち society の訳語として事実上〈造語〉し、初めてこれを用いたのが、福地源一郎である(9)。それまで日本になかった「社会」という概念が欧文の翻訳を通じて分節化され、認識可能となったのであるが、同様にしてこの福地の言論人としての生涯を、まさに「公界事業《こうかいじげふ》」の語でもって総括したのが、明治三十九年（一九〇六）一月五日付『東京日日新聞』の、「福地源一郎君逝す」と題する訃報・追悼記事であった。

噫《あゝ》悼《いたまし》い哉《かな》、文壇《ぶんだん》に政界《せいかい》に日本《にほん》の一名士《めいし》たる、桜痴居士《あうちこじ》福地源《ふくちげん》一郎君《ろうくん》は逝《ゆ》けり。時《とき》は明治《めいぢ》三十九年一月四日、年《とし》を享《う》くること六十七。（中略）文久《ぶんきう》二年、竹内下野守《たけのうちしもつけのかみ》・松平石見守《まつだひらいはみのかみ》に随《したが》ひて欧州《おうしう》に行《ゆ》き、慶応《けいおう》二年、幕命《ばくめい》に依《よ》り復《ふたゝ》び英仏《えいふつ》に行《ゆ》き、留《とゞま》ること十ケ月。維新《ゐしん》の際《さい》、江湖新聞《こうこしんぶん》を刊行《かんかう》して時事《じゝ》を言《い》ふ。編中《へんちう》忌《い》む所《ところ》あり、官《くわん》に捕《とら》はる。官《くわん》、君《きみ》の才《さい》を惜《をし》み、赦《ゆる》して問《と》はず。（中略）明治《めいぢ》三十七年、東京府《とうきやうふ》選出《せんしゆつ》の代議士《だいぎし》となる。此《これ》を君《きみ》が公界事業《こうかいじげふ》の終末《しうまつ》として、噫竟《あゝつひ》に逝《ゆ》く。（後略）

今日我々は、福地の樹立した立憲帝政党が、自由民権に対抗する政府側の安全弁としての役割を担ったことを識っている。従って、福地の「公界事業」を右の追悼記事そのままに称揚するわけにはいかない。しかしながら、幕末における新聞メディアの黎明を飾ったことは注視されるべきであり、福地が「日本近世新聞雑誌の筆禍第一号」[10]となったことは有名である。そしてその新聞の名称こそ、実は『江湖新聞』であった。

それではなぜ福地は、自らの新聞を『江湖新聞』と名づけたのだろうか。残念ながら福地自身はこのことについて語ってくれない。しかしながら戊辰戦争期には、福地に限らず旧幕臣勢力が、しばしば反薩長の論陣を、「新聞」という異議申立ての手段に訴えることで、「新聞隆盛の第一期」を形成していたのである。[11]おそらくはこの戊辰戦争期という、特有の時代情勢のなかに手掛かりがありそうである。

果たしてこのころ、記主未詳ながら、『江湖見聞雑記』[12]、『江湖見聞記』[13]という、二つの見聞記が書かれている。これら両書は、万延・文久年間に書き起こし、戊辰戦争期を下限とする点で共通している。内容的にも、幕末の佐幕派新聞の雰囲気を持ち合わせ、前者は米英交渉や世相風刺などの社会動向、後者は長州戦争以下の政治動向を誌すものである。特に前者は、万延元年（一八六〇）の遣米使節――御勘定組頭森田清行、御目付小栗忠順、御小人目付塩沢彦次郎がサンドウィッチ諸島やサンフランシスコから書き送った書状等の写に始まっており、幕臣の手になることが想定される。これら両書は、明治三十六年（一九〇三）十二月、古書肆からの購入によって同時に南葵文庫に入ったものであり、なお精査を要するものの、同一記主の手に成るものと見られ、つまりは政治と社会を意識的に別のノートに書き分けたもの、ということになる。すなわちこれは、《江湖》新聞の原型とでも言うべきものなのである。
「江湖見聞」とは、ニューズのカテゴリーの成立を意味するのであって、福地はまさに、このカテゴリーを政治上の異議申立ての手段としたのである。

(2) ニューズとしての「江湖叢談」

このニューズの誕生、という事件を最近極めてヴィヴィッドに提示してくれたのが、東京大学社会情報研究所を中心に企画され、同大学総合研究博物館でディスプレイされた「かわら版と新聞錦絵の情報世界」[14]である。そして〈新聞錦絵〉の誕生を示すその展示物のなかで、ひときわ筆者の目を引いたのが、図1、明治五年（一八七二）三月十六日創刊の『東京日日新聞』であった[15]。

何より注目されるのは、この新聞の紙面構成であり、それは〈官書公報（公聞）－江湖叢談〉からなっていたのである。この構成は間もなく、〈公聞－江湖叢談－物価日表〉へと定型化していくが、ここからは、鮮明に《公権力 öffentliche Gewalt》の領域と《市民社会 bürgerliche Gesellschaft》の領域の分離が窺えるのではないか。「江湖叢談」とは、たとえそれが『太政官日誌』から引用された記事であったにしても、《市民的公共圏》に比すべきコミュニケーション空間だったのである。そして博物館でも展示されていたように、カラフルな〈新聞錦絵〉は、この「江湖叢談」の部分から作られたのであった。

さて、ここで比較として挙げたいのが図2、明治七年十一月二日創刊の『読売新聞』である。ここではさきの〈官書公報（公聞）－江湖叢談〉の部分が〈布告《おふれ》（官令《おふれ》）・公聞《おたつし》－新聞《しんぶん》〉となっており、「江湖叢談」とは、文字通りニューズを意味したのである。なお、ここに見る『読売新聞』の紙面構成は、当時において最も一般的なものであり、例えば有名な仮名垣魯文の『仮名読新聞』『かなよみ』の場合にも、〈官令《おふれ》－新聞《しんぶん》〉となっていた。

図1 『東京日日新聞』創刊号（1872年）

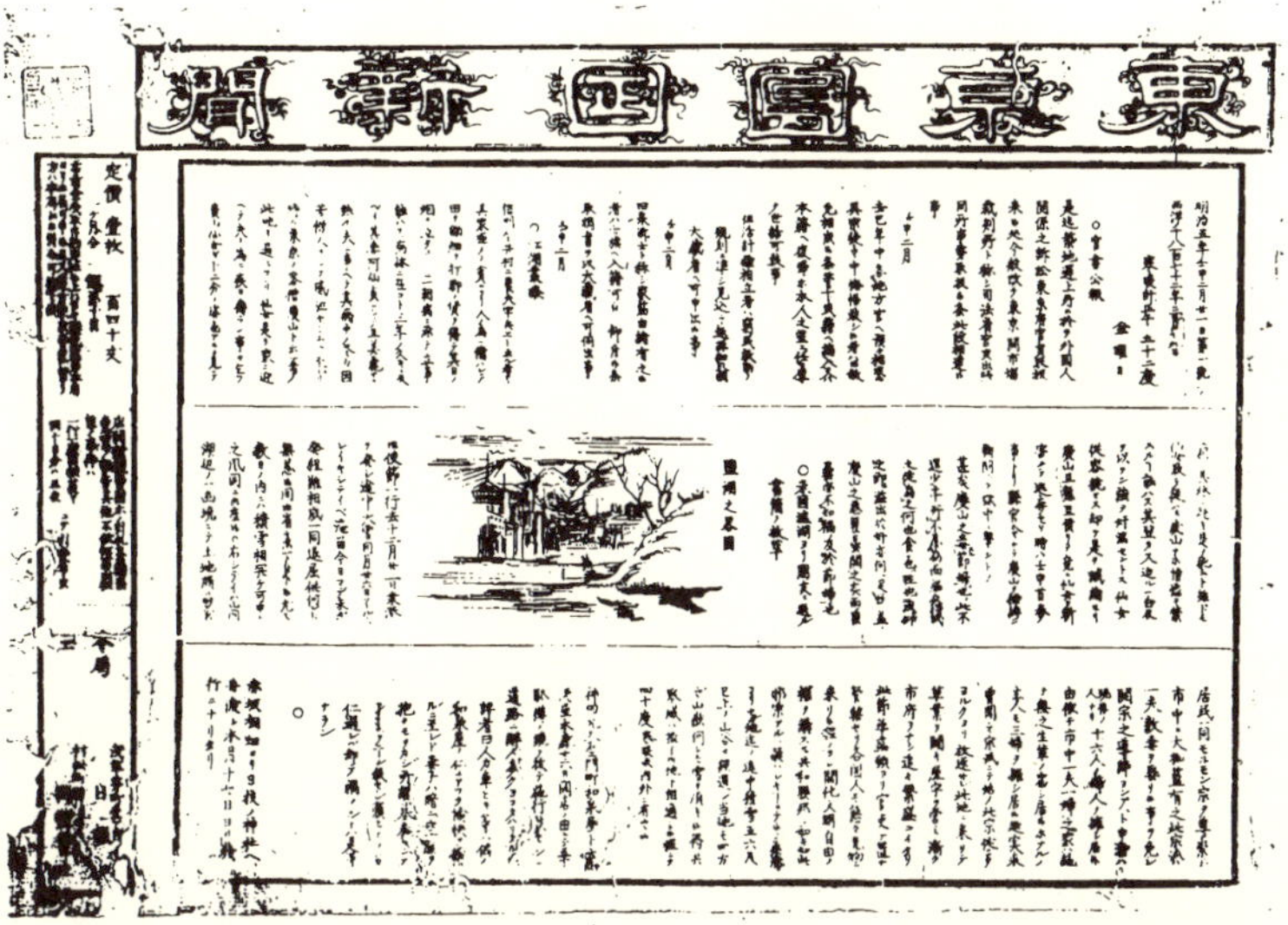

（毎日新聞社提供）

図2 『読売新聞』第8号（1874年）

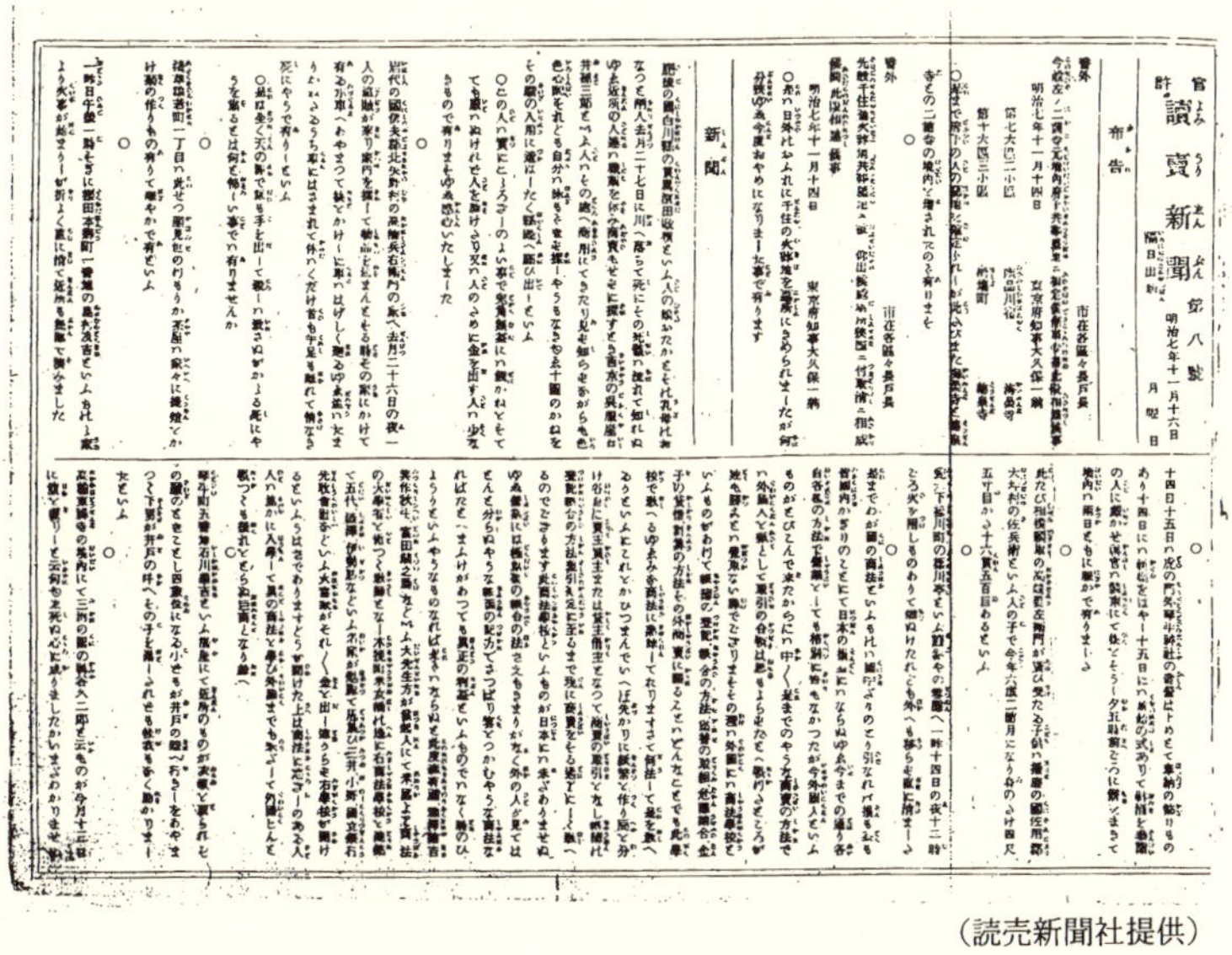

（読売新聞社提供）

図1が筆者の目を引いたもう一つの理由は、その題字にある。すなわち『東京日日新聞』とは、『東京島国新聞』でもあったのである。そしてここに〈東京―島国〉という対比が隠されているのだとすれば、それはさきの〈官書公報―江湖叢談〉の構図を解読する上でも重要なものとなる。〈官書公報―江湖叢談〉が〈東京―日日〉にして〈東京―島国〉に対応しているとするならば、この〈日々の会話にのぼる島国の出来事〉こそが「江湖叢談」なのであり、そうした日常的生活世界のニューズが、まさに〈新聞錦絵〉として *re-present* されるのだと言えよう。

(3)《江湖》新聞、その束の間の展開

『東京日日新聞』が、他紙で言うところの「新聞」欄を「江湖叢談」と表現したのは、その人脈を考えれば容易に理解できるところである。『日日』を興したのは、西田伝助・条野伝平ら、かっての『江湖新聞』のメンバーであった。「江湖叢談」という呼称へのこだわりはつまり、新聞人としての彼らのプライドを賭けたもの、と言えるかもしれない。そして明治七年（一八七四）十二月には、外遊から帰国した福地源一郎が主筆として迎えられ、その貢献によって、やがてはあの「公界事業」の追悼文が、福地に捧げられることにもなるのである。

ただ『日日』は、新聞名それ自体を「江湖」と呼称することはなかった。しかしながらこれより以降、この「江湖」を紙名に冠する新聞が、（雑誌形態を取るものも含め）新たに三紙も誕生していることは見逃せない。[16] そこで次に、この新潮流を取り上げることにしたいが、そのままでは呼称が紛らわしいため、福地のそれを『江湖新聞A』と呼び、これに倣って以下『江湖新報A』『江湖新報B』『江湖新聞B』（創刊順）と呼ぶことにしよう。それらのプロファイルを摘記すれば、次のとおりである。

①『江湖新聞A』

既述の福地源一郎主宰のもの。慶応四年（一八六八）閏四月から五月に及ぶ。

②『江湖新報A』
毎月七号発兌。参全社刊で、『湖海新報』の後身。明治九年（一八七六）七月に同紙が『評論新聞』『草莽雑誌』とともに発禁となったのを受け、翌八月に改題、十年一月まで存続。

③『江湖新報B』
毎月十号発兌。四通社刊で、『広問新報』の発禁による後身。また立憲改進党鷗渡会派の『内外政党事情』の前身にあたり、明治十三年から十五年まで発行[17]。

④『江湖新聞B』
主筆三宅雪嶺。永平寺が出資する曹洞宗機関紙として明治二十三年二月に創刊されるが、六月には三宅雪嶺が曹洞宗僧侶の腐敗・驕肆を批判して去り[18]、十月十七日、立憲自由党によって再興。翌二十四年元旦から『立憲自由新聞』に改称し、同年六月一日には『民権新聞』に再度改称して、中江兆民が主筆となる。

このように、いずれも「江湖」を紙名に冠していた期間は短く、例外なく存亡の危機に見舞われている。では、新聞を発刊し、言論を世に問うことの困難ななかで、発刊者たちが「江湖」の語に託したものは何であったのだろうか。例えば四通社の『江湖新報B』は、発禁・改題後の第一号緒言「江湖新報発行ノ主意」において、次のように記す。

今ヤ新聞雑誌ノ発行、愈ヨ出テ、愈ヨ盛ンナルヤ、其数十百ニシテ猶ホ足ラスト雖トモ、政談ヲ主トシテ輿論ヲ動スノ勢力ヲ振フモノハ甚タ罕レナリ。我東京ノ新聞紙中、纔カニ四五紙アルノミ。雑誌ノ如キモ亦、其勢力ヲ得ルモノハ僅ニ有テ、絶ヘテ無キニ似タリ。近時広門近事等ノ二三雑誌、大ニ江湖ノ望ミヲ繋ントスルニ及ヒ、直言讜論屢バ筆ヲ誤テ法律ニ抵触シ、終ニ或ハ躓キ、或ハ倒レ、今ヤ全ク其跡ヲ絶ツニ至レリ。其後チ一二ノ政談雑誌起ルアリト雖トモ、固ト是レ微々ノミ、未タ以テ輿論ヲ動スニ足ラス。故ニ吾輩、或ハ躓キ或ハ倒ル、者ニ代テ本誌ヲ発刊シ、其素志ヲ貫カシムルニ於テ、敢テ拮据勉力スルアラント欲ス。

「政談」を展開して「輿論」を動かすことが新聞・雑誌の果たすべき使命であり、それは「江湖ノ望ミ」を「繋グ」行為であった。ここに自由民権運動の昂揚、「論議する公衆」を基盤とし、《文芸的／政治的公共圏》を担う、「江湖」という名の言説空間が浮かび上がってこよう。

そうした意味で、「憲法発布の第一年紀」の日に創刊された『江湖新聞B』は、第一回衆議院総選挙へ向けての、文字通り「江湖」なる規範の浮上として、特に注目されるだろう。(19) そして総選挙後、この「江湖」に目を付けたのが、分立する三派を合同して二十三年九月に発足したばかりの立憲自由党であった。次に引くのは、同年十月十七日付の百二拾三号をもって同党が『江湖新聞B』を買受けた際の社告である。

社　告

立憲自由党は凱歌の中に組織せり。今や其旗幟を守る新聞なかる可からす。我々有志者申合せ、便宜の為め**江湖新聞**を買受け、其の名称に依り規模を整へ、**高橋基一君**を主筆となし、**永田一二君**等数名亦専ら編輯上に尽力し、**中江篤介君**・**河嶋醇君**は時々其論文を寄せらる可し。近日欧州より帰朝ありし**星亨君**は、彼地にて調査せし政治上の事件及ひ種々新らしき説話をも登録するを諾せられたれは、紙上更に一層の光粲を放つ可し。其他重なる賛成員の姓名は、

大井憲太郎　河野廣中　［以下二十七名略］（姓名不順）

○　ゴシック体は原文大活字を表す。

錚々たる陣容での改組であり、百二拾三号の「祝詞」巻頭を「祝発刊」なる一文でもって飾ったのは、ほかならぬ中江篤介（兆民）であった。そして、新政党発足の「便宜の為め」買受けたとはいえ、大江卓が、「大同」「自由」と並べて三大機関紙とすべし、としたほど、「江湖」は名称としてこれらに遜色ないものだったのである。

四紙もの新聞の名に冠せられた《江湖》――この語の思想史的位置を見据えるべく、次節では中江兆民と「江湖」の

関係を見ることにしよう。

2　中江兆民に見る「江湖」と「公共」

(1) 中江兆民と「江湖の気」

ジョージ・ゴードン・バイロンの長詩『チャイルド・ハロルドの巡礼 Childe Harold's Pilgrimage』が書かれたのは十九世紀の初期であるが、その邦訳が高橋五郎の講述で読まれるようになったのは、明治三十一年（一八九八）の東京増子屋書房版によってである。題して『江湖漂泛録　チャイルドハロールド』と言う[20]。

漂泊する旅人の往き来する空間を「江湖」と呼ぶことは、すでに江戸時代にも行なわれていた。文化十三年（一八一六）の筆になる富士登山の手引書『隔掻録』[21]の著者が、「江湖浪人月所」を号したように、それはまさしく旅人であり、ノマドの世界であった。漢籍に起源する「江湖散人」の系譜は、江戸後期、化政文化時代の日本にも脈々としてあったのである。そして実は、あの中江兆民もまた、「江湖放浪」の人と呼ばれていたのである。

明治二十一年（一八八八）一月、『東雲新聞』が創刊され、その主筆となった兆民に対して、翌二十二年四月二十五日号では次のような漢詩が献呈されている。

偶作㆓江湖放浪人㆒　華城托跡遣㆓清貧㆒　公平有眼毎操ㇾ筆　名利無心夙避ㇾ塵
泉激巉巌声更快　松凌霜雪色逾新　聞ㇾ君酔裡曾逢ㇾ厄　今日銜杯復入ㇾ春　（自註略ㇾ之）
宮崎夢柳云、僅僅五十六字、勝㆔於兆民居士伝㆓文千万言㆒[22]

「たまたま江湖放浪人となる」とは、直接的には明治二十年末に突如発布された保安条例によって、兆民が帝都外退去の身となったことを指す。しかしながら、この間「新民世界」を発表することで、兆民は、新天地の大阪で、部落解放という新たな課題に打ち込んでいたのであり[23]、このことは決して看過されるべきではあるまい。つまり「江湖放浪」とは、決してネガティヴな表現ではなかったのである。

そして、このことを裏打ちするかのように、同じく保安条例で退去処分となった島本仲道に対しても、やはり明治二十一年元旦に呈せられた漢詩で、「江湖放浪臣」なる呼称が用いられている[24]。すなわち「江湖放浪人」とは、この時期、こうした民権家を指す特有の代名詞として使われていた可能性が高いのである。

ただそのなかでも、兆民の場合は際立って「江湖」の人であったようである。降って明治二十八年には徳富蘇峰が、十二月十三日付『国民新聞』紙上の「妄言妄聴」において、中江兆民を井上毅と比較し、次のように批評している。

> ◎其の鏤心刻骨、一字苟もせず、一語軽々しくせず。尋常応酬の文字を作る、尚ほ孟東野の詩を作るが如きもの、甚だ故井上梧陰先生と相類す。唯だ梧陰は正を以てし、兆民は奇を以てす。梧陰は気格整正、兆民は落想飄忽、梧陰は台閣の風あり、兆民は江湖の風あり[25]。

この〈台閣⇔江湖〉の鮮やかな対照こそは、official と public の対比に相当すると言うべきであろう。すなわち右は、中江兆民の〈万人に開かれた〉性格を言いあてたものと言える。そして驚くべきことに、これと全く同じコントラストが、実は第1節に見た福地源一郎との間にも見出すことができるのである。次に引くのは、明治三十四年十月五日発行の『太陽』七巻十二号、「中江兆民居士」の一節である。

> 居士の生涯は甚だ福地桜痴に肖たり。桜痴も居士と同じく、或は官吏と為り、或は政党員と為り、新聞記者と為り、事業家と為り、居士と同じく敗軍の将と為り、居士と同じく真我に反りて、筆の人と為りたりき。唯だ桜痴の思想は客観的にして、居士のは主観的、桜痴の智識は事実より受納し、居士のは思索より得来り、桜痴は歴史の趣味を有して、居士は哲学の趣味を有し、桜痴は俗才に長じ、居士は天才に近邇し、桜痴の経世眼は保守主義にして、居士のは進歩主義、桜痴の文は台閣の象ありて、居士のは江湖の気あり、更に其の処世の迹に就て之を

表1　中江兆民の用いた「江湖」

No.	発行年月日	記事名／掲載紙面	用例
①	明治14年3月12日	『東洋自由新聞』発売広告／『朝野新聞』(著者未詳)	江湖諸彦
②	明治14年3月18日	社説／『東洋自由新聞』1号1面	江湖ノ君子
③	明治14年3月18日	祝詞／『東洋自由新聞』1号2面	江湖ノ君子
④	明治14年3月23日	社説／『東洋自由新聞』2号1面	江湖ノ君子
⑤	明治14年3月30日	社説「再論干渉教育」／『東洋自由新聞』8号1面	江湖ノ君子
⑥	明治14年4月6日	社説「国会問答」／『東洋自由新聞』13号1面	江湖君子
⑦	明治14年4月9日	社説「西園寺君公望東洋自由新聞社ヲ去ル」／『東洋自由新聞』16号1面	江湖ノ君子
⑧	明治14年4月12日	社説「有一邦于此」／『東洋自由新聞』18号1面	江湖ノ君子
⑨	明治14年4月28日	社説「再論言論自由」／『東洋自由新聞』32号1面	江湖ノ君子
⑩	明治14年4月30日	社説「答浅野先生」／『東洋自由新聞』34号1面	江湖ノ君子
⑪	明治14年5月	「東洋自由新聞顚覆ス」／唐紙一枚物	江湖ノ君子
⑫	明治15年9月27日	「社長板垣ノ西遊」／『自由新聞』(第一次) 71号1面	江湖ニ伝播
⑬	明治21年2月5日	寄書／『東雲新聞』15号3面 (筆名・南木生＝要検討)	江湖俊士
⑭	明治21年11月20日	「枢密院」／『東雲新聞』256号1面 (筆名・南木生＝要検討)	江湖君子
⑮	明治24年2月27日	「病者一人に医者二人」／『立憲自由新聞』200号2面	江湖君子
⑯	明治24年3月4日	島本北洲「俳諧所設立趣意書」へのまえがき／『立憲自由新聞』204号1面	江湖の好事家

観れば、桜痴は物質的貴族的の生涯を欲求したるもの〻如く、居士は理想的平民的の生涯を欲求したるものに似たり。而して其の意思薄弱にして忍ぶ能はざるは、二人者殆ど同調異曲にして、其の均しく失敗の運に遭遇したる原因実に此に在り。[26]

かつて『江湖新聞A』を発刊して《江湖》世界の端緒を切り拓いた福地も、ここにいたっては「台閣」の人でしかなかった。中江兆民こそ、真に「江湖」の人だったのである。[27]

さて、このように「江湖」の人と呼ばれた兆民ではあるが、彼自らは「江湖」の語を常用したわけではなかった。というよりむしろ、兆民が「江湖」の語を積極的に使用したのは、実はある特定の一時期に限られているのである。それは、自由民権運動の昂揚から明治十四年(一八八一)の政変へと変転する、まさにその直前期であった。そこで要検討の事例も含めて、兆民による「江湖」の用例を、表1として一覧してみよう。[28]

ここから明らかなように、兆民が「江湖ノ君子」に向かって呼び掛けた史料は、『東洋自由新聞』の主筆として社説を書いていた二カ月足らずに集中しており（①〜⑪）、その後はほとんどこの語を用いていない。⑯のごときは、すでに見た「江湖放浪臣」島本仲道が、「遍く国中に行脚し、到る処ろ同好者を尋訪し」俳諧を楽しもうというのだから、いかにも「江湖」という言葉を想い出すに相応しく、やや例外的な用例と言ってよい。従って兆民の「江湖」は、『自由新聞』社説掛から客員に転じた同日の記事⑫をもって、ほぼ実質上の終見とする。兆民は、この客員待遇を早くも十月十二日には退いており、これより五年余りの間、新聞界からは身を引くことになるのであった。兆民にとって「江湖」の概念は、おそらく新聞における言論活動と不可分のものであって、それは『東洋自由新聞』の〈挫折〉とともに色褪せてしまったのではないか、とさえ推察されよう。[29]

そして明治二十一年、『東雲新聞』主筆として新聞界に復帰した時、兆民は「社会の読者に公示し」[30]、「世に公けにし」[31]という、「江湖」に代わる別の言葉を持っていた。果たしてこれ以後、『東雲新聞』紙上の記事においては、「江湖ノ君子」に呼び掛けることに代えて、「読者願はくは」[32]、「読者諸君ノ愛ヲ求ム可シ」[33]、「読者諸君に告ぐ」[34]といった表現がしばしば見られるようになるのである。この、兆民における「読者」の成立が、「江湖」の用例の消失と連動しているこ とは、ほぼ間違いないであろう。

さて、以上を確認した上で問題となるのは、この五年余りの空白期間である。この間、兆民は何をしていたのであろうか。『東洋自由新聞』廃刊後の明治十五年一月には仏学塾の新築が落成し、兆民は夜学を再開している。そして同塾から発刊した『政理叢談』に、かの『民約訳解』を連載していくことになるのであった。

(2) 中江兆民における「公共」概念の逡巡

ルソーの『社会契約論』を紹介した中江兆民の翻訳書には『民約論』（明治七年）と『民約訳解』（明治十五年）があり、両者の比較はこれまでもなされてきた。[35] しかしながら管見の限り、兆民が前者で用いていた「公共」の訳語が、後者では跡形もなく姿を消してしまっていることを指摘した研究を知らない。

兆民は、『社会契約論』第二部第一章の最初のパラグラフを、『民約論』では次のように訳していた。

α　　君権ハ譲ル当ラズ

前ニ論ズル所ノ旨意ニ由レバ、唯衆意而已能ク国資ヲ流注シテ当初ノ目的即チ公共ノ利[a]ニ向ハ令ムルヲ得可シ、何トナレバ本来各箇ノ私利相抵触スルヨリシテ搶奪衝闘ノ難生ジテ、竟ニ結社ノ要務タルニ至テ乃チ此衆私利ヲ一定シテ始メテ社ノ造設ヲ成シ得タレバナリ、但斯ノ如ク私利紛交スル中ニ自ラ公共ノ利[b]有テ存スレバ、此レヲ以テ縄約ト為シテ人々相離レザラ令ムベシ、然ラズンバ各人其利ヲ利トスル而已ニシテ社ヲ維持スルコト能ハザル容シ、故ニ政府ノ宜ク主ト為ス可キハ偏ニ此公共ノ利[c]ニ在リ、（後略）[36]

これに対して『民約訳解』では次のように改変されている。

β　　○第一章　君権不レ可ニ以仮一レ人

由ニ前所レ述衆理一推レ之、更又得ニ一理一、而其可ニ崇重一、与ニ前者一相若、曰董ニ率国之力一、使下其必副ニ法制之所一レ旨終始無上レ渝、以長ニ民之利[a]一者、独有ニ公志一而已、公志者何也、衆人之所ニ同然一是已、蓋当初人々所ニ以相共盟建一レ邦者無レ他、以下衆人各利ニ其利一、相争不上レ已、是以相共設ニ法制一、思レ有ニ以処一レ之也、夫衆人之所レ利、雖ニ洵各相異一、然其間亦自有レ所ニ相同[b]一、唯其有レ所ニ相同[b]一、此即邦国之所ニ以寄一レ基也、若衆之所レ利、皆悉相異、無三一所ニ相同一、雖レ有ニ盟約十百一、何以得レ為レ国、是知公志者、即衆利所ニ相同[c]一之処、而唯是足丁以率ニ国之力一、使丙其副乙法制之旨甲而已、[37]

傍線部ａｂｃは、いずれもルソーの原文では commun であるが[38]、『民約論』ではａの bien commun（共通善）によって一義的に「公共の(福)利」と訳されていたことがわかる。また『民約論』においては、第二部第四章で publique や communauté の語に対しても「公共」の語が宛てられていたが[39]、これらもやはり『民約訳解』では姿を消してしまうのである。さらに第二部第六章では、République/républicain に対して、ルソーの原註を兆民の訳註に置き換える形で、

α 按ズルニ洋語列彪弗加《レピユブリツク》ハ共和政治ト訳スルモノニシテ、二語ヨリ結成シテ即チ公共ノ事務ノ義ナリ、(後略)(41)

となっていたものが、さらに加筆訂正され、

β (前略)法朗西言列彪弗利《レピユブリツク》、即羅馬言列士《レス》、彪弗利《ピユブリカ》、二語之相合者、蓋列士言レ事也、務也、彪弗利言レ公也、列士彪弗利、即公務之義、猶レ言二衆民之事一、一転成二邦之義一、又成二政之義一、中世以来更転成二民自為レ治之義一、当今所二刊行一諸書、往々訳為二共和一、然共和字面、本与二此語一無二交渉一、故不レ従也、(後略)(42)

と置き換えられている。ここでも「公共」の語は姿を消してしまうのである。

しかしそもそも「公共」概念は、第V章で明らかにしたように、漢籍の儒学テクストに起源する語であるから、むしろ漢文体の『民約訳解』の方が文体に馴染みやすかったはずではないか——この点を考慮するなら、「公共」の語の消失には、明確な意図性を見るほかないであろう。実際、兆民における「公共」概念の削除は、前節に見た『東洋自由新聞』における〈束の間の「江湖」概念〉の浮上とも時期を一にしていたのである。すなわち明治十四年三月二十四日付『東洋自由新聞』の無署名社説「君民共治之説」(43)には、『民約訳解』の訳註に繋がる「共和政治」および res publica への言及が見られ、ここにおいてすでに「公共」概念は姿を消し、「公衆ノ物」「公有物」に置き換えられてしまっているのである。

また明治十五年(一八八二)二月、仏学塾から発刊した『政理叢談』創刊号に訳出された、「一千七百九十三年仏蘭西民権之告示」においても、それまで「租税ハ公共康福ノ為ニ非レハ徴課ス可ラス」(44)として流通してきた一七九三年山岳党権利宣言二〇条が、兆民にあっては次のように改訳されている。

第二十条　凡租税、非レ利二于衆一、不レ得二妄賦一レ之、故為二国人一者、皆有下議二租賦一之権上、有下監二其使用一之

権、上有下括二其出入一之権、上[45]

ここでもまた、「公共」の語は用いられなかったのである。

しかし一方、同じ明治十五年の七月に書かれた無署名記事「為政者其レ鑑ミル所アレ[46]」では、「公共ノ利益」の概念が復活し、明治二十一年三月の「良、乱、勇、惰、四民の分析[47]」では、官吏・軍人の養い、官衙・学校・道路・堤防・橋梁などの造営を租税から支出することについて、

其他百般社会公共の費用《ひよう》は、皆良民《れうみん》の嚢中《のうちう》より出たる租税に由りて支《さ》ゆる所に非ざる莫《な》し、

として、いわゆる〈租税公共〉論が展開されている[48]。さらに明治二十四年三月の「地価修正非修正に就て[49]」では、

立憲政治の妙用は、衆利己心の音響を聚めて、其中に隠々然潜伏する公共心の音響をして発越せしむるに在り、

として、「議員諸君の任」は「利己心の中より公共心を摘発する」ことに在り、と主張している。

自由民権の昂揚と十四年政変という反動。兆民にあっては、この転回の前後に「公」や「公共」をめぐる逡巡があったことは間違いない。実際、この「公共」をめぐる逡巡は、井上毅の「憲法逐条意見[50]」においても繰り返されたことであった。commun であれ public であれ、容易には咀嚼しえず、このディレンマは、現在なお我々がひきずっているところでもある。兆民が新聞言論において一とき用い、また自身そう評されたところの「江湖」の概念もまた、歴史の狭間に失われようとするのであろうか。次節ではその可能性を、より広い素材に見たい。

3　《公共圏》としての江湖

(1)　文芸雑誌に見る「江湖」

明治における江湖の浮上の特色は、一方で文学や詩歌の〈サロン〉——いわば《文芸的公共圏》の展開としても見ら

れたことである。そこで以下しばらく、《読書する公衆《レーゼプブリクム》》の作り出す「江湖」世界を、文学結社の活動に探ってみよう。

まず手始めに、秋田・寧静吟社の詩歌誌『江湖詞華』[51]（明治二十四～九年）に注目したい。同誌に載る『江湖詩』社告では、この雑誌を端的に

各府県諸名家批評、

と謳っており、秋田市保戸野川端町から、地域を越え、「各府県」に向けて〈批評〉空間が発信されるとともに、

広ク江湖ノ詩ヲ集ム、文雅ノ諸君続々投稿アレ、

として、〈万人に開かれた〉メディアであることが強調されていた。あの『東京日日新聞』に見られた〈東京－島国〉という〈中心－周縁〉モデルが、ここにあっては痛快にずらされ、相対化されているのが、何とも興味深いことではないか。それではなぜこのようなことが可能なのか。

実は詩歌の世界においては、宋末元初の漢詩集『江湖風月集』（松坡宗憩編）が鎌倉末期から愛好されており、近世には俳諧の世界で『江湖』の名を冠する句集が作られるなど[52]、「江湖」世界の伝統があったと見られる。なかでも注目されるのは、近世後期の儒学者で、漢詩革新運動の旗手となった市河寛斎である。天明七年（一七八七）、「昌平啓事」たることを辞職した市河は、七言律詩「矢倉新居作」の第三句で、

江湖結レ社詩偏逸

と宣言して、「江湖詩社」を結社している[53]。漢詩結社の呼称として「江湖」が用いられたのは、あるいは『江湖風月集』を参考にしたものと見ることもできよう。だが、市河が前年に発表した『北里歌』をはじめとして、詩社同人たちの間で詠じられたテーマについて、既往の研究が次のように位置づけていることは見逃せない。

江湖詩社の若き詩人たちにとって遊里詞を詠ずることは、詩風革新における実作上の一つの試金石であったかのように思われる[54]。

この指摘に学ぶならば、ここに設定された「江湖」の眼差しが、遊女の交情の世界、すなわち「公界」渡世へと向けられていることは、「江湖」の《公共的》性格を示すものと言うべきであろう。

そして、この江湖詩社の展開を踏まえつつ、これと比較するならば、明治に浮上した『江湖詞華』の意義は、〈compose〉される主題が《公共的》であった段階から、〈criticize〉する形式が《公共的》である段階へと進んだ点にあり、この〈批評〉的媒体を通じて、万人の参入が可能な《結社《アソツィアツィオーン》》関係が醸成された点に求めなければなるまい。

ついで東京でも、明治二十九年（一八九六）十一月には、東京市本郷区本郷春木町の文学書房内に設立された江湖文学社から、雑誌『江湖文学』[55]が創刊されることになる。そこでは、泉鏡花・上田敏・大町桂月・高浜虚子・内藤湖南・夏目漱石・正岡子規・三宅雪嶺らの錚々たる寄稿者を擁しつつも、やはり「広く江湖才子の投稿を欲し、洽く隠れたる才華を発せしめんとす」として、門戸を「江湖」に開いており、巻末には「江湖喁語」なる時文評をも載せる、文字どおりの〈批評〉的媒体であった。一例を挙げれば、この『江湖文学』第三号には黒板勝美も登場しており、「現今史学界の欠点（史論と素養）」なる一文を寄せていた。黒板はまず、「史論」に関して、「時に史学を誤解して只一事一物の考証を事とすれは足れりとなし、世運の変遷し来れる所以、さては社会の裏面に於ける暗流如何を、度外視するか如き傾向を有せる現今の学風」を批判するとともに、「素養」に関しては、「庶幾ふ所は更に一歩を進めて、史学に必要なる他の学科、就中直接の関係を有せるものは、少くとも其の大体に通暁せんことにあり」として、辛口の批評を展開していたのであった。

このような〈批評〉的文学雑誌が可能であったのも、編輯者の顔触れを見れば自ずと明らかとなろう。そこに名を列ねているのは、社会の底辺を見つめ、女性解放から『明治叛臣伝』までを論じた、あの田岡嶺雲[56]を中心として、小柳司気太・藤田豊八ら、主に中国文学・中国史の専門家であって、ここに「江湖」が中国起源の概念であることを再認識せざるを得ないのである。彼らはすでに、明治二十七年末には雑誌『東亜説林』を出してもいて[57]、嶺雲の言を借

りれば、

而して『江湖文学』は『東亜説林』当日の意気なしと雖ども、之を漢学派といふべく、これに英派ともいふべき『早稲田文学』、寧ろ国文派に近き『帝国文学』ありて、二十九年の文壇は五彩陸離たりき。[58]

という状況であった。

また、この『江湖文学』の創刊と同じ明治二十九年十一月には、幸田露伴が、『新小説』誌上の雑録に「江湖諸君並に新作家に告く」と題する評論を載せている。[59]それは、同誌の第二号以降、編集を託されていた露伴が、「江湖諸君、特に未現の文豪ならびに既出の作家評家諸君に対して、新小説編輯上に予が有せる意見を開陳」しようとするものであった。「江湖」はいまや、文学界における一大思潮としての相貌を呈していたのである。

ただ残念なことに、『江湖文学』は明治三十年六月の第七号をもって廃刊を迎えることになる。しかし、例えば田岡嶺雲にあっては、《江湖》の精神はそこで途絶えたのではなかった。廃刊後の明治三十一年三月には、窮乏する韓国留学生の学資を扶助するため、「江湖に愬ふる所ありき」「江湖諸士の益す彼等の為に義捐する所あらんを欲す[60]」として、「慈善音楽会[61]」をも企画しているのである。

(2)　政治雑誌に見る「江湖」

『江湖文学』廃刊後、この「江湖」という思潮の浮上は、政治雑誌の分野へと波及し、同名の二つの月刊誌『江湖』を産むことになった。中でも明治三十一年（一八九八）、岡野覚鯉を発行兼編輯人として、東京市京橋区南鍋町の江湖社から創刊された月刊誌『江湖』[62]（以下、旧『江湖』と呼ぶ）は、政治批判の言説媒体として、極めて注目すべき発刊の辞を掲げていた。やや長文とはなるが、その前半部分を引用しよう。

『江湖』ハ何ノ為ニ発行セザル可カラ〔ザ〕ル耶

這問題ヲ解釈スルハ正ニ『江湖』発行者ノ責任ニ属ス。而シテ此解釈ニ先チ、『江湖』ヲ機関トシテ其ノ意見議論ヲ世ニ公ケニセムトスル江湖社同人ハ抑モ何種ノ人士ニ属スル耶ノ疑問ハ必定、読者ノ脳裏ニ起リ来ルベキ所ナラムト信ズ、『江湖』発行者ハ順序トシテ這疑問ヲ解クヨリ始メザル可カラズ、

江湖社ハ世ノ所謂元勲ヲ有セズ、名士ヲ有セズ、政治家ヲ有セズ、紳士、紳商ヲ有セズ、申サバ無名漢ノ寄合ナリ、否、寧、方今ノ所謂有名家、流行児ト伍ヲ為ス事ヲ恥ヅル組合ナリトス。而シテ其ノ種類ハト問ヘバ学者アリ、商人アリ、医師アリ、記者アリ、法律家アリ、宗教家アリ、工業家アリ、皆新進有為ノ資ニヨリ自ラ経国済民ノ大業ヲ以テ任トスルニアラザルハナシ、[a]而モ必シモ政治上ノ議論若クハ実業上ノ意見ガ同一ナリトニハアラズ、タゞ現今ノ政党派幷政治家ノ与ニ為スアルニ足ラザルヲ看破セル点ニ於テ一致シ、社会ノ腐敗、士気ノ銷沈、一ニ豪傑ノ士ノ起テ恢清ヲ試ミ刷新ヲ行フニ須ツアルヲ知リ、新旧過渡ノ時代ニ於テ克ク天下之経綸ニ任ズルモノ乃公ヲ措テソレ誰ソヤノ自信有ル点ニ於テ一致シ、九州ト云ヒ東北ト云ヒ若クハ関東ト云フガ如ク区々地方的観念ニヨリテ国政ヲ議スルノ甚ダ時代的精神ニ戻ルモノナルヲ知リ遍ク朋友ヲ江湖ノ広キニ求メムトスル点ニ於テ一致セルノミ、即チ一面ヨリ之ヲ見レバ雑駁極マルガ如キモ他ノ一面ヨリスレバ醇粋ナル革新主義者ノ一団ト視ルヲ妨ゲザル也、

江湖社同人ノ性質斯ノ如シ、然ラバ何ノ為ニ『江湖』ヲ発行スルノ必要ヲ感ジタル乎、区々国下ノ時事ニ激シテ興ルハ『江湖』ノ恥ヅル所ナリ、齷齪、眼前ノ功名ヲ貪ラムガ為ニ興ルハ『江湖』ノ最モ恥トスル所ナリ。『江湖』固ヨリ藩閥政府ヲ非トス、然レドモ亦現在ノ議会ヲモ併セ非トス、現在ノ各政党、各政派ヲ非トシ、現在ノ政治家ヲ非トシ、議員ヲ非トスルノミナラズ、現在ノ選挙人ヲモ併セ非トス、[b]即チ『江湖』ハ或ル意味ニ於テ殆ド一世ヲ非トシテ奮闘セムトスルノ概アルモノナリ、換言スレハ現社会ヲ根本ヨリ革新スルニアラズンハ已マズ、是

レ『江湖』ノ志ナリ、
（後略）

雑誌旧『江湖』とは、傍線部bに見るごとく、政治批判の言説媒体として、文字どおり「江湖」という名の《公共圏》を構築しようとするものであった。しかもその同人は、傍線部aに見るごとく、自由な論客からなっており、具体的には学者・商人・医師・記者・法律家・宗教家・工業家をはじめとする「新進有為ノ資」によるものであって、それはいかにもBürgerと呼ぶに相応しい。それでは彼らは何者であったのか。

実は右の政治集団こそ、かつて宮地正人によって日露戦争期の対外硬派の一群として分析された、あの江湖倶楽部なのである(63)。メンバーには、文芸評論家の石橋忍月や『万朝報』の記者らも参加していたが、主には弁護士から構成されており、「一人一党主義」の花井卓蔵のごとき、比較的傍線部aに適合的な人物から、のち護憲三派内閣の司法相として治安維持法制定を推進した小川平吉までが含まれている。しかし小川が入っているからと言って、必ずしも江湖倶楽部の評価を減じることにはならない。宮地も指摘するように、この段階での彼らは、足尾鉱毒問題をはじめとする社会運動に尽力しており、酒田正敏は、内村鑑三・幸徳秋水・堺利彦ら『万朝報』のメンバーと花井や小川ら江湖倶楽部のメンバーの交流、「江湖倶楽部系と『社会主義者』との共闘」としての「理想団」運動についても詳述している(64)。普通選挙期成運動・足尾鉱毒事件・理想団・自由投票同志会・労働組合運動等々に参入した彼ら――酒田の言う反藩閥的中間層の「革新集団」の一つが、まさにほかならぬ「江湖」を標榜したことは、その限界を見据えた上でなお、政治批判の圏としての《市民的公共圏》の可能性を考える上で、多大の示唆を与えてくれるのではないだろうか。

さて、これに対して明治四十一年（一九〇八）三月には、同名異誌の月刊総合雑誌『江湖』(65)（以下、新『江湖』と呼ぶ）が、山田元礼を発行兼編輯人として、東京府豊多摩郡渋谷村渋谷の江湖社から創刊されている。これは、さきに見た

『江湖文学』廃刊に際して予定されていた〈衣替え〉らしいが、[66] おそらくは同名の雑誌、旧『江湖』の出現によって立ち消えになったものと推察される。そして旧『江湖』が歴史的生命を終えたのち、晴れて新『江湖』の出現となったわけである。それではまず、その綱領を引こう。

> **江湖**は現代人文の忠誠なる映鏡たり、当来奎運の確実なる指針たり、
>
> **江湖**は一切の社会的事象に対し、之れを彙類し、之れを記述し、之れを説明し、之れを批判し、之れを是正し、之れを利導せんとする也、
>
> **江湖**の材とするところは横に中外に論なく、縦に上下を問はず、内容に於いては趣味と実益、形式に於いては簡明と豊富、
>
> **江湖**は自家の小主観・小我見を以て敢て之れを人に強うるを欲せず、其の眼は常に文化の理想に着し、其の脚は必ず公正の大道に立つ、
>
> **綱領**を巻頭に掲げて序詞に代ふ、必らずしも其の声を大にせんとはあらず、私かに自ら以て規するところあらんとする也、

第五条に見るごとく、この綱領が旧『江湖』の「序詞」を意識していることは明らかであり、第二条で「批判」精神を謳ってはいるが、さきの旧『江湖』の革新主義路線に比すればはるかに漸進的なものであった。しかし新『江湖』が注目されるのは、その執筆陣の顔触れである。図3は第一号目次である。

これはまさに、政治から文芸までの、オール・スター・キャストと言って過言ではなかろう。政治家に限って言えば、明らかに憲政本党のネットワークが母体にあり、[67] 端的に言えば、前年一月に同党総理を辞任し、早大総長へと転身した、大隈重信の政界引退記念とも見られる号である。〈台閣〉を去り〈江湖〉の自由を求めたということであろうか。大隈の政界引退と言えば、新『江湖』発刊の翌月には、啓蒙主義的文化団体として大日本文明協会が旗揚げされ

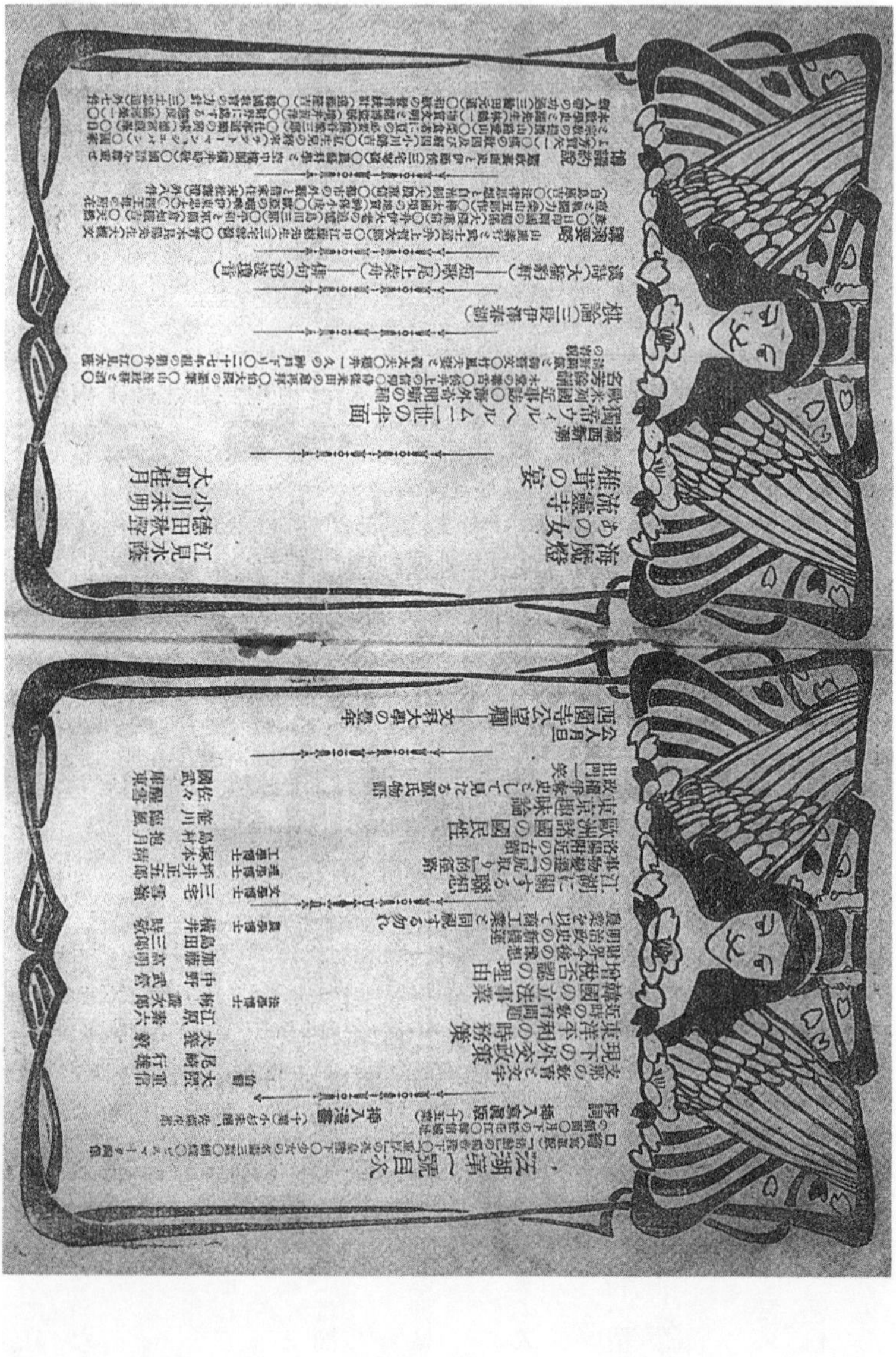

図3　新『江湖』第1号（1908年）目次

（東京大学法学部明治新聞雑誌文庫所蔵）

ており[68]、まさに文化活動に専念しようという矢先であったことになる。いずれにせよ、政治以外の諸分野からこれだけの面々を並べたのは圧巻としか言いようがなく、同時期に大隈が編ませた、あの『開国五十年史』[69]の執筆メンバーと比べてさえ、なお多彩に見える。この新『江湖』も第五号が終見であり[70]、さきの旧『江湖』と同様、結局は歴史の狭間に埋れていったものではあるが、批判的に論議する媒体として《江湖》の精神が様々な次元で謳われたことは、日本近代における《公共圏》の束の間の浮上として、ここにはっきりと銘記すべきであろう。

4 江湖とナショナリズム

しかしながら、この「江湖」の概念こそが、実は public であり öffentlich なのだ、ということに気づき、これを自覚して用いた者は、結局のところ現れなかった。そこには、日本における public や öffentlich の不可能性という重い問題が立ち現れている。束の間浮上した「江湖」の概念が既存の「公」の語に克つことは、ついにできなかったのである。そして「江湖」が死語への道を滑落していくことを予兆するかのように、「江湖」もまた「公」と同様、ナショナリズムの言説に絡め取られ、俗流化されようとした。

その徴候はすでに、明治十五年(一八八二)十一月、田中耕造・野村泰亨とともに中江兆民自身も発起人の一人として関わった、東洋著訳出版社設立の株金募集の記事に見出される。

江湖憂国ノ諸君、幸ニ吾輩ト其所見ヲ同フスルアラバ請フ、各々其資ヲ出シテ、以テ吾輩ノ志ヲ成サシメヨ[71]、

さらにこの「憂国」は、翌年六月、『自由新聞』に載った「日本出版会社設立ノ主旨」においては、

江湖愛国ノ諸君、幸ニ吾輩ト其所見ヲ同フスルアラバ請フ、各々其相助ケテ、以テ吾輩ノ志ヲ成サシメンコトヲ[72]、

とも言われている。これは果たして兆民が書いたものなのだろうか。厳密な「認定」基準を設定する『中江兆民全集』

の編集委員会は、これらを「兆民自身の執筆とは認めがたい」としているが、従ってよいと思われる。なぜなら、すでに第2節で明らかにしたごとく、中江兆民はまさに、右の「江湖憂国」「江湖愛国」の登場と入れ替わるようにして、この「江湖」概念を使用しなくなってしまうからである。(73) 兆民が以後、「江湖」概念を積極的に使わなくなった理由は、あるいはこの「江湖憂国」「江湖愛国」問題とリンクしているのではないだろうか。(74)

それでは、「江湖」がナショナリズムに絡め取られようとする契機は、どこに潜んでいたのであろうか。その点で、ナショナリスト三宅雪嶺が、『江湖新聞B』に関与し、『江湖文学』第三号や新『江湖』第一号に随想を寄せていることとは見逃せない。もちろん、三宅の《江湖》への関与を、すべてナショナリズムの問題に帰して捉えることは不当であろう。しかし必ずやその鍵がどこかに潜んでいるはずである。幸い三宅は、新『江湖』第一号に、「江湖に関する聯想」という、この検討にとって好個の一文を残してくれており、以下にこれを少し見ることにしよう。三宅はここで、漢籍の故事に基づき「江湖」の三類型を富豪（越の范蠡）・詩人（唐の陸亀蒙）・政治家（宋の范仲淹）に見出しており、その分析自体、極めて刺戟的なものとなっている。というのは、この三類型ともが本来、西欧市民社会における《市民的公共圏》の浮上にあっても、不可欠な要素ばかりだからである。三宅はこの随想を、

同じく江湖といふ語の下に、富豪たるものあり、詩人たるものあり、政治家たるものがある。之れ以外にも『江湖』といふことについて種々の聯想の伴ふものがある。『魚相ニ忘〔于〕江湖一、人相ニ忘〔于〕道術二』といふ句がある。江湖に相忘るゝも必しも悪いことゝは思はぬ。新に雑誌『江湖』の出づるは、総てを網羅せんとするか、又は或る者に傾かんとするか、将又別に江湖に或る意味を加へんとするか。（文責在記者）

と意味深長に結んでいるが、一面的ではない「江湖」の語の振幅が巧みに捉えられている。

とりわけ第一類型について三宅は、

范蠡の江湖に浮んだのは富を致さんとてである。その江湖は貿易の媒介たるもので、云はゞ水運を利用すること、

広義にとれば海外貿易といふことにもなる。水は国を隔てつゝ又国を接近するもので、互に有無を通ずるに最も便利なものである。

としているが、これはまさに、

私が語りたいのは、いわば船乗り＝商人である。あるいは、共同体の《空－間》としての海＝砂漠である。すでにいったように、それは交通の空間である。

と柄谷行人が比喩するところに等しく、ここにおいて「江湖」とは、すなわち《交通 Verkehr》空間であった。(75)

しかし一方、第三類型にあっては、

廟堂の高きに居ては其民を憂ひ、江湖の遠に処しては其君を憂ふといふのは、事の然るべきところをいふのである。普通には官に居て官を思ひ、民に居て民の為めに謀るといふ傾向になつてゐる。(中略) 江湖の遠にゐてこの君を憂ふといふ事はよきことゝなる。即民間にあつて国政の為めを憂ひ、常に之をよろしくせんとするのである。仲淹は或は官に立ち、或は民間に退いて、常に国事の為めに忠実に謀つた人である。

として、ここに、「江湖憂国」の基本構図――「江湖」＝田舎にあって「君」＝中央国政を憂う――、を見ることができよう。そして実にこの「江湖憂国」の系譜は、

一、建国之大体万世ト雖トモ不レ可レ変事

から筆を起こして

一、祀礼ヲ崇敬〆天下ノ人心ヲ一ニスル事

に書き及ぶ、会沢正志斎の『江湖負暄』(76)にまで遡りうるのである。会沢はその序において、

然古人言、居二江湖之遠一、則憂二其君一、瞽跛之不レ忘二視立一、亦未三必無二痴情一、不レ得レ已者而、負暄之誠眷々於レ愛レ君者、雖レ入レ地不レ可二以忘一、況其未二瞑得一無レ所二窃憂一者乎、則将レ献二其言一乎、時有二不可一者、廼

姑筆ㇾ之、以終二『新論』所ㇾ未ㇾ尽之説一、以竢二可ㇾ言之時一、嗚呼天下未二嘗無ㇾ可ㇾ憂者、能憂二其可ㇾ憂、神聖之所ヨ以為二　神聖一、雖ㇾ為二江湖無ㇾ憂之身一、亦豈得二漠然無ㇾ憂哉、而所ㇾ負之暄、未必非二　神聖所ㇾ憂之一端云、

としており、ここに三宅雪嶺の第三類型を見ることができる。「江湖憂国」の思想は、水戸学の言説に起源するものと言わねばなるまい。

とするならば、中江兆民が「江湖」概念と訣別せざるを得なかったことは、《市民的公共圏》としての「江湖」の不可能性として、いまなお我々の前に重い警鐘を響かせているのだと言えよう。

おわりに

明治における江湖の浮上。それは四つの《江湖》新聞に端を発し、文芸から政治までの〈批評〉空間を生み出す言説媒体として、少なからぬ新聞・雑誌の呼称に冠せられた、この時期特有の概念であった。そのなかには、批判的討議の圏と呼ぶべきものも確かにあったのである。《江湖》世界とは、文字どおり日本における《公共圏》の可能性を担うものであったと言える。

しかし、言うまでもなく新聞・雑誌は、本章に扱ったものにとどまらず、さらに夥しい種類のものが発刊されているわけで、それらのなかで江湖の語を冠することの意味は、別して問われなければならないだろう。そこで最後に、明治における新聞の成立という一般的問題と、《江湖》世界との関係について、若干の展望を示して結びとしたい。

さて、明治における新聞の前身が、風説書、風説留と呼ばれるものであることはよく知られている。幕末の風説留に「公論」世界の端緒的成立を見たのは宮地正人であるが[77]、「公論」を担う言説媒体としての「新聞」の語源について

は、一般に宋代の『朝野類要』巻四の「朝報」条などに求められ、newspaper の訳語として「新聞」の呼称が一般化するのは、開国前後かとされている。(78)

しかしながら、実はこの「新聞」なる漢語は、例えば「社会」の場合とは違って、この時期俄に索出された語ではなかった。中世禅林文化圏においては、すでに「新聞」の語が存在していたのである。例えば、後期五山文学を代表する禅僧万里集九が、相国寺玉潤軒の岷江心に請われて書いた、蘇東坡肖像画の画賛とその後記には、次のように見える。

　　東坡先生画賛王(玉)潤岷江心需レ之

三墳五典、四海九州、黄花重陽之真人、焚二露香一祝二後胤一、白蓮先祖之羅漢、挑二風燈一讖二来田(由)一、天台路非レ為レ遠、

（中略）

「黄花重陽之真人」云々、見二『春渚紀聞』東坡「事乎」(朱書)爭迹一、坡、重陽日、遊二玉局一、無レ碍、肆得二張仙像一、「白蓮道人逢二羅漢二」、見二『湖海新聞』一、白蓮道人、蓋坡之先祖、有レ逢二天台羅漢一、(79)（後略）

右のうち、『春渚紀聞』は宋の何薳の著書であり、『湖海新聞』は作者不詳とされるが、(80)少なくとも中世後期、これが五山禅林文化圏にあって参照可能な書物であったことは間違いない。とするなら、ここで想起すべきは、明治九年（一八七六）の『江湖新報A』の前称がまさに『湖海新報』であったことである。新聞とは、そもそも《江湖》世界と密接不可分のものなのだ、と言えよう。ニューズとしての「江湖叢談」は、『東京日日新聞』以前にも遡りうるのである。さらに、ここで再び『江湖新聞B』を想起するならば、それはもと曹洞宗永平寺の機関紙であった。すなわちここに、明治に浮上した《江湖》世界の源流が、中世に遡及可能なのではないか、との予測が成り立つ。明治において禅と新聞とを再会せしめた、中世《江湖》の思想(81)こそが、次なる課題となろう。

註

（1）廣松渉『唯物史観と国家論』（講談社学術文庫、一九八九年）。
（2）なお、本章では検討対象をほぼ文筆に限定しているが、「江湖」の問題は当然、口頭弁論、演説会の問題にまで及ぶものである。例えば、明治十二年五月の官吏演説禁止布達に対して、嚶鳴社の沼間守一は、
　江湖ノ風潮、稍ヤ言論ノ世ニ欠ク可カラザルヲ唱ルニ至リ、処々ニ演説会ヲ開キ、碩学ノ士、其ノ識見ヲ私セズ普ク公衆ニ益スル美風起レリ、
として、これに反発している（明治十二年五月十四日付『朝野新聞』、日本近代思想大系『言論とメディア』岩波書店、一九九〇年、三七六〜三七九頁）。
（3）Jürgen Habermas, *Strukturwandel der Öffentlichkeit* (1962), Suhrkamp, Neuaufl. 1990.
（4）網野善彦『無縁・公界・楽——日本中世の自由と平和』（平凡社、一九七八年、増補版一九八七年）。
（5）新田一郎「中世後期の秩序構造の特質——『公界』の国制史的位置づけをめぐって」（『日本史研究』三八〇号、一九九四年）。
（6）『日本国語大辞典』（小学館）の用例を参照。
（7）なお、柳田国男「尾類考《ずり》」に言うところの「パブリックな女」については、宮地正人「江戸の都市空間と遊廓——幕末期老中宛吉原名主探索書を手懸りとして」（『幕末維新期の文化と情報』名著刊行会、一九九四年）を参照。
（8）近世〜近代の「公界」の用例については、網野善彦「『公界』と公界寺」（『日本中世都市の世界』筑摩書房、一九九六年、初出一九八七年）も参照されたい。
（9）明治八年九月八日付『東京日日新聞』社説（前掲註（2）所引『言論とメディア』三六一〜三六三頁）。
（10）柳田泉『福地桜痴』（吉川弘文館、一九六五年）。
（11）稲田雅洋「戊辰戦争と新聞」（『自由民権の文化史——新しい政治文化の誕生』筑摩書房、二〇〇〇年）参照。
（12）『江湖見聞雑記』〈全二冊〉（東京大学総合図書館所蔵、G29-314）。
（13）『江湖見聞記』〈全四冊〉（東京大学総合図書館所蔵、G29-312）。

(14)　木下直之・吉見俊哉編『東京大学コレクションⅨ　ニュースの誕生――かわら版と新聞錦絵の情報世界』(東京大学出版会、一九九九年)。
(15)　前註書、一四八～一四九頁。
(16)　いずれも東京大学法学部明治新聞雑誌文庫所蔵。これらのうち『江湖新報B』は当時においても「政治雑誌」と認識されていたものであるが(野崎左文「服部撫松居士の評判」、『私の見た明治文壇』、一九二七年)、その呼称と発行周期から、本章では新聞とカテゴライズすることにした。もしも『新報』を雑誌とするなら、福地源一郎の『江湖新聞A』もまた「取も直さず今日の雑誌の疎末なるものなり」(福地「新聞紙実歴」)ということになってしまうだろう。『明治文学全集』98、明治文学回顧録集(一)、五九頁、『同』11、福地桜痴集、三三六頁(筑摩書房、一九八〇年、一九六六年)参照。
(17)　なお、『江湖新報B』の改編事情については、大日方純夫「『内外政党事情』に見る施政批判」(『自由民権運動と立憲改進党』早稲田大学出版部、一九九一年、初出一九八三年)を参照。
(18)　明治二十三年六月十六日付『能仁新報』(東京大学法学部明治新聞雑誌文庫所蔵)六号、時事四面。
(19)　なお明治二十三年五月制定の『江湖新聞社規約』(東京大学法学部明治新聞雑誌文庫所蔵)第一章総則第二条によれば、「普ク政治・法律・経済・文学等ヲ論評シ、社会百般ノ現象ヲ記述スル所ノ日刊新聞ニシテ毫モ政党等ニ関係セス、言論摯実・主義公平ヲ要トスルモノトス」と、その社会的役割を規定している。ここで注意されるのは、政治批評は行なうが特定の政党には与しない、としている点であり、立憲自由党が同新聞を買い受けたことは、本来なら「規約」に反するものであった。三宅雪嶺退社以後の同社の窮乏事情は、同年七月付けの『江湖新聞関係書類』(同文庫所蔵)からも窺える。
(20)　早稲田大学図書館編『明治期刊行物集成文学言語総目録』(雄松堂出版、一九九六年)一一六頁参照。現物は実見していない。
(21)　『隔掻録』(東京大学総合図書館所蔵写本、J40―280)。著者月所については不明とされるが、尾張名古屋藩の儒学者、秦鼎による序が気になる。それというのも「鼎」という字の草書体が「月所」と酷似しているからで、だとすれば序に言う「月所子」とは、秦鼎の自著自賛ということになるのではないか。なお秦鼎については、東島誠「系図」(『裾野市史』第二巻、資料編古代・中世〈裾野市、一九九五年〉解説)九四九頁も参照されたい。

(22) 由良夢香「畳二香艸兄韻一寄二懐兆民中江先生一」（『中江兆民全集』〔岩波書店、一九八三～八六年〕別巻、四七頁）。なお、同様に兆民に対し「江湖」を詠み込んだ漢詩を献呈するものとしては、これよりさき、保安条例直後の明治二十一年正月二十五日付『東雲新聞』に載った、神戸在住の遮莫漫士による「寄二呈中江先生一」（『全集』別巻、二四頁）もあった。

(23) 中江兆民「新民世界」（明治二十一年二月十四日・二十五日付『東雲新聞』、『中江兆民全集』11、六四～六六、七四～七七頁）。

(24) 島本仲道『夢路の記』（『明治文化全集』自由民権編（上）、日本評論社復刻版、一九九二年）五〇七頁。なお中江兆民は、明治二十四年三月日付で、これに序を寄せている（同、四八六頁）。

(25) 『中江兆民全集』別巻、二〇九～二一二頁。

(26) 『中江兆民全集』別巻、二九一～二九八頁。

(27) なお上記二つの鮮やかな対比例にも拘らず、中江兆民自身は、「台閣」の反対概念を「民間」と考えていたらしい。『果して々々』と『是れは々々々』（明治二十四年四月二十五日付『立憲自由新聞』二四八号二面、『中江兆民全集』13、六九～七二頁）参照。また明治十五年の植木枝盛「集会結社幷ニ交通ノ自由ヲ論ズ」（『植木枝盛集』第四巻、岩波書店、一九九〇年、七六～九六頁）は、その冒頭、「我廟堂ノ吏ト我江湖ノ民トハ」という対比を用いている。

(28) 以下に、その出典を一括して示す。①『中江兆民全集』別巻、三～四頁。②『全集』14、一～三頁。③『全集』11、二六～二八頁。④『全集』14、四～六頁。⑤『全集』14、一八～二〇頁。⑥『全集』14、二四～三四頁。⑦『全集』14、三八～四〇頁。⑧『全集』14、四四～四七頁。⑨『全集』14、六九～七一頁。⑩『全集』14、七二～七五頁。⑪『全集』17、七～八頁。⑫『全集』14、一四一～一四四頁。⑬『全集』14、一六四～一六七頁。⑭『全集』14、三〇〇～三〇三頁。⑮『全集』15、一七一～一七三頁。⑯『全集』12、二八八～二八九頁。

(29) なお、すでに第1節(3)項で述べたように、兆民は、明治二十三年十月の『江湖新聞B』の再興に祝詞を寄せ、《江湖》世界への復帰を果たす。⑮で「江湖君子」が僅かに復活するのは、その点でも興味深いと言えるだろう。

(30) 「社会に乱党を激出せざらんことを望む」（明治二十一年二月二十四日付『東雲新聞』三〇号一面、『中江兆民全集』14、一七二〜一七四頁)。

(31) 明治二十一年十月日付『国会論』自叙(『中江兆民全集』10、三七頁)。なお、同二十五年二月に江口三省訳『社会問題』に寄せた序にも、「之ヲ世ニ公ニセント欲シテ、予ガ序ヲ徴ス」とある(『全集』17、九八〜九九頁)。

(32)「工族諸君に告ぐ」(明治二十一年七月五日付『東雲新聞』一四一号一面、『中江兆民全集』11、一八四〜一八七頁)。

(33)「東雲新聞ノ誕生日」(明治二十二年一月十五日付『東雲新聞』二九九号一面、『中江兆民全集』14、三三四〜三三五頁)。

(34)「読者諸君に告ぐ」(明治二十二年六月十九日付『東雲新聞』四二九号一面、『中江兆民全集』11、四一一〜四一二頁)。

(35) 米原謙『日本近代思想と中江兆民』(新評論、一九八六年)、井田進也『中江兆民のフランス』(岩波書店、一九八七年)、宮村治雄『開国経験の思想史――兆民と時代精神』(東京大学出版会、一九九六年)などのすぐれた研究がある。

(36)『中江兆民全集』1、三頁。

(37)『中江兆民全集』1、一〇七〜一〇八頁。

(38) Jean-Jacques Rousseau, *Du Contrat social*, Gallimard, 1964, p. 190.

(39) Ibid., p. 195.

(40) Ibid., pp. 201f.

(41)『中江兆民全集』1、一七頁。

(42)『中江兆民全集』1、一二六〜一二七頁。

(43)『中江兆民全集』14、一〇〜一二頁。ただし同社説の第一・二段は、『全集』編集委員会が設定した兆民執筆の「認定」基準に反する表記を含む(三四九〜三五〇頁)のみならず、『民約論』と『民約訳解』において共通する「務」の概念(「事務」「公務」)を欠いている点で、兆民自身の執筆とするにはやや躊躇される。従って編集委員会のように、res publica のくだりをもって兆民執筆と「認定」することは、実は必ずしも根拠磐石とは言い難く、今後の精査を要するだろう。

(44) 明治九年三月十二日刊『草莽雑誌』一号に木庭繁が「シビルリベルチー」から訳出した「仏国憲法中人民ノ権義ヲ公布スルノ文」(『明治文化全集』雑誌編、四一一〜四一四頁)。後掲註(48)史料に窺える、いわゆる〈租税公共〉論の問題とあわせ、本書第V章2節を参照されたい。
(45)『中江兆民全集』14、七八〜八二頁。
(46) 明治十五年七月二十七日付『自由新聞』(第一次) 二四号一面 (『中江兆民全集』14、一〇九〜一一一頁)。
(47) 明治二十一年三月四日付『東雲新聞』三八号一面 (『中江兆民全集』14、一七五〜一七七頁)。なお、ここに見られる「社会公共」の語は、すでに明治十三年の植木枝盛「言論自由論」(前掲註 (2) 所引『言論とメディア』四七頁) にも見られる。
(48) なお、この直前、明治二十一年一月二十一日付『朝野新聞』四八六三号の「檄して天下の志士に告ぐ」(『中江兆民全集』17、六九〜七〇頁) にも、自由党再興に寄せた「而して自由主義は実に血性有る志士の公共物たれば」の文言があり、『全集』の編集委員会はこれを兆民の執筆と「認定」している。
(49) 明治二十四年三月十五日付『自由平等経綸』二号社説 (『中江兆民全集』12、三一二〜三一八頁)。
(50)『井上毅伝』史料篇第一 (国学院大学図書館、一九六六年) 一七四号。本書第V章2節を参照。
(51) 東京大学法学部明治新聞雑誌文庫所蔵。なお、これよりさき明治十九年十一月には、東京の江湖吟社から『江湖詩文』一号 (国立国会図書館所蔵) が発兌されている。
(52)『補訂版国書総目録』第三巻を参照。
(53) なお、市河寛斎の事績および作品については、揖斐高注『江戸詩人選集』第五巻、市河寛斎・大窪詩仏 (岩波書店、一九九〇年)、佐野正巳解題『詞華集　日本漢詩』第三巻、日本詩紀 (汲古書院、一九八三年) などを参照。
(54) 揖斐高「江湖詩社と遊里詞——江戸詩壇の革新をめぐって」(上)(下)(『国語と国文学』一九七四年三月・五月号)。
(55) 国立国会図書館に全号所蔵。
(56) 田岡嶺雲については、丸山眞男「忠誠と反逆」(『忠誠と反逆——転形期日本の精神史的位相』筑摩書房、一九九二年、初出一九六〇年)、西田勝編『田岡嶺雲全集』(法政大学出版局、既刊三冊、一九七三〜八七年) を参照。また、早くにその〈限界〉を指摘したものとして、家永三郎『数奇なる思想家の生涯——田岡嶺雲の人と思想』(岩波新書、一九五五年) も参照。
(57) この間の事情は、笹川臨風『明治還魂紙《すきがえし》』(『明治文学全集』99、明治文学回顧録集(二)、筑摩書房、一九八〇年) 一三〇〜一三三頁に詳しい。
(58)「明治二十九年の文壇」(『青年文』四巻六号、一八九七年、『田岡嶺雲全集』第二巻、三一一～三一三頁)。
(59)『新小説』五号、一八九六年。国立国会図書館所蔵。
(60)「再び天下の志士仁人に檄す」(明治三十一年三月二日付『万朝報』一五九一号一面、『田岡嶺雲全集』第二巻、五〇六～五〇七頁)。
(61)「韓国留学生扶助慈善音楽会に就て」(明治三十一年三月十九日付『万朝報』一六〇六号一面、『田岡嶺雲全集』第二巻、五一八頁)。
(62)東京大学法学部明治新聞雑誌文庫所蔵。なお同雑誌は、第五号しか現存しない。
(63)宮地正人「国民主義的対外硬派論――日露戦争以降の都市政治集団」(『日露戦後政治史の研究――帝国主義形成期の都市と農村』東京大学出版会、一九七三年)二四〇～二四五頁。
(64)酒田正敏「国民同盟会運動」(『近代日本における対外硬運動の研究』東京大学出版会、一九七八年)二〇五～二二五頁。なお、理想団については中江兆民『一年有半』(『中江兆民全集』10)二一四～二一五頁も参照。
(65)東京大学法学部明治新聞雑誌文庫所蔵。なお同文庫には第一号しか現存しない。
(66)『江湖文学』七号(一八九七年)巻頭の「廃刊の辞」。なお、この点に関しては、『田岡嶺雲全集』第二巻、七七七～七七八頁も参照。
(67)ここで注意されるのは、江湖倶楽部の旧『江湖』第五号に見える第十二回例会(明治三十一年七月六日)において、「憲政党へ合同ノ件」が議題にのぼっていることである。新『江湖』の綱領が旧『江湖』の革新主義を意識している背景には、あるいは新旧両雑誌に携わった憲政－憲政本党系の人物の存在を想定できるかもしれない。この点、他日の課題としたい。
(68)大日本文明協会については、佐藤能丸「大日本文明協会史試論」(早稲田大学大学史編纂所編『大隈重信とその時代――議会・文明を中心として』早稲田大学出版部、一九八九年)を参照。同論文には雑誌新『江湖』についての記述は見えず、同協会と江湖社とは、直接の関係はない模様である。

(69)『開国五十年史』上・下巻(原書房復刻版、一九七〇年、原本は一九〇七～〇八年刊)。
(70)『日本近代文学大辞典』第五巻、新聞・雑誌(講談社、一九七七年)一〇〇～一〇一頁参照。
(71)「東洋著訳出版社設立株金募集ノ旨主」(明治十五年十二月二十日付『欧米政理叢談』二一号、『中江兆民全集』17、一七～一九頁)。
(72)明治十六年六月十四日付『自由新聞』(第一次)二七七号(『中江兆民全集』17、二〇～二二頁)。
(73)この点で、反・自由民権的な忠愛社の『明治日報』が明治十四年七月に創刊された際にも、「普ク江湖ノ諸彦ニ報ズ」として設立概旨が再録されていること(前掲註(2)所引『言論とメディア』一三五～一三六頁)も、この前後の動向として看過しえないであろう。
(74)ただし、これは言うまでもないことだが、当時において自由民権思想が、ナショナリズム、ないしパトリオティズムの思想と矛盾なく整合していたことは、例えば愛国公党、愛国社の呼称を想起するだけで明らかであり、中江兆民が「江湖愛国」を忌避したとしても、これを反ナショナリズム思想と見ることにはなお躊躇すべきであろう。実際、兆民が主筆となった『東雲新聞』は、「自主自由ノ通義ニ因リ、尊王愛国ノ精神ヲ発揚スルヲ以テ主旨目的」とするものであった。
なお宮村治雄「明治パトリオティスム覚書――訳語の歴史をてがかりに」(『理学者　兆民――ある開国経験の思想史』みすず書房、一九八八年、初出一九八四年)は、〈citoyen〉が「愛国ノ国士」と訳されるパラドックスの秘密に焦点を合わせた、興味深い論考である。
(75)柄谷行人「交通空間」(『探究Ⅱ』講談社、一九八九年)。なお菱東張応兪著『江湖歴覧杜騙新書』が、弘化三年(一八四六)に京都御幸町御池下ル町の書林、菱屋孫兵衛によって「新刻」されており(東京大学総合図書館所蔵版本、E46-207)、その巻末に載せられた同書林の出版目録に、
此書ハ第一、店商ヒノ人々、又ハ旅行ノ客ナトノヨミヲキテ、大ニ心得ニナル事ヲ専ラ説アラハセリ、且又漢土ノ俗語ヲシルノ便リトモナレハ、文雅ノ君子タリトモ亦必ス玩ヒタマフヘキ書ナリ、
とある。船乗り＝商人の空間としての「江湖」は、ここにも見出せよう。

(76) 国立公文書館内閣文庫所蔵写本。

(77) 宮地正人「風説留から見た幕末社会の特質――『公論』世界の端緒的成立」(『幕末維新期の社会的政治史研究』岩波書店、一九九九年、初出一九九三年)。

(78) 松本三之介「新聞の誕生と政論の構造」(前掲註(2)所引『言論とメディア』所収)参照。

(79) 万里集九『梅花無尽蔵』(『五山文学新集』第六巻)第七、九六八~九六九頁。

(80) 市木武雄『梅花無尽蔵注釈』第四巻(続群書類従完成会、一九九四年)三六四頁。

(81) 本書第VII章参照。

第Ⅶ章　中世禅林と未完のモデルネ

はじめに

「公」をめぐる日欧比較、という問題構制そのものを疑わねばならない。public/öffentlich 等の語（以下、史料に現れる歴史的概念の「公」と区別して《公》と表す）[1]を「公」「公共」などと翻訳しておいて、何の疑いもないままこれらを比較しても意味がない。確かに《公》に「公」を冠する語を宛てようとする試みは、古く『羅葡日対訳辞書』などにも見られるが、それは全くの誤訳だったかもしれないからである。

実は、明治に西欧近代の《公》が輸入されるにあたって、「公共」の語の充当には逡巡があった。中江兆民然り、井上毅然りである[2]。この逡巡は重要である。現在一見自明な事柄も、こうした訳語選択の如何によっては、自明ではなかったかもしれない。別の概念が別の社会関係を創出していた可能性も大いにありうるのである。

もちろん、たとえ誤訳であったにしても、《公》は「公」「公共」として普く流通したし、そのことの理由を詮索することはそれとして興味深い。実際これは第Ⅴ章の課題とするところであった。が、この誤訳のために西欧の《公》は歪んだ形でしか受容されなかったし、それを比較史という形で検証しようとする歴史学にあっても、《公》を関係概念として立論することはほとんど困難であり、常にそれを実体化する罠から抜けられないでいる。

そこでさきの第Ⅵ章では、《公》をめぐる日欧比較にあっては、「公」ではなく「江湖」こそが、それに相応しい歴史的概念であることを明らかにした。この「江湖」とは、明治の新聞や文芸／政治雑誌において、文字通り《公共的《エッフェントリヒ》》な言説空間、政治批判の圏として、束の間浮上したものであった。この「江湖」に注目するならば、例えば網野善彦のように、方言周圏論的な発想で『無縁・公界・楽』の〈末路〉を地方村落の民俗字彙に探し求めるような姿勢と方法[3]は、根本的に克服されうるであろう。

さて、この「江湖」＝《公》なる概念は明治において浮上したものではあるが、それは本来、禅宗に起源する概念であり、中世に遡るものである[4]。中世禅林にあってはまた、いわゆる〈オホヤケ〉とは異なった「公」概念が存在しており、改めて禅林世界における「公」と《公》的なるもの、さらには〈オホヤケ〉構造的な「公」、の三者の関係を解きほぐすことが求められよう。従って本章では、まず第1節において、歴史的概念としての「江湖」を中世禅林世界に探ることにする。その上で第2節では、禅林において独特な（〈オホヤケ〉とは異なった）用いられ方をする「公」を検討して、そこに「江湖」がいかに絡んで作動しているのかを探る。そしてそのことを通じて、ひいては〈オホヤケ〉の位相をも浮かび上がらせることでもって、結びとしたい。

1　「江湖」の風景——『瓢鮎図』の政治思想

(1)　江湖散人——反・共同体的思考

中世における「江湖」と言えば、まず禅宗における江湖会が想起されるであろう。第Ⅵ章で見た『江湖新聞B』が、もと曹洞宗永平寺の機関紙であったのは、ゆえなきことではない。『国史大辞典』の「ごうこえ　江湖会」（今枝愛眞執筆）によれば、それは、禅宗（主に曹洞宗）における結制・安居を意味し、諸方の禅僧が一カ所に一定期間集合して、厳格な参禅修行の生活を営むことであると言う。特に戦国期には「千人江湖」とよばれて、戦国大名の庇護のもとにその地域の禅僧が集まり、一般大衆もこれに参加して、大々的に興行された、と説明される。要するに江湖会とは、ある〈中心〉の寺を持ち、これに集うことによって成立するものであり、そこで結界禁足するものであることを考えると、これに《公共圏》的なものを求めようとしても、土台無理のようにも見える。実際、近世初期には、秋田藩主佐竹氏菩提の天徳寺のように、他の諸寺の江湖会に対して「御江湖」と呼ばれ、権力によって体制化された江湖会も見られるようになるのである。(5)

だが「江湖」とは本来、江湖会のように〈中心〉となる寺院に実体化することをもってその本質とする概念ではなかった。そもそも、「江湖」の「江」は揚子江、「湖」は洞庭湖と謂われ、唐代に参禅の徒が、江西の馬祖道一、湖南の石頭希遷の間を往来して鍛練した、という故事に由来する。(6)すなわち「江湖」とは、そこに集う禅僧が往来すること、それ自体を示す〈関係概念〉であった。実際、戦国期日本について言えば、『日葡辞書』(7)のSanjinの項には、次のように書かれているのである。

A **Sanjin.** サンジン(散人)　例、Gŏcono sanjin.(江湖の散人)　一定の居所も住まいも持たないで、所々方々を歩き回る民衆、あるいは、人。

ここに見るとおり、「江湖の散人」とは文字通りのノマドであった。脱中心的な《交通空間》――それこそが「江湖」だということになる。それでは果たしてそうした用例は、実際の史料にも見出せるのだろうか。

B　御朱印
定

一、長柄三間之事

(中略)

一、馬之事

自庵之江湖之中楽・舞々、妻之衣装、私宅之造作等之費用、一切被レ停レ之、右条々、無二油断一支度肝要候、随而近日小田原・当方双レ旗、至二関東一可レ有二御勤一候、敵味方之覚ニ候之間、知行役之外、別而人数令二加増一、可レ被レ勤二軍役一候、此一往者不レ可レ成二後日之亀鏡一候、有二其分別一被レ応二下知一者、可レ為二感悦一候者也、仍如レ件、

元亀三年

八月十一日

葛山衆(8)

右は、元亀三年（一五七二）、戦国大名武田氏が葛山衆の軍役を定めた朱印状の写である。ここで注目したいのは、一つ書きのあと、奢侈を禁じた部分である。「自庵の江湖の……」と続けて読むと文意が取れなくなるが、ここで禁止の対象となっているのが、「自庵の……」「妻の……」「私宅の……」と並列される、いずれも〈私〉的な性格の出費であることを踏まえると、これは「江湖之中楽・舞々」という、一つの成語として用いられたものであり、要するにこの史料は、自庵に「江湖之中楽・舞々」を招いて興行することを禁じたもの、と言うことができよう。従って「江湖」とは、猿楽・舞々など芸能者の、ノマディックな性格を表現するものであり、さきの『日葡辞書』で言うところの「江湖の散人」の実例と言える。

だが、〈中心〉を持たない「散人」的性格は、直ちに卑賤視される存在への零落をもたらす。同じ『日葡辞書』が「江湖の散人」に対し、

C軽んずべきつまらぬ人、または、物の数にも入れられない人、

という語義をも用意している（Gŏco の項）のは、そのためであろう。〈自由〉と〈卑賤視〉が表裏のものである点は、網野善彦の『無縁・公界・楽』(9)をも想起させるが、果たして往来の「江湖の散人」は、禁制の対象ともなっている。

D　禁制　　称名寺

一、御構分、切二取竹木一苅レ草之事
一、同所放二牛馬一之事
一、同所致二殺生一事
一、江湖輩執レ宿事
一、寄二事於左右一、致二乱妨狼藉一事

右条々、堅令二停止一訖、若違犯輩在レ之者、則時可レ処二厳科一者也、仍下知如レ件、

明応五年八月　日　　美作守（浦上則宗）（花押）[10]

右の第四条はいわゆる寄宿禁制であるが、[11] ここでは「江湖輩」、すなわち諸方往来の「散人」の寄宿が禁じられていることがわかる。「江湖の散人」は、必ずしも参禅修行とは関わりなく社会に散在し、移動生活を行なっていたものと見てよいだろう。

さらに『日葡辞書』の Gôco の項には、「江湖の寄合、または、付合」という用例も見え、E種々の人々の会合。¶また、往々にして一般民衆の集まりとか、町（*Machi*）の集会とかをさげすんで言う。と説明される。固定的なメンバーシップによる共同体的秩序ではなく、「種々の人々」の行き交う場としての「集会」、その〈中心〉の偶然性の上に成り立っている「町」が、もしもありうるなら、それは柄谷行人が「本質的には国家の外部にある」と言うところの〈都市〉概念に接近する。[12] 実体としての都市ではなく《交通》関係としての〈都市〉概念である。「江湖」とはまさに、《交通空間》と呼ぶべきものであった。

従って、この《交通空間》をある特定寺院に求心化させる権力作用こそが、戦国時代以降盛大に開催された江湖会であったと言える。大名権力がその主体として立ち現れるのも当然と言えようが、しかしながら本来、禅宗寺院の衆寮僧堂には、そうした権力作用とは本質的に対立するところの「江湖之気」と呼ばれる精神が漲っていなければなら

なかった。南北朝期の五山僧、心華元棣は次のように言う。

F近者叢林一変、大智範囲、弛而不レ張、各伸ニ開間脚乎別房一、同ニ乎編戸之泯在ニ乎都邑一、大方江湖之気、索然亡矣、衆寮僧堂云者、其猶ニ魯之告朔餼羊一、一旦有レ事則雖レ云ニ小利害一、迭樹ニ朋党一(13)

右の史料では、前段でまず、叢林における規矩の弛緩、社会生活の規範としての「大方《たいほう》江湖之気」の喪失が指摘されている。「告朔の餼羊」とは、『論語』に見える形骸化の喩えである。そしてこの「大方江湖之気」が失われる一方で蔓延していた憂うべき気風こそが、後段に見える「たがいに朋党を樹つ」であった。すなわちここでは、「江湖之気」が「朋党」的気風と対比されているのである。のちの「江湖散人」に通じるような、「江湖」の反・共同体的気風は、もとはと言えば中世禅林世界が備えていなければならない理念であったのだと言えよう。

(2) 江湖の景——反・権力的思考

中世禅林には、本来「江湖之気」が漲っていなければならなかった。とりわけ五山禅林を中心とする室町文化の展開において、「江湖」の理念は特別の位置を占めるものであった。実は「江湖」とは、水墨画、なかんずく山水画を代表するモティーフだったのである。題詩に「江湖」の見える山水画の主要な現存遺例としては、次のものを挙げることができる。

①大巧如拙筆　『瓢鮎図』(14)　一四一三年頃　大岳周崇の序と雲林妙冲の題詩に所見
②筆者不詳　『江天遠意図』(15)　一四一九年以前　大周周奝の題詩に所見
③筆者不詳　『江山之隠図』(16)　一四三七年頃　瑞溪周鳳の題詩に所見
④雪舟等楊筆　『破墨山水図』(17)　十五世紀末期　汝南恵徹の題詩に所見

このリストを見ただけでも、室町文化を代表する作品が並んでいることがわかるが、いま試みに④雪舟の『破墨山

図1　雪舟等楊筆『破墨山水図』

（菊屋家住宅保存会所蔵．写真提供・毎日新聞社）

水図』の写真を掲げ、題詩を読んでみよう。

G舟泛ニ中流一天地寛
　漁村風外不ニ吟残一
　長安若レ有江湖景
　敢使ニ閑人随意看一

ここに詠み込まれたような「江湖の景」が、果たして同時代にはどう捉えられていたのか、この点について語ってくれるのが、東沼周嚴の『流水集』に見える、次の史料である。

H　江湖可レ楽乎、楽ニ江湖一者、古也今也、披ニ慈渓尊丈扇一而覧レ之、有レ村而朦朧者、雨之兆也、有レ樹(而)婆娑者、秋之景也、老翁一人、守ニ漁梁一而嘯焉、其志不レ於レ魚而於レ詩者乎、吁、古漁父之徒乎、因走レ筆塡ニ小詩於画之空処一云、
看々、柳根何叟把ニ魚竿一、村欲ニ雨水一欲レ瀾、急巻ニ微冪一上ニ翠巒一、〻〻〻夜深、月白半江灘、[18]

まず五行目に「因って筆を走らせて小詩を画の空処に塡じて云く」と見えるように、これは周嚴が絵の余白に詩句を書き入れたものであることがわかる。一〜一二行目

に「慈溪尊丈の扇を披いてこれを覧ず」と見えるように、この絵は扇面に描かれたものであった。そしてそこに見える「漁父」、「魚」のモティーフは、さきの史料G、『破墨山水図』とも共通するもので、実際「江湖」を詠み込んだ扇面や画軸《がじゆく》の類は数多く見られ、[19]「江湖」とこれにつきものの「魚」というのは、宋末元初の代表的な漢詩集である『江湖風月集』の愛好も相俟って、極めてポピュラーな画題であった。

右の史料で注目されるのは、何と言ってもその冒頭部分である。これは、描かれた扇面に禅僧が詩句を書き入れる際の意識を探りうる、貴重なドキュメントであり、そこでは「江湖楽しむべきかな。江湖に楽しむは古なり、今なり」と言われているのである。ここに「楽」としての「江湖」、言うなれば〈逃走の場〉としての「江湖」が浮かび上がってこよう。そしてこの〈逃走の場〉としての「江湖」を踏まえるならば、次の史料は極めて重大な意味を帯びてくることになる。

I　十七日、果官使武田・下条至、余切恃二使者一、懇陳二再住不可之由一、官使去後、遣二中季於鹿苑一、切伸二辞意一、且以二二偈一上二大丞相一曰、「老来住院小池魚、放二向江湖一楽有余、天上龍門高万仭、百雷辛苦欲何如」、又曰、「茫々苦海浪粘レ天、八面風撑百漏船、度人未レ了先回レ櫂、依レ旧蘆花浅水辺」、於レ是府君之督遂止矣、（後略）[20]

右は至徳三年（一三八六）七月、日記の記主である義堂周信が、その晩年に、南禅寺の再住を断り住持を辞した際の史料である。至徳三年七月と言えば、周知のとおり幕府が五山の座位を決め、南禅寺を「五山之上」とした時にあたり、右に先立つ七月十日に、周信は「五山之上」の公帖を受けている。[21]しかしながら周信は、右の史料に「懇ろに再住不可の由を陳ず」とあるように、これを断って自由を望むわけで、将軍義満に二つの偈を上っている。注目されるのはその一つ目で、傍点を付したように「老来にして住院するは小池の魚、江湖に放ち向かわば楽有余」と言うのである。すなわちこれは、周信の、小池の魚であることを辞めて江湖へ出たい、とする願望の表現であり、そのことを「楽」として詠じたものであった。これは反・権力のユートピア思想と言えるだろう。

さて、ここに見る〈官寺、府命、公帖に縛られること〉と〈そこからの自由〉、という構図を、そのまま描いた作品が実在することに対し、従来、なにゆえか意が払われてこなかった。その作品こそが、実は、高校教科書にも登場する『瓢鮎図』（次頁図2）だったのである。[22]『瓢鮎図』が描かれた事情については、大岳周崇による序に次のように記されている。

J大相公俾三僧如拙画二新様於　座右小屛之間一、而命二江湖群衲一、各著二一語一、〔以〕言二其志一、蓋有二深趣一矣、[23]

すなわち『瓢鮎図』とは、時の将軍足利義持が相国寺の画僧大巧如拙に描かせた《新様《モデルン》》の絵であり、これに「江湖」の禅僧に詩を寄せさせたものであった。ところが、如拙が将軍の注文に応じて提出したのは、実に〈人が魚を捕えようとする〉構図であったのである。ここでの人が将軍であり、魚が五山禅僧に相当することは、さきの史料I、義堂周信の偈からも明らかで、将軍権力の手をすりぬけ、自由であろうとする五山禅僧の遊びの精神、何とも微妙な政治思想を表象するものにほかならなかった。『瓢鮎図』に先立つ史料Iは、「江湖」に付託された逃走のイメージ、楽のイメージを物語って余りあるものと言えよう。

かくして義堂周信は「五山之上」の公帖を蹴って再住を断り、自由を望んだのであるが、この「江湖」の「楽」は、すでに中巌圓月『東海一漚集』の題画においても、

K吾輩不二汝如一、江湖任レ意楽、[24]

として見え、さきの東沼周嚴の師にあたる惟肖得巌『東海璚華集』にも、

L居二都邑繁華之中一、寓二江湖逍遙之楽一、不二亦可一耶、[25]

と見えるから、五山文学のなかに脈々として流れていたものであることがわかる。そして、希世霊彦『村庵藁』の画像自賛に、

M不二江湖一不二山林一、[26]

図2　大巧如拙筆『瓢鮎図』

（退蔵院所蔵）

と見えるように、「江湖」は「山林」と対句をなすものであり、アジールとしての「山水」の位置を浮かび上がらせている。従来、いわゆる逃散の作法としての「山林ニ交ル」が注視されることはあっても[27]、「江湖」が顧みられることがなかったことは、研究史の盲点と言うべきであろう。

以上、中世における「江湖」概念を掘り下げてみた。ノマディックな「江湖散人」、反・共同体的な「江湖之気」、将軍権力から自由な「江湖逍遙之楽」――これらを通じて浮かび上がる《交通空間》としての「江湖」の理念が、果たして現実の社会関係にどのように作動していたのか、その考察に移ることにしよう。

2　叢林の法としての「公」

(1)　十方住持制と儒学的「公論」

ここではまず、禅刹規式[28]と十方住持制の問題を扱うことにしたい。禅刹における住持新命の論理に、《オホヤケ》とは異なる「公」が見られることについては、すでによく知られているが、その際必ず引き合いに出されるのが次の史料である。

N［文和三年（一三五四）大小禅刹規式条々[29]◆第一条］

　一、諸山住持事

寺院興廃、宜レ依二住持一、不レ訪二儀於寺家一者、容易不レ可レ請二定人一、住持有二其闕一者、任二叢林法一、於二本寺大衆中一、以二公論一議二定之一、択二三名一被二注進一者、於二官家一可レ被二拈鬮差定一焉、次小刹事、依二寡衆定一、不レ可レ及二公論一歟、仍訪二諸方公儀一、可レ被レ択二三名一、子細同前、

右は、住持が空席となった場合、「叢林の法」に任せ、本寺大衆中において「公論」をもってこれを議定することを

定めたものであるが、この「公論」が日本固有のものではなく、実は禅林世界において受容された儒学的な「公論」であることは、第V章で山鹿素行の『謫居童問』などを挙げながら述べたとおりである。それではここに言う「叢林の法」の対極にあるもの、日本固有の論理とはいかなるものであったのだろうか。

O〔永徳元年（一三八一）諸山条々法式[30]◆第一条〕

一、住持職事、[a]或異朝名匠、或山林有名道人、或為二公方一以二別儀一勧請、不レ在二制限一、若七十五以後老西堂亦同前、[b]直饒其器用雖レ堪レ可レ任、若捧二権門挙一者、不レ可レ成二公文一、叢林大弊依二此一事一、故固制レ之、若有二理運並出一者、拈二鬮子一可レ定レ之、

右の史料はまず、傍線部aで、住持となる者の出自については問わず、いかなる場合でもよい、としている。すなわちここでは、「公方として別儀を以て勧請」した場合でも、選択肢の一つでしかないのであり、言うなれば「公方」の相対化が見られる。そして続く傍線部bでは、たとえ「器用」の者であっても「もし権門の挙を捧ぐれば、公文をなすべからず」とされている。すなわちここでは、権門の推挙が「叢林の法」に反するとして、明確に否定されているのである。中国禅林からの輸入物である「叢林の法」の前には、日本の《オホヤケ》的権力である公方も絶対性を持たず、権門も何らの権威を有さない、というのが、十方住持制の思想的核心であった。この住持公選の理念を実際の史料で確認するなら、右の史料Oが出された直後の事例として、永徳二年（一三八二）正月晦日には寿福寺の中山法穎が建長寺住持として選出されており、これについて義堂周信は、

P以二歳首晦日一、大丞相（足利義満）（泊）僧録普明国師（春屋妙葩）、会二于等持官寺方丈一、公二選住持之材一、得二前寿福中山長老一、俾レ補二其処一、寔公挙也、議者謂、……[31]（後略）

としている。もちろん公選の場には将軍も僧録も列席するのであるが、「議」することこそが「公挙」「公選」の「公」たることとの本質であった。

さらに住持新命の実例を見ていくと、新命に贈られる入寺諸疏のなかにも、史料Nに見た儒学的な「公論」の論理を説く史料を見出すことができる。例えば、貞治二年（一三六三）春、青山慈永が建仁寺に住するにあたって中巌圓月から贈られた道旧疏には、

Q宜須下爰選二住持之才一、公論攸上帰、(32)

と見え、また、降って大岳周崇が天龍寺に住するにあたって惟肖得巌から贈られた同門疏にも、

R非常挙得二非常才一、世有二公論一
　第一流居二第一位一、人無二間言一(33)

などと見える。儒学的「公論」は、世間の視線に曝されて恥ずかしくない理念として存在していたのだと言えよう。

一方、これとは逆に、丘高庵が東福寺に住する際の夢巌祖応の江湖疏では、その冒頭、

S叢林無二公論一久矣、(34)

と断定している。これは叢林＝五山全体の風潮とはされるものの、敢えて東福寺の入寺疏で指摘されている点が興味深く、十方住持制の崩壊を東福寺の徒弟院《つちえん》（度弟院）たることに見る、古くからの学説とよく符合する史料と言えよう。

以上、禅刹規式に現れる中国起源の「叢林の法」、そこに響いている儒学的な「公論」の世界を見てきた。そこでいよいよ、この「叢林の法」としての「公」に、第1節に見た「江湖」の理念がどのように絡んでくるのか、この問題に進むことにしよう。

(2)「公挙」と「江湖之義」

そこでまず、史料Pに「寔に公挙なり」と言うところの「公挙」の概念について確認しておきたい。住持を「公論」によって議定する際、その人物の推挙が「公」であることを「公挙」というわけであるが、この、挙を「公」にする

ことが形骸化してしまっていることについて、中巌圓月と義堂周信の間にはっきりとした認識の差を看て取ることができる。中巌圓月にあるのは絶望的観測である。

T吁、公挙久廃、宗門寂寥、妄庸競馳、以二住持一為二奇貨一、善良見レ忌而永沈、(35)

これが東福寺の入寺疏における表現であることは、見逃されてはなるまい。ところがこれに対し、この圓月に宛てた義堂周信の上書では、圓月のネガをポジに焼き直して、次のように述べられる。

U旁捜二抱道正直之士一、以公二其挙一也、若果爾、則公挙行二乎天下一、而善類並進、妄庸竄伏也、必矣、是以終乃復喜也、(36)

ここに見る義堂周信の希望的観測は、中巌圓月と対照的と言うほかない。しかしながら周信の希望的観測は、実のところ現状に対する救いようもない諦念の裏返しであった。周信の諦念をよく示しているのが、次の史料である。

V十八日、問註所奉二府命一、請二蔵珎首座於善福寺一、珎再三拒レ之、余勧令レ応レ命、因謂曰、「凡今時、江湖公挙不レ行、挙レ之者只同族而已、江湖之義安在哉」、珎遂応レ之、(37)

右は、応安二年（一三六九）五月、玉崗蔵珎が相模善福寺の住持新命を受諾するまでの経緯を記すものである。ここにおいてまず蔵珎は、「府命」を再三固辞する。すなわち〈人が魚を捕えること〉への懸念を表明するわけである。これに対し周信はと言えば、「昨今では『江湖』の『公挙』など行なわれていない。『公挙』といっても実際は同族が挙するのみ。『江湖の義』なんてないんだよ」として蔵珎を説得する。これこそが非「江湖」的な日本社会の現実であったのである。

従ってこの史料からは、次のことが導けるだろう。すなわち「江湖」とは、言うなれば真の「公」、本来そうあるべき「公」の理念を意味する、ということである。しかしながら現実には、禅林の「公」は「江湖」に非ざるもの、すなわち府命という《オホヤケ》的なものによって吸収され、「挙」のプロセスも同族の挙、徒弟制的、あるいは朋党的なものに形骸化していたのである。「江湖」とは、中世にあってもすでに不在なるものとして認識されていた理念だったのである。

さて、真の「公」、本来そうあるべき「公」の理念という点では、虎関師錬の『済北集』に見える、

W然則余、愧レ無二無私於江湖一耳矣、(38)

という発言も注目されるだろう。これによれば、「江湖」とはすなわち「無私」の世界ということになる。歴史的概念としての「私」の反対概念は、必ずしも「公」とは限らない——この点、銘記せらるべきであろう。

(3) 入寺疏における江湖疏の位置

すでに本節では、史料としていくつかの入寺疏を用いてきた。この入寺疏とは、五山・十刹・諸山の住持が幕府から新命される際に、諸方から入院《じゅえん》を慶賀して贈られる軸装文書のことを言い、新命は法堂において一々これを手にとって法語を唱え、維那に渡し、高声に読誦させるものであった。入寺疏の主要なものを類型化すると、図3のようになろう。

図3　入寺疏の類型

〈共同体的類型〉

←→

(a) 山門疏－諸山疏　＝〈地縁〉

(b) 同門疏－法眷疏　＝〈法系〉

(c) 道旧疏　＝〈同学〉

(d) 江湖疏　＝〈個〉

〈アソツィアツィオーン的類型〉

これら入寺諸疏のうち、江湖疏こそは、地縁や法系に関係なく、天下一般の友人から贈られるものであり、要するに個と個の《交通》の自由な拡がりを前提とする関係に基づくものであった。実際、「江湖」という《交通空間》においては、「江湖名勝」「江湖旧知」「江湖旧遊」「江湖旧識」「江湖同盟之士」「江湖遊従之士」(39)などと呼ばれる、文字どおりの《アソツィアツィオーン》関係が取り結ばれていたのである。江湖疏とはまさに、そうした関係から贈られたものであった。すなわち、前項の史料Vに見た、「公挙」の「公」たることが「江湖」の理念によっ

て支えられている、ということと全くパラレルな形で、入院儀式の「公」たることを担保しているのが、まさしくこの「江湖」疏であって、ここにも同じ構造を見出すことができるのである。

実際、義堂周信が殊更に「公」を強調したのも、ほかならぬ江湖疏においてであった。周信が貞治三年（一三六四）、竺心□《（不詳）》仙（諱景樹ハ誤リナラン）の長楽寺への入院に寄せた江湖疏には、「住持を公選し、広く遺佚を捜して、以て賢材を択ぶ」ことについての序が付され、その上で、

X凡我、江湖喜㆓公道行㆒而、善類抜㆒者、緝㆑詞胥慶㆓云(40)、

として、疏が記されているのである。また、九峰信虔が浄妙寺に入院する際の周信の江湖疏においても、

Y然則、当今仏法之責、系㆓乎禅院㆒、禅院之隆替、系㆓乎住持㆒、住持之可否、系㆓乎選挙之公不㆒、繇㆑是論㆑之、住持之挙豈可㆑忽也哉(41)、

として、「選挙の公不」が強調される。もちろんそれは、ゆえなきことではなかった。

そしてまた一方で、さきに引いた史料S・Tのように、「公論」「公挙」の形骸化が嘆かれる東福寺関係の二つの疏が、いずれも江湖疏であったことは、特に注意すべきことのように思われる。入寺諸疏の中でも、この江湖疏こそが、住持新命の「公」たることを担保するものであるとすれば、そこに徒弟制に対する批判精神を見ることすらも、あるいは可能であろう。

おわりに

本章では、「公挙」が「江湖」としての「公挙」たりえず、「府命」や「権門」の挙に過ぎない現実を見てきた。「公」は《オホヤケ》を相対化しえず、常にこれに吸収されつづけてきたのである。これに対し本章は、〈逃走の場〉として

の「江湖」こそが、《オホヤケ》の対極にあって、これを掘り崩しうるポテンシャルを内包していたことを明らかにした。すなわち以上を図示すれば、史料に現れる歴史的概念としての「公」の多義性とは、図4に示した通りであって、あらゆる「公」を冠する語は、基本的にこの構図のなかで説明可能である。例えば「公ギ（議・義・儀）」ひとつをとっても、禅＝儒の影響下にある「公論」の「公ギ」から、「公府」「公帖」「公文」「公方」に連なる「公ギ」までを揺れ動く。禅林の「公界」(42)も関係概念化しきれず、しばしば実体化して《オホヤケ》＝共同体構造に吸収されるのである。

従ってこの構図によれば、日本に固有のpublicなるものは、そもそも有りえない。一見publicに見える「公」のいずれもが、結局のところすべて叢林の「公」に行き着く。だからこそ義堂周信は、日本に「江湖」としての「公」が実現不可能であることを見抜いていたのである。

「江湖」とは不在の概念であった。しかし不在《ウトーピッシュ》であるがゆえに理念化され、その構築の必要性が根源的《ラディカル》に意識されたという点において、それは、西欧世界における《公共圏》、すなわち《未完のモデルネ》の問題構制(43)に著しく接近するものと言わねばならない。西欧的《公》と比較しうる最も適切な歴史的概念は、〈叢林の論理〉と〈権門の論理〉の混濁する多義的な「公」ではなく、その不在性、あるいは未完性において理念化される、この「江湖」にほかならないのである。

図4　「公」概念のレンジ

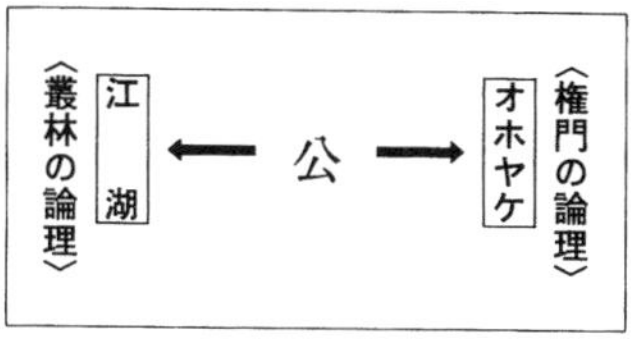

ただここで一点重要なことは、「江湖」を現代において問おうとする場合、西欧における《ギリシャ的公共圏》のように、かつてあった記憶として提出することができない点である。ここで「江湖」が、そもそも中世においてすら不在のものとして認識されていたことが、見失われてはならないのである。従って中世に《江湖の思想》を探究することは、丸山眞男のように、日本の前近代社会に近代的思惟様式を〈発見〉する姿勢(44)とは、はっきりと一線を画している。それはまさに、現代における歴史的創造の営みなのである。

註

（1）なお、日欧比較の問題構制において、日本に対し欧州を一個の〈塊〉として対置する思考にも、本来注意が必要であり、欧州には《公》として括りうる一枚岩の概念が、不動のものとしてあるわけではない。ここでは一応、欧州を西欧近代と限定するものの、なお不十分である。いずれはこの認識の枠組み自体を問わねばならないだろう。しかしハーバーマスがそうしたように、ひとまず西欧世界の最大公約数的な理念型を措定することにも意味はあると考えるので、ここでは理念型として《公》の語を用いることにしたい。

（2）本書第Ⅴ章、第Ⅵ章参照。

（3）網野善彦「『公界』と公界寺」（『日本中世都市の世界』筑摩書房、一九九六年、初出一九八七年）。

（4）中世禅宗史については、玉村竹二『日本禅宗史論集』上、下之一、下之二（思文閣、一九七六、七九、八一年）、今枝愛眞『中世禅宗史の研究』（東京大学出版会、一九七〇年）から多くを学んでいるが、両氏の研究を含め、現在にいたるまで「江湖」に関する専論は目に触れていない。

なお、禅宗寺院の入寺関係史料については、近年、山口隼正「入寺語録の構造と年表」（『東京大学史料編纂所研究紀要』八号、一九九八年）などの労作を得て、研究は新段階に入ったと言える。

（5）『梅津政景日記』（大日本古記録）寛永九年（一六三二）九月十七日条、十月六日条。

（6）ただし、寛保元年（一七四一）序の無著道忠『禅林象器箋』（貝葉書院、一九〇九年）第廿二類、文疏門、「江湖疏」の項は、これを「旧説」とする。

（7）『邦訳日葡辞書』（岩波書店、一九八〇年）。

（8）『歴代古案』五（東京大学史料編纂所架蔵謄写本）所収、元亀三年八月十一日武田家朱印状写。

（9）網野善彦『無縁・公界・楽――日本中世の自由と平和』（平凡社、一九七八年、増補版一九八七年）。

（10）明応五年（一四九六）八月日浦上則宗禁制（正明寺文書、東京大学史料編纂所架蔵影写本）。なお当史料については、高橋典幸氏のご教示を得た。

(11) 寄宿の科については、高橋慎一朗「軍勢の寄宿と都市住人」（『中世の都市と武士』吉川弘文館、一九九六年、初出一九九四年）でも取り上げられた、文安五年（一四四八）五月十六日室町幕府奉行人連署奉書（東京国立博物館所蔵文書）が興味深い。そこでは所々を徘徊する「牢籠人」の「集会在所」「寄宿」が問題となっており、「江湖散人」の実態とも重なっているのではないかと思われる。なお、竹越與三郎『新日本史』上（一八九一年）の「ペルリー来朝以来の日本」では、江戸時代の宗教の腐敗を描くなかに、「当時幾万の僧侶、多くは平人にして自ら衣食するを懶とするものにして、同宿、諸化、江湖などと称して大寺に寄食するもの、多くは平人に勝る奸悪の徒あればなり」などとしている（『明治文学全集』77、明治史論集㈠、筑摩書房、一九六五年、五頁）。

(12) 柄谷行人「交通空間」（『探究Ⅱ』講談社、一九八九年）。

(13) 『業鏡台』（巻末諸体混）送㆔万年蔵主帰㆓関西㆒聯句詩序（『五山文学全集』第三巻、思文閣出版復刻版、一九七三年、二二〇〇〜二二〇二頁）。

(14) 島田修二郎・入矢義高監修『禅林画賛――中世水墨画を読む』（毎日新聞社、一九八七年）四五号。

(15) 『同右』九二号。

(16) 『同右』七八号。

(17) 『同右』一一三号。

(18) 『流水集』三（『五山文学新集』第三巻、四一七〜四一八頁）。

(19) 管見に入っただけでも、次の例を挙げることができる。

- 瑞溪周鳳『臥雲藁』扇面（二例）。『五山文学新集』第五巻、五三五・五四一頁。
- 天隠龍澤『黙雲藁』扇面（二例）。『五山文学新集』第五巻、一一二二・一一六三頁。
- 横川景三『補庵京華別集』山水軸賛。『五山文学新集』第一巻、五六一頁。
- 横川景三『同右』題梅雲所蔵山水図軸。『五山文学新集』第一巻、五六三頁。
- 横川景三『補庵京華新集』軸賛二首、走筆。『五山文学新集』第一巻、六五七頁。

・景徐周麟『翰林葫蘆集』三、画軸。『五山文学全集』第四巻、一四八頁。
・景徐周麟『同右』九、書扇面。『五山文学全集』第四巻、四四五～四四六頁。
・彦龍周興『半陶文集』二、扇面富漁求。『五山文学新集』第四巻、九四三～九四四頁。

(20)『空華日用工夫略集』(国立公文書館内閣文庫所蔵写本)至徳三年七月十七日条。

(21)『空華日用工夫略集』至徳三年七月十日条。

(22)従来、『瓢鮎図』を最も詳細に扱った島尾新『瓢鮎図——ひょうたんなまずのイコノロジー』(平凡社、一九九五年)においても、この基本構図が見落とされている。

(23)図2上段、九～一四行目参照。

(24)『東海一漚集』一、古詩、題画二首、与㆓原楚㆒(『五山文学全集』第二巻、八九〇～八九一頁)。なお『東海一漚集』巻之後集、『一漚余滴』には、実際、「題扇面八」として「江湖」が見える(『五山文学新集』第四巻、三六四・五八六頁)。

(25)『東海璚華集』三、記、推篷軒記(『五山文学新集』第二巻、七四九頁)。

(26)『村庵藁』下、村庵小藁、画像自賛、梅翁億首座求(『五山文学新集』第二巻、四九三頁)。

(27)前掲註(9)網野著書、一二章「山林」。勝俣鎮夫『一揆』(岩波新書、一九八二年)一三三～一三四頁。

(28)禅刹規式を一覧した研究に、原田正俊『日本中世の禅宗と社会』(吉川弘文館、一九九八年)がある。

(29)文和三年九月廿二日関東公方足利基氏御判御教書(円覚寺文書、『中世法制史料集』第二巻、室町幕府法、岩波書店、初出一九五七年、追加法六六～七七号)。

(30)永徳元年十二月十二日室町幕府管領斯波義将奉書(円覚寺文書、『同前』追加法一二八～一四三号)。

(31)『空華日用工夫略集』永徳二年閏正月十一日条。

(32)『東海一漚余滴』別本、疏(『五山文学新集』第四巻、六〇一頁)。なお、この道旧疏は『新集』五四九～五五〇頁、六五二頁にも見える。

(33)『惟肖巌禅師疏』大岳住㆓天龍寺㆒同門疏(『五山文学新集』第二巻、一一八九頁)。

(34)『旱霖集』疏、丘高庵住二東福一江湖疏（『五山文学全集』第一巻、八二三頁）。

(35)『東海一漚集』巻之後集、無夢住二東福一江湖疏并序（『五山文学新集』第四巻、六四八頁）。

(36)『空華集』十四、書、上二中巌和尚一書（『五山文学全集』第二巻、一七五二頁）。

(37)『空華日用工夫略集』応安二年五月十八日条。

(38)『済北集』九、弁議書、答二白蓮庵主一（『五山文学全集』第一巻、二〇六頁）。

(39)《アソツィアツィオーン》の概念については、本書序章参照。なお十方の名士を表す「江湖名勝」は、頻出語であるため註を要さないと思われるが、それ以外の用例については、一応簡単に出典を示して、検索の便に供する。「江湖旧知」「江湖旧遊」「江湖旧識」（以上、天境霊致『無規矩』）、「江湖同盟之士」（中巌圓月『東海一漚集』）、「江湖遊従之士」（瑞溪周鳳『瑞溪疏』）など。

(40)『空華集』十九、疏、仙竺‐心住二長楽一江湖疏（『五山文学全集』第二巻、一八五七〜一八五八頁）。

(41)『空華集』十九、疏、虔九峰住二浄妙一江湖疏（『五山文学全集』第二巻、一八六七頁）。

(42)いわゆる「公界」の概念が、元来禅宗の「公」であることについては、佐藤茂「〈公界〉といふ語――その語史的考察」（『福井大学学芸学部紀要』第Ⅰ部、人文科学、一一号、一九六二年）を参照。

(43)《未完のモデルネ》については、本書序章第3節および第Ⅴ章註(104)を参照。

(44)丸山眞男『日本政治思想史研究』（東京大学出版会、一九五二年）など。

学位論文へのあとがき

遺著『精神の生活』の「結論」において、ハナー・アーレントは、ニーチェの『権力への意志』から次の引用を行なっている。(1)

［ドイツ哲学は、とニーチェは言う］これまであった郷愁の……もっとも徹底した形式である。すなわちかつて存在した最良のものを追い求めるのである。もはやどこにも心を落ち着ける故郷を持たないので、ついには、そこでだけ心落ち着く場所を求めてさかのぼろうとする。それが〈ギリシャ〉世界なのだ！　しかしまさにそこに至るあらゆる架け橋は、概念の虹の架け橋を除いて、断たれている……もちろん、この橋を渡るためには、人はきわめて軽快で、きわめて鋭敏で、きわめて細身でなければならない！　しかし精神性へ、ほとんど幽霊性といってよいほどのもの［*Geisterhaftigkeit*］へ向かうこの意志にはすでになんという幸福があることだろう！　……人は、教父たちの時代を通り越してギリシャ人へ〈帰ろう〉と欲する。……ドイツ哲学はルネッサンスへの意志の……一つであり、古代を発見し、古代哲学とりわけソクラテス以前の哲学――あらゆるギリシャ神殿のなかでもっとも深く地中にうずめられているもの――を発掘しようとする意志の一つである！　おそらく何世紀か後に、すべてのドイツ哲学が威厳をもちえたのは、古代の土地を徐々に回復していったからだと判断されるだろう……我々は日々、よりギリシャ的になっていく。初めは当然、概念や価値評価の点から始まっていく、いわばギリシャ化した亡霊としてであるが……。

アーレントは、ニーチェがカント以後のドイツ哲学の背後にあるものを明晰に診断しておきながら、自ら進んでこの道へと突き進んでいった、と診断する。我々はここで再びアーレントを診断に付して、アーレントもまた『人間の条件』で〈ギリシャ〉世界を賛美したはずだ、と言うべきであろうか。

しかし、アーレントはこう結ぶ。

> 以上によって、ドイツ観念論という思想の建造物——そこで形而上学の領域における純粋な思弁がおそらくその終末とともに頂点に達したのであるが——を我々の考察から省いた理由を私は説明した。私は「概念の虹の架け橋」を渡ろうとしなかった。それはおそらく私がそれほど郷愁をもっていなかったからである。いずれにしても私は、現れの世界から退きこもる能力を備えた人間精神にとって、過去の世界にせよ、未来の世界にせよ、落ち着ける心地よい世界があるとは信じていないからである。

アーレントは最後に「概念の虹の架け橋」を渡ることを拒否した。「人類《マンカインド》」——あるいは人格化された概念それ自体が行為し、歴史の主体となる、とする思弁によって、多様な可能性を持った「人間と人間の能力」が締め出されてしまうこと、まさにそこにこそ、超越的な主体が勃興する〈起源〉を見たからである。

〈ギリシャ〉的なもの、あるいは始原的古代性への架橋を拒否しつつ、歴史学がいかなる営みをなしうるのか。過去に「心落着く場所」を求めない《歴史的創造》の視角は、ここに始められたばかりである。

註

(1) Hannah Arendt, *The Life of the Mind, Two/Willing*, Harcourt Brace, 1978, pp. 149–158. 佐藤和夫訳『精神の生活』下（岩波書店、一九九四年）、一七九〜一八九頁。

謝辞

史料をもとに、「只一事一物の考証を事とする」ことが歴史家の要件であるとするなら、高校一年生の私もまたある種の歴史家であった。高校の図書室にあった『群書解題』を手掛かりに奈良市立図書館で『群書類従』を捲り、ある些細な事実を〈実証〉したいがために奈良県立図書館で『多聞院日記』を調べたりと、史料に基づき何かを言うこと自体が楽しかった。その私がいま、「歴史を楽しむ」研究者を時に羨ましくも思うのは、たぶんこの時期に対する反省を、徹底的に行なったことに因しているのだと思う。高校三年生の晩秋に現代文の課題として提出した「歴史研究への出発」は、まさにこうした趣味や気晴らしのための歴史学への訣別として書かれたのである。

ここで、「歴史研究への出発」にいたる覚束ない足取りを支えてくださった高校時代の恩師に、まずお礼申し上げたい。歴史学への関心のステップ・アップを温かく見守ってくださった室野信男先生、多感な年代を精神面で支え、詩や短歌をご指導くださった横山俊男先生をはじめ、これ以上は望むべくもない個性豊かな先生方に恵まれていたと思う。高校の学窓を出て十五年。ようやく「出発」以来の足取りをゆるめ、こうして荷物を解いて見せることができるのは、もはや帰るべき家のないいまとなっても、やはりうれしいことである。

進学先を東京大学に決めたのは、駒場（教養課程）に勝俣鎮夫先生がいらっしゃったからであった。その後の学問上の不可避的な分水にも拘らず、先生の話を一言も聞き漏らすまいと最前列で聴講した十代の経験を、私はいまでも忘れられない。そして上京してすぐに先生の研究室を訪ねた際に頂戴した『中世政治社会思想』上巻こそが、本書につながる私の教科書ともなったのである。また、駒場には義江彰夫先生がおられ、学生を一人の友人として対等に接してくださるその第一印象が鮮烈であった。私が先生と言葉を交わしたのはやや遅く、五月の歴研大会の日が初めてであったが、と言っても歴史学上の質問をしたというのではない。帰り途に高田馬場の中古レコード店を冷やかしたところすでに先客がいて、見れば果たして義江先生であった（ように思う）。爾来私は、先生の音楽講釈、否レコード講釈の見習いとなり、やがてはハーバーマスの言う「文化を消費する公衆」への堕落（？）を自認せざるを得なくもなったのである。

本郷（専門課程）に進学すると、駒場の自由な雰囲気とはがらりと変わって、早速「出る杭は打たれる」こととなったが、それでも、石井進・五味文彦・永積洋子・吉田伸之の四人の先生の演習に各種読書会と、三年生にしていきなり十二回もの発表が回ってきて、厳しいなかにも充実した日々だった。本郷では概ね修士課程まではこうしたハード・ワークが継続するが、ここで授かった基礎体力がなければ、本書はもっと軽量級のものとなっていただろう。

本書はこうして、一九九九年三月に東京大学大学院人文社会系研究科に提出し、六月に博士（文学）の学位を授与された、同題の論文を原型として編んだものである。学位論文を審査してくださった五味文彦・花田達朗・村井章介・吉田伸之の各教授と新田一郎助教授に、この場を借りてお礼申し上げたい。僅かに心残りと言えば、口述試験で私自身が喋り過ぎたことによって、折角の勉強の機会をいささか減らしてしまったことである。それでも限られた時間に先生方がご指摘くださった論点は、本書を錬成し直す上で最良のアドヴァイスとなった。

この初めての著書の刊行にあたり、東京大学出版会の竹中英俊氏には終始激励をいただいた。また編集実務を担当された高木宏氏は、私の意図（こだわり？）を最も相応しい形で実現するために、それこそ奔走してくださった。その厚情は、折々の印象的な助言とともに忘れることができない。

最後に、本書を脱稿しての、私の率直な気持ちを書き誌しておきたい。それは、本書のような貧しい業績でさえ、決して匿名ではない、さらに多くの方々の激励と示唆、友情と批判、あるいは寛容と和解なくしては成しえなかった、ということである。加えて、対話の不可能性から学んだことも数多い。いまその方々のことを、一人ひとり思い浮かべながら、私はこの一冊の書物を献げることのほかに応えるすべを知らない。そうした思いから、本書の出版機会を与えてくださった五味先生には、改めて衷心よりのお礼を申し上げる。

二〇〇〇年九月

東島　誠

付記　本書の刊行には「平成12年度科学研究費補助金（研究成果公開促進費）」の交付を受けた。

著者略歴

1967年　大阪に生れる.

1990年　東京大学文学部卒業.

1992年　東京大学大学院人文科学研究科修士課程修了.

1999年　東京大学大学院人文社会系研究科博士課程修了. 博士（文学）.

現　在　聖学院大学人文学部教授.

主要著書

『選書日本中世史 2 自由にしてケシカラン人々の世紀』（講談社選書メチエ, 2010年）

『〈つながり〉の精神史』（講談社現代新書, 2012年）

公共圏の歴史的創造——江湖の思想へ

2000年11月15日　初　版

2012年10月31日　第2刷

[検印廃止]

著　者　東島《ひがしじま》　誠《まこと》

発行所　一般財団法人　東京大学出版会

代表者　渡辺　浩

113-8654 東京都文京区本郷 7-3-1 東大構内

電話 03-3811-8814　Fax 03-3812-6958

振替 00160-6-59964

印刷所　ヨシダ印刷株式会社

製本所　誠製本株式会社

ISBN 978-4-13-026602-4　Printed in Japan

索　引

1．事項索引には，分析概念など比較的抽象度の高い用語を中心に収めたが，検索の便を優先したため，本文中の表現に忠実でない場合がある．
2．人名索引には，地の文で言及した人物名と引用著者名とを一括して掲げた．引用文献名および引用文中にのみ登場する人物名と，編者・訳者名に関しては，原則として省略した．

事項索引

あ 行

か 行

さ　行

た行

な　行

は　行

ま　行

や　行

ら　行

わ行

人名索引

あ行

か　行

さ　行

た行

な　行

は　行

や　行

ら　行

わ　行